JN024818

MINERVA スタートアップ経済学 ①

社会科学入門

奥 和義・髙瀬武典・松元雅和・杉本竜也 著

ミネルヴァ書房

は し が き

　本書は，「MINERVA スタートアップ経済学」のテキストシリーズの 1 冊で，経済学，政治学，社会学が学問としてどのようにして成立してきたのか，そして社会の変化に対応してどのように発展してきたのか，また現実の問題をどのように解決する手段を与えることができるのかを考えるためにつくられた。

　経済学を学ぶうえで，経済学に隣接する社会科学である政治学，社会学との関係を無視することはできない。人間が共同生活を営んでいる過程で，哲学が生まれ，政治学，経済学，そして社会学といった，「人間」と「共同社会」を考察する学問が発達してきた。シリーズが「経済学」であるとしても，他の隣接する学問との関係を抜きにして，経済学のシリーズは成立しないという考えから，本書が「MINERVA スタートアップ経済学」の最初に置かれ，2 巻目以降が現在の経済学の標準とされている諸分野を平易に解説している。

　21世紀に入って，世界経済や社会の状態は，それまでとは比べものにならないほどに変わってしまった。詳細は序章に譲ることにして，経済は，不安定さが増し不均衡がますます拡大し，制御が困難になっており，これまでの政策思想，例えば市場メカニズムに多くのことをゆだねるという考え方，そして政府の制御能力に依拠するという考え方も，信頼感を失ってきている。他方，自然科学の発達，特に人間のゲノム解析（遺伝情報全体の解析）が進んだことによって，学問のビッグバンといわれるような状況が訪れている。

　このような社会と学問の状態の中で，わたしたちは何を，どのように学んでいけばよいのだろうか。ただちに答えがあるわけではないが，先人たちは，時代の変化に対応して，さまざまな叡智を生み出してきた。わたしたちは，過去からしか学ぶことのできない存在であるから，まず先人の叡智を学ぶ必要がある。生み出された多くの知恵の時代背景や深い洞察を学び，現代への適用の可

能性を検討することが，唯一わたしたちにできる知の営みであろう。

　本書の対象は，大学で学び始めた初年次生を基本的に考えているが，大人になってから，もう一度，勉強をし直したいという社会人層も含んでいる。本書には，激変する現代を生き抜く知恵（知的な戦闘力となりうる）を得るために，教養としての社会科学を学んでもらいたいという著者たちの意図がある。

　さて，このシリーズの成り立ちの経緯を若干記述することをお許し願いたい。ミネルヴァ書房営業部長の神谷透さんに営業活動でわたしの研究室を訪れてもらったことから，すべては始まった。そのときたまたま手渡したわたしの著書が，杉田啓三社長の目に留まり，本シリーズ成立につながることになった。社長室を訪問し，編集部の堀川健太郎さんを交えた懇談の過程で，シリーズをつくることとシリーズの全体構成が決まったあとは，編著者の選定と編著者への依頼作業を行った。このようなチャンスを与えていただいた杉田社長，神谷部長，堀川さん，そしてシリーズの編著者のすべての方に感謝を申し上げたい。

　また当方の遅筆のために早くから原稿をいただいていた先生方，そしてミネルヴァ書房にご迷惑をおかけしたことをこの場を借りてお詫び申し上げる。しかし何より，本書が社会科学系の学問を学ぼうとする皆さんにとって学びの導きになることを希求している。

　　2019年 8 月

　　　　　　　　　　　　　　　　　　　　　　　奥　　和　義

社会科学入門

目　次

序　章

社会科学とは何か

本章のねらい

　本章では，大学での学びと高等学校までの学びでは何が違うのかを考え，大学で学ぶことの意味を解説する。大学では，一般的に，専門性のあること，研究の最前線で標準化されつつある内容を学ぶ。社会科学の場合，過去から積み上げられた専門的知識や，その整理の仕方，人間が形成する社会の見方を学ぶことになる。社会科学は，社会を対象とする以上，社会の変化によって学問の内容も変化せざるをえない。そのため，過去の社会と学問を知り，現代社会のいろいろな問題を「自分の頭で考える」力を身につけることが重要なこととなる。

1　リベラルアーツとしての社会科学

大学で学ぶことの意味

　大学は専門知識を学ぶ高等教育機関であり，現代の世界では，どこにおいても大学において最先端の科学研究，新たな知識の発見，既存の知見の再構築など，いわゆる学問が先導されている。高校までの教育は，日本の場合，文部科学省の告示する学習指導要領に沿った形で行われるから，ほぼ定説となった固まった内容を学習することが多い。そのために，高校生の学びは，どうしても，いろいろなことを記憶したり，基礎的なことを理解することに多くの時間を当てることになる。それに対して，大学生の学びは，つねに自分で思考するという作業が必要になる。これは，あらゆることについて，疑問を絶えずもち続け

るということでもある。言い換えれば，既存の知識や考えに対して，すぐに納得して同意するのではなく，自分の頭を使って真剣に考えるということである。

「すぐに役立つことは，すぐに役立たなくなる」という言葉は，いろいろな人が多くの場所でいっている，よく知られた言葉である。現代は大量の情報を処理するスピードがきわめて速くなり，しかもインターネットの普及によって多くの知識がコストをかけずに手に入るようになった。その結果，情報の陳腐化は著しく早くなっている。情報を収集するノウハウの有無，所有している情報量の多寡といったいわゆる情報格差は，30年あまり前では，決定的な格差としてわたしたちの前にあり，多くの有益な情報は一定の時間，特定の個人やグループが独占できた。しかし，現在では，独占できる時間は短くなり，独占できる情報量も相対的に減少してきた。ただし，情報があまりにも豊富であるがゆえに，情報が正確であるのか，あるいは偽の情報であるのか，真偽を確かめ，自分でしっかり考えるということが，きわめて重要になってきている。

例えば，モノの価格を考えてみよう。インターネットを検索すれば，その商品がいくらで実際に売買されているかをたちどころに調べることができる。もしも商品の現物を確認したければ，近隣の店に行ってみれば，それによって一般的な店頭での価格づけも把握できる。情報の格差を利用した価格づけという行為が難しくなった典型例である。このような状態では，何らかの差異性を意図的に作り出さなければ，利益は生み出せなくなる。利益を生むために必要なことは，「それ」，あるいは，「そこ」，にしかない価値を一定の時間，確保できるかどうかということになる。

少し話が横道にそれたので，大学での学びに話を戻そう。大学の4年間で何を学んだら良いのだろうか。また学ぶ意味はどこにあるのか。この問いについて，アメリカにあるマサチューセッツ工科大学の先生の発言が印象的である。内容は次のようにまとめられる。

マサチューセッツ工科大学は，最先端の科学技術研究をしている世界の大学の中でも，もっとも有名な大学の1つである。大学の授業でも最先端の科学技術が教えられているが，学生が大学を卒業して世の中に出ていくと，世の中の

進歩はきわめて早いから，授業で教えられた内容は 4 年もしたら陳腐化する。そうするとまた勉強しないといけなくなる。そのようにすぐに古くなってしまうことを教えるのではなく，社会に出て新しいものが出てきたとしても，それを吸収し，あるいは自分で新しいものをつくり出す，そのようなスキルを大学で教えるべきであると（池上 2014：28-29）。

　新しいものが出てきても，それを吸収し，あるいは自分で新しいものをつくり出すスキルを身につけること，これはなかなかの難問である。難問を解くための一番よい方法は，新しいものが生み出されてきた背景を知り，いかにして，どのようにつくり出されたかを，「自分の頭でしっかりと考え続ける」ということである。何も知らずに新しいアイデアや知識をひねり出すことはできない。一番効率のよい方法は，先人の方法を学習し，自分なりの方法を考え出すということである。他人の経験に学ぶこと，しかもそれを自分の方法で理解することが重要なのである。

　池上彰氏は，そのようなことに役立つスキルを教養と呼び，それを昔の 7 つのリベラルアーツ（ギリシア・ローマ時代に源流を持ち，ヨーロッパの大学で学問の基本とみなされた 7 科目——①文法，②修辞学，③論理学，④算術，⑤幾何学，⑥天文学，⑦音楽——これらは人を自由にする学問であると考えられた）になぞらえて，現代の自由 7 科，①宗教（世界の人の価値規範：キリスト教，イスラム教，ヒンドゥー教，儒教），②宇宙，③人類の旅路（人類がどこから生まれどのように進化してきたか），④人間と病気，⑤経済学，⑥歴史，⑦日本と日本人，を設定している（池上 2014：31-39）。

　大学で学ぶ「社会科学」は，この 7 科のうち，⑤にもっとも深く関わり，⑥にも関係している。本書では，経済学にもっとも関係の深い，隣接する政治学，社会学を含んで，社会科学入門としている。経済学，政治学，社会学の具体的な内容は，第 1 章以下の章で詳しく説明されることになるから，ここでは社会科学全般の考え方について，日本でこれまで代表的とされていた書物を手がかりに解説するが，その前段として，人類の経済社会の発展，経済成長と人間社会の変化，意識の変化に言及しておこう。人類の経済社会の発展過程で学問が

生まれてきたからである。

経済社会の発展──経済成長，人口増加

　最初に，人類の経済社会の発展を概観しておこう。というのも，経済社会の発展と学問の形成，発展は不可分であるからである。

　経済が量的に拡大してきたことは，例えば，地球の総人口が拡大してきたことを確認するだけでもわかる。近年の研究成果によれば，人類が農耕牧畜を開始するまでの地球人口は，何万年もの間，せいぜい数百万人であったと考えられる。ところが，農耕牧畜が定着した西暦前4000年頃に700万人ほどであった地球上の人口は，西暦前1000年には約5,000万人に達する。この頃から西暦200年頃までが地球上の主な地域に農耕牧畜がもっとも急速に普及した時期と推測され，西暦1年には人口が1億7,000万人ほど，西暦200年には1億9,000万人ほどと推測される。この後も人口増加は続くが，人口増加率は以前より低下し，西暦1400年で3億5,000万人ほどとなる。

　狩猟採取経済時代に生きていた人々は，ほぼ全員が食料を得るために働かなければならなかったが，西暦1400年頃には，地球上では食料獲得を目的に働かない人々（工業に従事する職人，商業者，王侯貴族，官僚，兵士，学者，神官など）が大量に存在したから，この時期の食料獲得の生産性は以前とは比べものにならないほど高まっていた。人口増加，文明や国家の形成は，明らかに経済成長の結果であった。

　15世紀以降，人口増加期に入り，100年間の人口増加率は15世紀は21％，16世紀は28％に達している。17世紀は，気候の冷涼化や世界各地での戦争により増加率は12％にとどまったが，その後，18世紀は50％，19世紀は70〜80％，20世紀では約370％と爆発的な増加をみせた（小野塚 2018：19-23）。

　18世紀以降の人口の爆発的成長と地球上の多くの国・地域における経済成長は，一体の関係として進展したが，そこには「機械化」と「エネルギー革命」（蒸気機関の発明と森林資源から化石燃料への利用転換）が深く関わっている。「機械による機械の生産」が一般的に工業化と呼ばれる内容であるが，それを広範

囲に実現するためには，蒸気機関を広く使用することが必要であった。蒸気機関は森林資源を当初利用していたが，自然条件の制約から限界に達していた。森林資源に代わり化石燃料を利用することで，エネルギー生産における自然条件の制約からかなり解放されることができたのである。終章で再度扱うが，化石燃料の中でも石炭から石油への転換がみられ，そして原子力，再生可能エネルギーの利用へとエネルギー利用のやり方が変化してきたが，現在，爆発的なエネルギー利用の拡大が地球規模での大きな問題を生むにいたった。

　さて，経済成長が人口増加を生み，人口増加は工業化以降，経済学的には需要増加として機能し，経済成長の原因になる。それでは，そもそも経済成長をもたらす人間がより高い生産力を求め続けるはなぜだろうか。

　小野塚知二は，ヒトを「際限のない欲望」の備わっている特殊な動物と仮定すること（際限のない欲望が経済活動の動因であるという作業仮説をおくこと）によって，経済の歴史は，いろいろとうまく説明できるとしている。際限のない欲望は，古い時代から備わっていたけれども，資本主義への移行過程で，万人に対して最終的に解放されたと考える方が，資本主義以前の資本（自己増殖する貨幣＝際限のない欲望が貨幣の形をとって人間にあらわれたもの）の存在と資本主義への移行の意味の両方をよりよく理解できるとしている（小野塚 2018：32-34）。

2　現代を生きる知恵を読み取る

際限のない欲望をもつ人間と形成される社会

　人間はなぜ際限のない欲望をもってきたのだろうか。これについては，即座に答えることが難しい問いである。しかし，人間が他の動物と異なっている特性をもっていると考えることは，意味のあることであろう。これについては，まずジャレド・ダイアモンドの言葉を借りることにしよう。

　ゴリラとチンパンジーの間には，2.3％の遺伝子の違いがあるのに対して，人間とチンパンジーの間には，1.6％の遺伝子の違いしかない。そうすると，人間はチンパンジーとボノボ（ピグミーチンパンジー）につぐ「第3のチンパン

ジー」と呼んでもいい。にもかかわらず，人間がもっとも成功した霊長類になったのは，なぜか。それに対する答えは，いくつか考えられる。直立して二足歩行をするようになって，両手が自由になり，書き物をしたり道具をデザインしたりすることができるようになったことがその1つである。次に人間の脳が大きくなったことが考えられる。人間の脳は，チンパンジーの約4倍もある。ただ20万年前に，脳はすでに大きくなっていたので，それだけではない。人間が言語を獲得することで，発明すること，思索をすること，道具を作ること，知識を後世に残すこともできるようになったことが重要であった。直立歩行と脳の肥大化に加えて，言語の発達が，人間の進化上，大きなステップであったといえる（ダイアモンド他・吉成インタビュー編 2012：37-38）。

　言語が人間の特性を形成したことについては，ノーム・チョムスキーも同様の指摘をしている。少し長いが，そのまま引用しよう。

　「考古学上の資料によれば，約5万年前から10万年くらいの周期で，重要な想像力の爆発があるといいます。ですからそれくらい前に人類学者が「大躍進」と呼ぶような何かが起こったらしい。その頃，記号を使った行動や表記が始まり，天体の記録や複雑な社会構造が生まれ，考古学上の記録だけでも，人間能力の突然の進展や向上が見られるわけです。それ以前にも萌芽はあったけれども，この頃に急激な変化が起こった。

　それが言語の出現だったと考えられてます。これらのことが言語の能力なしに起こったとは考えられない。ですから，進化上，言語というものはほんの一瞬にして発達したことになります。つまり視覚の発達のように何億年という時間をかけて起こったのではないということです。

　カンブリア紀の生命爆発の頃に，生物の基本的なパターンというものが整ってからは，生物の発達というのはみなほとんど同じなのです。遺伝子の保存についても十分にわかってきている。多様な生物は，実は一種類が非常に長い時間をかけてわずかずつ変化した結果であるとする論文も発表されているくらいです。

しかしそれらとは違って，言語を含む人間のさまざまな能力は，非常にご
く最近，突然現れたものなのです」（ダイアモンド他・吉成インタビュー編
2012：120-121）。

　際限なき欲望，無制限の欲望というのは，人間が石器時代からもっていた大
脳部分のもっとも古いところに関係している。その部分は生命維持や本能行動，
情動行動に関与する感情をつかさどっている。たかだか，数万年前に生まれた
人間特有の言語によっても，欲望という数百万年前からもっている感情は，制
御することは難しい。しかし，人間は共同体を形成することで生産活動を営ま
ざるをえず，それによって人間が長い歴史をもつことになった。人間が本来的
にもっている無制限の欲望の発露と共同体での活動という2つの課題を調整す
ることが，政治であり，近代的な法であり，社会システムであったといえよう。
したがって，経済的に豊かになれば，それまでとは異なる調整のシステムが人
間の共同体には必要とされ，それについての深い洞察が必要になる。
　以下の章では，伝統的な学問区分に対応させて，学問がどのように発展して
きたかを解説している。読者それぞれは，そこから現代を生きる知恵を読み取
り，自分なりに理解，解釈し，未来の自分に活かして欲しい。

　本書の概要
　本書の第1章以降の構成と概要は以下のようになっている。各章の冒頭にあ
る「本章のねらい」でおおよその内容が示されているから，それも参考にして
もらいたい。
　「第Ⅰ部　経済学で捉える」は以下の4章である。
　「第1章　経済学とは何か」では，経済学の祖とされるアダム・スミスの思
想と経済学，そして古典派経済学の完成者として知られている D. リカードウ
の思想と経済学を中心に，それにいたる経済思想やリカードウ以後の古典派経
済学の発展を解説している。
　「第2章　ケインズ経済学の思想と経済学」では，1929年の世界大恐慌に際

して，1930年代に新たに登場し，第2次世界大戦後も強い影響力をもったケインズ革命と名づけられたケインズ経済学の分析ツールと思想を解説する。しかし，隆盛をきわめたケインズ経済学も1970年代のスタグフレーションという新しい経済事象の前に有効な処方箋を提示できず影響力が衰退し，その後ケインズ経済学がどのように再構成されるにいたったかを説明する。

「第3章　現代経済学の思想と経済学」では，19世紀末に台頭した古典派経済学とは異なる考えをもった経済学のグループに焦点をあて，その思想と経済学について説明する。それが現在の主流派経済学になったが，その思想と分析手法，さらに近年新しく開発されたいくつかのツールについても解説する。

「第4章　マルクス経済学の思想と経済学」では，マルクス経済学の思想と内容について，伝統的・古典的な解釈と近年の世界における動向を解説する。1917年のロシア革命による社会主義体制の成立に大きな影響を与えたマルクスの思想と経済学は，1991年のソビエト連邦の崩壊，市場経済化の過程で影響力が大きく失われたが，2007，2008年の世界金融危機以降，資本主義市場経済の万能性に疑問がもたれるようになると，その思想と経済学が再評価され，一定の復権を果たした。

次に「第II部　政治学で捉える」は以下の4章である。

「第5章　政治学とは何か」では，社会科学における政治学の学問的な固有性について解説している。政治学は，何をどのように考察する学問分野なのか。この答えとして，問いにある2つの異なる意味，①なぜ政治学は社会科学の一端を占めているのか，②なぜ政治学は，経済学や社会学のような他の社会諸科学から区別されているのかを説明する。

「第6章　近代政治学の萌芽」では，中世から近代初期にかけてのヨーロッパにおける政治・社会状況を紹介するとともに，その中で展開された政治思想を説明している。中世は，ギリシア・ローマ以来の古代世界の終わりを告げ，今日の民主主義の原型をつくった市民革命に始まる近代との間にある興味深い時期である。

「第7章　近代政治学の発展としての社会契約説」は，近代政治思想の中核

にある社会契約説を、ホッブズ、ロック、ルソーという3人の代表的論者を取り上げて解説している。その際に、自然状態、自然権、自然法という3つの概念に注目し、3人の論者がそれに対して与えている意味や評価が異なっていることを示し、それが彼らの政治思想の違いにつながることを示唆している。

「第8章　政治学における実証主義」では、ルネサンス、宗教改革、市民革命など歴史的に変遷した近代政治から政治学が影響を受けてきたことをふまえ、近代政治のハイライトであるフランス革命（1789年）以後、社会科学の世界で生じた革命、すなわち観察や実験を基礎とする実証主義の台頭から変貌を遂げる19、20世紀の政治学を解説している。

最後に「第Ⅲ部　社会学で捉える」は以下の4章である。

「第9章　社会学とは何か」では、社会学を3つの要素（何を、どのように、どの側面に注意して）から説明している。そこでは、コント、デュルケーム、ウェーバーという3人の古典的社会学の定義を確認して、社会学を構成する重要な問題（実証、制度、意味）を概観している。

「第10章　経済と産業の社会学」では、経済学と比べて社会学にどういう特徴があるのかを、経済社会学と産業社会学を例にとって説明している。社会学の下位分野がどのように分けられるかを解説した後、下位分野の1つである経済社会学と産業社会学について、それらの理論前提、人間観、制度観の違いに注目して経済学との違いを説明している。

「第11章　社会システムの構造と機能」では、社会学をシステム論の枠組みを使って説明する。まず、「システム」という言葉の意味や、その考え方の長所を説明し、社会をシステムの一種として捉える見方から、「社会とは何か」を定義する。社会を研究する枠組みの中で重要な「構造」（しくみ）と「機能」（はたらき）について学ぶ。

「第12章　現代の社会変動」では、社会科学における未来予測の有効性と限界を理解するために、20世紀までの社会変動を捉える「近代化」論について、デュルケームの「機械的連帯から有機的連帯へ」、テンニースの「ゲマインシャフトからゲゼルシャフトへ」、マックス・ウェーバーの「伝統的支配から合

法的支配へ」という代表的な社会学者のフレームワークを学ぶ。

　そして，終章では，21世紀に入って大きく変化した世界経済と学問の状況を
ふまえて，社会科学の未来について言及している。

　最後に，読者が少しでも現代社会や人間に関心をもって，本書の関心のある
部分を読み，それを自分の生き方に活かしてもらうことができれば，著者たち
の何よりもの喜びである。

参考文献

池上彰『おとなの教養』NHK 出版新書，2014年。

小野塚知二『経済史』有斐閣，2018年。

ダイアモンド，ジャレド他・吉成真由美インタビュー編『知の逆転』NHK 出版新
　　書，2012年。

丸山俊一・NHK「欲望の資本主義」制作班『欲望の民主主義』幻冬舎新書，2018
　　年。

水田洋『新版　社会思想小史』ミネルヴァ書房，2006年。

森嶋通夫『思想としての近代経済学』岩波新書，1994年。

八木紀一郎『経済思想』（第 2 版）日経文庫，2011年。

内田義彦『社会認識の歩み』岩波新書，1971年。

大塚久雄『社会科学の方法』岩波新書，1966年。

高島善哉『社会科学入門』岩波新書，1954年。

　　以上の書物は，50年近くかそれ以上古くに出版されているが，現在でも入手しやす
　　い古典的な社会科学入門書である。内容には，発刊された時代背景，社会が反映さ
　　れているが，それを当時の時代，社会とあわせて考察を深めると，今なお示唆に富
　　んでいる。

（奥　和義）

第Ⅰ部

経済学で捉える

第 1 章

経済学とは何か

─ 本章のねらい ─

　本章では，経済学の祖とされるアダム・スミスの思想と経済学，そして古典派経済学の完成者として知られている D. リカードウの思想と経済学を中心に，それにいたる経済思想やリカードウ以後の古典派経済学の発展を解説する。

1　経済思想の変遷と古典派経済学の成立

経済学とは

　「経済学」というと，無味乾燥で，退屈な統計や数字ばかりという印象があるかもしれない。しかし，「経済学」は，本当は，どのようにすれば，人々が教育を受け，健康で長く生きることができるのかを考える学問である。経済学の基本的な問題は，幸福で満ち足りた生活を送るために必要な「もの」（経済学では「財・サービス」という）を，どのようにしたら手に入れることができるかであり，それを手に入れられない人がいる理由は何かを考え，明らかにすることである（キシテイニー　2018：8-9）。

　1930年代に，イギリスの経済学者ライオネル・ロビンズ（Lionel Charles Robbins：1898-1984）は，著作『経済学の本質と意義』（1932年）の中で，経済学は，「様々な用途を持つ希少性のある資源と目的との間の関係としての人間行動を研究する科学」という定義を与え，これは今日でもなおよく引用されるものとなっている。この希少性に着目して，経済事象の分析を進めたのが，第3章で取り上げている1870年代からスタートした新古典派経済学である。

　希少性が明示的に意識されるようになったのは，産業革命が進み，少ない資源を利用して多くの工業製品を効率的に生産する方法を工夫する必要が生まれてからであるが，資源を使って生産を行い，それを消費するという経済行為は，古代から存在していた。

　そもそも「経済学（economics）」という言葉は，古代ギリシア語のオイコノミア（oikos＝家や共同体，nomos＝法律や規則）から生まれた。経済の問題を最初に考えた古代ギリシアの人々に影響を与えた経済思想から話を始めることにしよう。

古代ギリシアと中世ヨーロッパの経済思想

　経済生活は，人類が誕生した大昔から営まれてきたとみなせる。人間が他の人間と関わり，社会生活を営んでいく際に，経済現象はみられてきた。古代ギリシアの時代になると哲学者があらわれ，彼らは，このような人間が社会生活を営むうえで生じる，さまざまな経済現象を分析している。

　例えば，有名なギリシアの哲学者プラトン（Plato：紀元前427-347）は，自給自足的なポリス（ギリシアの都市国家）を前提として，そこにおける交換を媒介にした相互依存関係を経済の中心として捉えた。ギリシアのポリスには，それぞれが自己の目的をもっている人々が集まり，人々は生産における分業と流通における交換を行って，人間の間の相互依存関係を形成していた。

　プラトンは，理想的な国家のあり方を考え，国民を「守護者」「補助者」「大衆」の3つの階層に区分し，知を愛し政治を行う優秀な支配階級（政治家），国家防衛を行う気概のある戦士階級（軍人），そして財やサービスを提供する農夫，大工，職人，商人など一般市民階級（大衆）という三階級論を展開し，支配階級と戦士階級には共有制（私有財産の否定）をもとめ，国家全体のことを考えるためには決して富裕であってはならないとしていた。そして，国の最重要課題は教育にあると主張し，アテネ郊外にアカデメイアという教育機関を創設し，そこでアリストテレスなど多くの人材を育てた（中屋 2012：9-10）。

　アリストテレス（Aristoteles：紀元前384-322）は，厳格なプラトンとは異なり，

個人の幸福追求（衣食住）を是認し，国家
の基本単位を家族に求めた。彼は，人間は
自分に属するものを愛するという性質をも
っているから，私有財産制度を肯定すべき
と考えた。また彼は，貨幣についても，交
換の媒介物，価値の保存手段，価値測定の
普遍的基準，貨幣価値の変動などの認識を
示した。これは，現在の金融論の教科書の
最初に書かれている，貨幣の役割について
の解説とまったく同じである。紀元前の昔
から，「経済学」と意識されていたわけで
はないが，同様の概念がすでにあったこと
を示している。

図1-1　トマス・アクィナス

　ただし，アリストテレスは，「貨幣は子を産まず」という表現によって，普
通の人々に必要なお金の貸借に利子を取るべきではないと，高利貸しの禁止を
唱えていると同時に，ギリシア神話にある手にふれるものがすべて黄金に変わ
ったミダス王の寓話を示すことで，貨幣を多くもつことが幸福とは限らないと
警鐘をならしている（中屋 2012：10-11）。

　またアリストテレスは，現在の経済学で重要な課題である（所得）分配につ
いて，それを正義の問題としてそれを捉えている。彼は，理想の分配を考えて，
分配的正義（共同体的なもろもろの事物の配分に関わる正義，分配される財の価値は
所有者の価値に比例），是正的正義（賃貸，売買など個人間の取引で作用する正義，等
価交換），応報的正義（分配的正義と是正的正義を結びつけたもの）という3つの正
義の概念を使っている。このように分配という経済問題を正義概念によって解
決しようとしているが，分配という問題は，現在でも学者の頭を悩ませ続けて
いる問題でもある（小田中 2003：21-24）。このように，古代ギリシアの哲学の
中に，現在ある経済思想と思考が存在している。

　次に，聖書と中世の著名な神学者トマス・アクィナス（Thomas Aquinas：

1225頃-1274）によって，中世ヨーロッパの経済思想を鳥瞰しよう。

　聖書には，財産，金儲け，労働などに関する記述がいくつも登場している。「働こうとしない者は，食べることもしてはならない」（一般的に「働かざる者食うべからず」と言われたりしている）（新約聖書の『テサロニケの信徒への手紙二』3章10節）や「自分のために金銀を多くたくわえてはならない」（旧約聖書の『申命記』17章17節）などは，とても有名な文言である。

　経済思想に関して，聖書の叙述は必ずしも整合的に書かれているわけではないが，営利活動については，アリストテレスと同様に否定的な見解が多く見られる。これは，商業活動の活発化は，伝統的な共同体を解体させる可能性ありとみていた可能性がある。中世において，着実に拡大していた商品経済と伝統的共同社会との関係を整合的に説明することは，難問であった。

　トマス・アクィナスは，13世紀の神学者である。13世紀には，荘園制を基盤とした封建制社会が完成し，農村内部では領主─農奴という関係が中心にあり，商品経済はまだ十分に展開されていなかった。しかし，イタリア商人によって地中海交易は広く展開され，北欧でハンザ同盟が成立していたように，ヨーロッパの都市部では貨幣を利用する商業活動が盛んになっていた。ヨーロッパと東方の世界の接触が活発化し，イスラム世界やビザンツ帝国が蓄積していた古代ギリシアの知識がヨーロッパにもたらされた。ヨーロッパが（再）発見知識のうち最大のものはアリストテレスの知識である。

　トマス・アクィナスは，アリストテレスの哲学を取り込み，神学と法学の体系の構築を完成させたとされている。彼の『神学大全』で論じられた自然法思想は後世に大きな影響を残している。「人間は本性的に社会的動物なのであり，だから無垢の状態におけるひとびともまた社会的な仕方で生きたであろう。然るに，多数者の社会生活は，共通の善を意図する何者かがこれを統括するのでないかぎり存在しえないであろう」（『神学大全』（第1部96問第4項）創文社，1965年，136頁）と述べている。

　また彼は私有財産制度を容認する。「神が与えた法」に従えば私有財産を認めることはできないが，「人間が制定する実定法」は「神が与えた法」を解釈

したものであるから,「人間が制定する実定法」が私有財産をみとめることは
「神が与えた法」と矛盾していないことになる。この議論を補強するために,
私有財産制度のメリットを,私有財産の方が獲得のために努力するし,共有財
産だと混乱が生じ,さらに各人が私有財産に満足していれば平和になるという
ことをあげている。

　トマス・アクィナスは,さらに公正価格についても言及し,それは,原材料
費,流通費用,節度ある利益,リスクプレミアム(リスクを負担することの補償)
で構成されている考える。ここでリスクプレミアムを考慮することから,原則
的に利子をとってはいけないと主張しながら,資本の貸付(冒険的貸借)では
配当報酬を容認している。彼の思想の中に,旧来のキリスト教思想と現実(ア
リストテレスの時代とは異なり商業活動が活発化)との不一致を何とか整合させよ
うという考えがみられる(J. A. シュムペーター,東畑訳　第 1 巻 1955:188-191)。

重商主義

　15世紀半ばから17世紀までの大航海時代は,国家と貿易を重要視する重商主
義の考え方が主流であった。16世紀後半のスペイン,イングランド,17世紀の
フランス,スウェーデンなどでは,絶対君主制がひかれ,そこでは,国の富は
金・銀・財宝などの貨幣であり,貨幣を蓄積することが国力の増大だという経
済思想が支配的であった。そのため,国家は税制の優遇や補助金などで輸出を
奨励し,高関税によって輸入を抑制して貿易黒字を生み出し,金・銀の流入を
促進させた。そのため,多くの国で植民地主義や近隣窮乏化政策をとっていた。
重商主義者として有名な学者には,トーマス・マン(Thomas Mun:1571-1641),
ジェームズ・スチュアート(James Steuart:1713-1780)などがいる。以下では,
彼らの経済思想と経済政策を説明する。

　トーマス・マンは,16世紀後半から17世紀半ばに活躍したイギリスの実業家
であり,経済学者として知られている。1600年に設立された東インド会社の設
立の中心メンバーの 1 人であった。彼は,「わが国には財宝を産出する鉱山が
ないのだから,外国貿易以外に財宝を獲得する手段がないことは思慮ある人な

ら誰も否定しないであろう」ともっとも有名な著書『外国貿易によるイングランドの財宝』（1621年）で書いており，富の本質が金や銀であるという理由から，貿易差額こそが経済的繁栄の指標であると考えた。

　そのために，輸出が輸入よりも超過し，金や銀の流入が行われるように外国貿易を規制した。安い原材料を輸入し，輸入工業製品に高い保護関税をかけて国内産業の発展を促進する。特に需要の変動の少ない財の輸出を行い，国内での資源を最大限に活用して輸入を減らし，賃金や価格を低く保つために人口増加などの政策を奨励した（中屋 2012：14）。

　17世紀にも重商主義批判の学説はあったが，18世紀に重商主義は保護的な傾向を強めて保守化した。18世紀前半に，イギリスの輸出のうち毛織物の比率は60％から50％以下に低下した。毛織物産業を保護したにもかかわらず，毛織物輸出比率が低下し，亜麻工業・綿工業のような新興工業が発達し始め，自由貿易を求める声は強くなり始めていた。このような時期に，ジェームズ・スチュアートが登場する。

　ジェームズ・スチュアートは，スコットランドのエディンバラで貴族の長男として生まれ，エディンバラ大学卒業後，弁護士資格を得た後にヨーロッパ大陸に遊学中，スコットランド王党派と交流し，それが原因で1745年のジャコバイトの乱で反乱軍に荷担することになる。ホイッグ政権の反乱鎮圧により，大逆罪に問われ，18年間にわたり大陸で亡命生活を余儀なくされる。その間に『経済学原理』という大著を構想し執筆する。この書は，モンテスキューの『法の精神』の影響下で，ヒュームの『政治論集』を批判的に継承し，社会科学の認識を再編成する試みであった。

　『経済学原理』の基本テーマは，近代社会システムの移行に伴って，不安定な拡大プロセスを繰り返しているヨーロッパ各国経済の国内的・国際的な安定と成長のための条件を探求することであった。スチュアートは，近代に固有の労働概念である自由な勤労が生み出す社会的剰余の商品化による農工分離と最適人口数の確定プロセスを，自由がもたらす競争を通じて，社会構成員の相互依存のネットワークが作り出される過程として描いた。

　しかし，自由な競争は，人々の差異化や
差別化の要因になるために，ネットワーク
に部分的な破綻を生み，需要の不足による
商品交換過程の中断と不完全就業状態をつ
くりだすことになると考えた。彼は，ある
種の「市場の失敗」を指摘し，市場の不安
定性を調整する政府の機能を重視した。奢
侈的需要の創出や財政政策・金融政策の正
当性の主張などもあり，ケインズ経済学の
先駆ともみなされている。

図 1 - 2　デイヴィッド・ヒューム

　さらに，自由貿易論におけるヒュームの
国際分業思想を批判して，保護貿易の現実
的有効性と政策効果の指標として貿易差額説を擁護した。普遍的原理としての
自由を重視する一方で，現実に接近するときの政策的調整の必要性を強調して
いる点で，近代に固有の最後の重商主義者であるとともに，経済学のもう 1 人
の創設者といえる（経済学史学会編 2000：219-220）。

初期の自由主義

　一口に重商主義といっても多様な内容が含まれており，思想的な連続性をも
ちながらも経済政策上の主張には相違があることがわかる。イギリスにもフラ
ンスにも，重商主義に対する批判的な論陣をはったものが多数あった。これら
は，富の本質，富の増やし方，国家と経済の関係などについて共通した認識が
ある。消費可能な財を富とみなし，労働をその増加の要素と考え，商人を不生
産的と見なし，経済活動への国家の干渉に批判的な点などである。これらの考
えを代表するものとして，イギリスではペティ（William Petty：1623-1687），ロ
ック（John Locke：1632-1704），ヒューム（David Hume：1711-1776）たちが，フ
ランスでは重農主義で有名なケネーをあげることができる。ケネーは，重農主
義で説明するので，まずペティ，ロックとヒュームについて説明しておこう。

　ペティは，波瀾万丈の人生を送った。生まれは貧しい洋服屋であり，船乗りになるが，骨折して船乗りの道をあきらめる。その後，フランスのイエズス会の学校で学び，イギリス海軍に入隊し，オランダで解剖学の勉強をし，最後はオックスフォード大学で解剖学の教授になる。当時は，国王と議会の混乱が最高潮に達しており，クロムウェルの要請でアイルランドに赴き，土地の測量，没収地のイングランド人への分配，所有権の創設などの作業に従事し，社会問題の関心を深めた。

　ペティは，学問を自然科学と社会科学に分けたフランシス・ベーコン（Francis Bacon：1561-1626）に従い，解剖学からの類推で，政治算術（統計学）による観察に基づいて，政治的解剖（政治経済学）を行い，政治体の治療（政策の実施）にあたろうとする。

　ペティによれば，富は人々が利用するすべての財を指し（必需品，奢侈品などすべてを含む），富んでいるとは一国あるいは個人が自ら使用できる以上に財を保有していることである。富を生むのは農業と製造業であり，富は労働と土地によって生まれる。

　ペティは，富を普遍的な富（貨幣）と特定の富に分け，貨幣をえられる輸出産業を重視している主張もあることから，重商主義的と見なされたが，貨幣の過少と過多の両方の弊害を説いたり，貿易差額確保のための特別措置には反対し，自然の理を重視していたから，自由主義が基調と考えられる。

　さらに，ペティの政策には失業対策がある。彼は国民全体の利益を考えれば，失業者を仕事に就かせるために国債を使うこともありうると主張し，ケインズの有効需要の理論の先駆けのようなことも考えている。ペティの政治算術は，マクロ的な集計量を使ったけれども，アダム・スミスがそれを否定したために，ペティのマクロ概念はしばらくの間，埋もれたままになった。

　ペティの後，イギリスでは自由主義の論説が多くあらわれた。ロックは経験論哲学の創始者として有名であり，社会科学でも市民政府論と経済論説で知られている。ロックは，分析的なアプローチを社会領域の研究に拡大したことによって，ライプニッツ（Gottfried Wilhelm Leibniz：1646-1716）やヴォルテール

(Voltaire, 本名フランソワ＝マリー・アルエ（François-Marie Arouet）: 1694-1778),
ニュートン（Isaac Newton: 1643-1727）にも多大な影響を与えた。彼は, 物理
的な意味での宇宙の動き方を決定する自然の法則と政治的法則とが類似したも
のであると主張している。

　所有権思想においては, すべての人には本来財産権が与えられているので,
自分自身の労働の生産物に対する権利をもち, 労働の成果を自分の所有物とす
ることができるとした。また労働は, あらゆる所有物の源泉であり, 価値を与
える中心であると主張していることはきわめて有名である。

　ヒュームは, 哲学者, 歴史家として名をはせた。彼は, 人間は幸福になりた
いという欲求や利己心をもっており, 勤勉に働くことで生活に必要な物資を購
入するが, その自分の境遇を改善したいという利己心こそが, 産業社会と生産
技術を発展させる根本だと主張している。さらに, 外国貿易を通じて贅沢品が
輸入されることにより, 人々の購買力が刺激され, ますます生産技術が進歩し
ていくとも論じている。

　現在でも経済学で有名な, ヒュームの貨幣の流出入メカニズムは, 貨幣数量
説を前提にした自由貿易論である。そのメカニズムは, 輸出が輸入を上回ると,
物価の上昇などの経路を通じて産業が発展し, 物価が上昇しすぎると, 輸入が
輸出を上回り, 産業の衰退を導くことになるというものである。

　輸出超過→貿易収支黒字→金の流入→（マネーサプライの増加）→利子率下落→
投資増加→国内物価上昇→産業の発展→輸入超過→貿易収支赤字→金の流出→
（マネーサプライの減少）→利子率上昇→投資減少→国内物価下落→輸出の増加・
輸入の減少（輸出超過）という繰り返されるメカニズムが存在していると主張
した。ここでは, 貨幣数量説とともに各国の輸入需要の価格弾力性が大きいと
いうことが暗黙の前提になるが, このような仕組みで貨幣が物価に応じて各国
に分配される。

重農主義

重農主義は, 創始者ケネー（François Quesnay: 1694-1774）を中心としたフ

ランスの経済学者の学説をさしており，ミラボー（Victor Riquetti de Mira-
beau：1715-1789），テュルゴー（Anne-Robert-Jacques Turgot, Baron de Laune：
1727-1781）などが含まれている。彼らが重農主義と呼ばれるようになったの
は，アダム・スミスが彼らの学説をそのように表現したこと，また学説の内容
が，農業生産を富の唯一の源泉として重視したことに起因しているが，もとも
と「フィジオクラシー（physiocratie）」という言葉は，「自然の秩序による統治
（physeos krafesis）」を意味していた。当時の経済学者たちの基本的な学問上の
姿勢は，社会を支配している自然的な秩序を解明することであったから，重農
主義の経済学者たちは自らそのように名乗っていた。

　重農主義の主要な学説はケネーの経済学体系に集約されているから，彼の言
説により重農主義の特徴を説明しよう。ケネーはパリ近郊の農家に生まれたが，
長じて外科医になり，自然科学のほかに哲学研究を進めた。医師として高い才
能を発揮したケネーは，フランス国王ルイ15世に評価され，ヴェルサイユ宮殿
に住み，そこで『百科全書』を編集したディドローたちと交流し，それに『借
地農論』『穀物論』などを執筆した。1758年に有名な『経済表』を出版した。
『経済表』は，マクロ的視点から国民経済の全体，すなわち生産・流通・分配
を一望の下に解明した最初の経済学体系であり，経済学史上の画期的業績とみ
なされている。弟子のミラボーは，この経済表の発明を，文字の発明，貨幣の
発明とともに人類の三大発明と評価している（出口 1969：37-38）。

　『経済表』が書かれたのは，すでに述べた重商主義思想に基づく経済政策が
フランスで限界に達し，破綻しつつあったときである。18世紀のフランスでは，
植民地を支配するための武器や貿易差額を獲得するための高級織物，ガラス，
陶器などの奢侈品の生産に莫大な国費を投入し続け，財政破綻からさらに絶対
王政の崩壊につながる全般的な危機状況，アンシャン・レジーム（旧体制）の
危機状況にあった。外国貿易の不振による財政の貧困，課税強化による国民の
経済的疲弊，農業生産の停滞などである。当時，イギリスは自国生産物の輸出
を貿易の中心においていたが，フランスでは贅沢品の製造・輸出という不自然
な中継貿易をとっており，これが輸出の不振をもたらしていた。

　ケネーは，「事物の自然的進行」に反して強行された重商主義が，奢侈品工業の拡大と農村の荒廃，農産物価格の下落をもたらしていることを指摘して，さらに，王国の富の源泉は流通過程ではなく，農業生産そのものにあること，農業こそ他の産業の正常な発展のための基礎であることを主張した。ケネーは，自然法に基づく社会哲学のうえに，科学としての経済学を打ち立て，そこから政策論をひきだした。

　ケネーは自然法の中に，物理的法則と道徳的法則を含んでいると考えた。物理的法則は，「人間にとって明らかにもっとも有利な自然的秩序から生じたすべての物理的事象に関する規則的運行を意味」（人間の物的生活における実証的な運動法則）し，道徳的法則は，「人類にとって明らかにもっとも有利な物理的秩序に適合した道徳的秩序から生じる一切の人間行為の行為を意味」（物理的法則に適合する人間行為の価値規範）していた。ケネーにとっては，経済法則と社会倫理を内包していた（出口 1969：42-43）。

　ケネーは，このような思想のもとに『経済表』を展開するが，それは以下のような特徴をもっている。「支出」すなわち生産物の需要を重視する考え方である。彼の場合，地主階級による「収入」の支出を起点として，農工両部門の支出が交差しながら，ゼロに収束するまで進む波及過程によって，経済全体の再生産総額が決定する仕組みを描いている。外生的に与えられた地主階級の「支出」，すなわち最終需要に対応して農工両部門の産出高が決定される。このような考えは，20世紀に主張されたケインズの「有効需要」やレオンチェフの「産業連関表」の考え方の核心をなしている。また年初にみられる諸産業の経済体系全体が，産業間の取引を介して次年度にも再現されることは，再生産，循環の過程を明示しており，その後の経済学の基礎にもなっている。

2　古典派経済学の創始と思想——アダム・スミス

アダム・スミスにおける社会科学の方法

　アダム・スミス（Adam Smith：1723-1790）は，1723年6月5日スコットラン

図 1-3 アダム・スミス

ド東海岸のカーコーディに生まれた。14歳でグラスゴー大学に入学し，ハチソン教授から道徳哲学や自然神学，自由主義的な経済論を学び，17歳でオックスフォード大学・ベリオルカレッジに入学したけれども，旧態依然としていた大学や怠惰な教授たちを批判する一方，ヒュームの『人性論』を読み感動したと記している。1748年エディンバラ大学で公開講座（修辞学，純文学，法学）を開始し，それが好評であったことから，1751年，28歳で母校グラスゴー大学教授（最初は論理学，後に道徳哲学）に迎えられた。

　スミスが生きた時代は，イギリスは，世界に先駆けて新しい産業社会に突入しつつあった。彼の人生の後期には，イギリスで特に綿工業を中心に工業化が進行した。また，スコットランドは，1707年にイングランドに合併し，それ以降めざましい発展を遂げ，スコットランドの大西洋側の都市グラスゴーは，アメリカ植民地との貿易によってめざましく発展していた。

　この時期のイギリスのおける道徳哲学の特徴は，道徳という人間が生きるための行動や基準の考察が，政治や経済を含む社会全般の考察に広がっていることである。スミスが行った道徳哲学も広範囲にわたり，次の4部門からなっていた。

　第1部門は自然神学，第2部門は倫理学，第3部門は正義に関連する法学，第4部門は便宜の原理に基づく経済や財政を扱っていた。このうちの第2部門が，1759年に出版された『道徳感情論』であり，第4部門が1776年に発行された『国富論』である（喜多見・水田編著 2012：39）。

スミスの道徳哲学──『道徳感情論』

　道徳哲学とは，水田洋によれば，「個人の行動を外から押さえ込むためのも

のではなくて，各個人が生存と幸福のために営む行動が，他人のそういう行動と矛盾対立せずに，社会的に平和共存が成り立つことが，どうすれば可能かとたずねる学問」（玉野井編 1978：47）のことだが，スミスの『道徳感情論』は，この分野における彼の見解をまとめたものである。

　『道徳感情論』では，人間が社会のルールの中で，さまざまな価値判断をどのように行い，そしてそこからどのように社会のルールが形成されていくのかを明らかにしている。

　スミスは，人間が正邪，善悪を識別する能力は，理性ではなく道徳感情であると考えた。スミスは，人間が善悪を識別する能力は「人間には生まれながらにして，自分の境遇を改善しようとする利己心と，他人の境遇を思いやる利他心という 2 つの本能がある」という同感の原理を基礎にしていた。

　人間は他人の行為を観察した場合，それに対して何らかの感情を抱く。例えば，何か不幸な事態が訪れたときには，当事者は悲しいという感情を抱くが，それを見ている他人である観察者もそれを悲しいと感じる。このとき，観察者はその当事者が抱く悲しみという感情の原因になった状況を想像している。観察者がそこで感じる悲しみの感情が，実際にその当事者が抱いたものと一致するかどうかを見て，一致すれば，観察者は当事者の行為を適切なものと是認し，そのことを快く感じて共感する。

　一方，当事者は，このように他人から見られていることを意識して，自分が観察者の立場に立つならば，自分の行為をどのように見るかを想像し，できる限り観察者が是認して共感してくれるように行動するであろう。この当事者として，あるいは観察者としての経験が，徐々に自らの内部に，当事者でも具体的な観察者でもない第三者である「公平な観察者」を形成し，自らの行動をこの観察者の基準に照らして自己規制するようになるということであった。

　このように自己の中で道徳的評価が繰り返されることによって，次第に社会において道徳の一般規則が形成される。その中で，他人の生命，身体，財産，名誉などを侵害しないという正義のルールは，慈恵のような一般規則とは異なって，もっとも厳格な遵守を要請されるのである。

　個人の利己的行為も，観察者による共感を得たものであり，フェア・プレーのルールを犯さないという正義の遵守のうえで利己的行為を行うことは，むしろ社会の繁栄を招くと考えられた。この利益追求が，見えざる手に導かれて，結果として公共の利益を最大化するのである。このような社会哲学の上に，『国富論』において，一国がどのように豊になるのかが示される（喜多見・水田編著 2012：40-41）。

スミスの国富論①──国家観

　『国富論』の内容は，「第1編　労働の生産力における改善の原因とその生産物が国民のさまざまな階級の間に自然に分配される秩序について」「第2編　資本の性質，蓄積，用途について」「第3編　国によって富裕になる進路が異なることについて」「第4編　経済学の諸体系について」「第5編　主権者または国家の収入について」となっている。スミスのもっていた，社会科学のあらゆる認識と思想が盛りこまれており，大著と呼ぶにふさわしい書物である。経済学はもちろんのこと，歴史学，政治学，教育学をはじめとして，常備軍の発達史，教会史，重商主義批判，植民地批判などのあらゆる識見が詰まっている。経済学は，スミスも当時そう考えていたように，あらゆる知識を必要とする総合的な学問であった。

　スミスの考えた経済学の目的は，人々に豊かな収入や生活資料を提供するとともに，国に公共の職務を遂行するのに十分な収入を提供することであった。国民と国家とを両方とも豊かにするために，政府に適切な助言を与えることが，経済学に与えられた役割なのである。そのためには，富は国民の労働によって生産される必需品や便益品であるとし，労働価値説を唱えた。

　「国民の年々の労働は，その国民が年々に消費する生活必需品と便益品のすべてを本来的に供給する源であって，この必需品と便益品はつねに労働の直接の生産物かあるいは，その生産物で他の諸国から購入したものである」（アダム・スミス，大河内一男監訳『国富論』 I，中公文庫，1978年，1頁），という表現は，当時主流派であった重商主義を強く意識していたといえる。

当時のイギリスでは，経済活動に対する中世的束縛はほとんど廃棄されているか，あるいは有名無実化していたが，新しく勃興してきた商工業にとっては，資本と労働の自由な流通を妨げる束縛が残っていた。スミスは，一切の規制を廃棄して，自然的自由の体制を実現することを望み，その体制における国家または主権者の義務を以下の３つに限定した。①国防，②司法，③公共事業である。

要するに，個人が有利にしえない仕事を個人に代わって行い，それによって個人の自由な経済活動を可能にすることこそ国家の役割であるという国家観，「夜警国家」観である。

また当時のイギリスには，外国貿易や植民政策については重商主義的な規制が厳しく残っていた。イギリスは，植民地を支配することでそこを原料の供給地，製品の販売市場として本国の工業発展に貢献させていた。スミスは，このような旧植民地制度に対して，自由貿易論をかかげて反対する（出口 1969：58-59）。

スミスの国富論②──分業，資本蓄積

また，労働生産性の向上（１単位の労働によってどのくらいの富が生産されるか）には，分業が必要であることを主張し，フォード自動車のベルトコンベアを想起させるような議論を強力に推し進めた。

$$１国の生産額＝労働生産性×生産的労働人口$$

というのが，スミスの考えていた国富の式である。

スミスにあっては，労働生産性を左右するのが分業の進展であった。分業によって，生産者は特定の作業に専門特化するから，習熟度が上昇し生産性が上昇する。分業はまた特定の作業に集中しているから，機械の発明が容易になる。分業による経済成長こそが，国富を増大させる源だと考えていた。

この分業が確立すれば，あらゆる人々はそれぞれの専門作業に特化するから，

人々は他人の生産物との交換がなければ生活できなくなる。すべての人がある程度商人になる商業社会が生まれることになる。そのときに重要になる推進力が，利己心・自愛心の原理である。人々は，肉屋，パン屋の慈悲心に訴えても，肉やパンを手に入れられない。彼らの利益に訴えてこそ，彼らの生産物を得られるというわけである。

　生産を増大させる第2の要因は，生産的労働者と不生産的労働者の比率である。すべての労働者は，農業や製造業のように価値を付加する生産的労働者と価値を付加しない不生産的労働者に分けられる。したがって，富を増大させるためには生産的労働者の割合を増やす必要があり，それが可能になるのは，資本蓄積によってである。この資本蓄積の原資になるのが，貯蓄である。

　貯蓄が資本蓄積を進め，資本蓄積が分業の進展を促進することで，労働生産性の上昇と生産的労働者の増加が，同時に達成されるというわけである。さらにこの資本蓄積，投資には，自然に進む順序があり，それはより多くの生産的労働を雇用する順序であるとも考えられ，農業，製造業，商業の順でもあり，商業の中では，国内商業，外国貿易の順になると考えた。スミスは，事物の自然的なり行きに任せたときに生じる最適状態になると見なし，重商主義のような人為的な体系については厳しく批判したのであった。

　最後に，スミスの名前とともにもっとも有名な「神の見えざる手」という言葉について，解説しておこう。自由競争は，各人の利害が衝突することによって，混乱に導かれるのではなく，「神の見えざる手」の働きにより，商品が安価でありかつ豊富な社会へと導くというもので，価格の自動調節機能を表現したものと考えられている（中屋 2012：22）。

　ここで注意が必要なのは，自分や家族の利益だけを考えて行動することが，各人が社会の利益を考えて行動することよりも，かえって効果的に社会全体の利益を促進することになるということで，スミスは，正義のルールに基づいた自由競争をするならば，ニュートンが宇宙の調和を主張したように，私たちの経済社会も自然に調和していくと考えていた。

── *Column* ①　リカードウ ──────────

　リカードウは，経済学を学ぶ上で忘れてはならない人の 1 人である。彼はユ
ダヤ系大家族の第 3 子として生まれた。彼の父はオランダ生まれのロンドン証
券取引所の証券仲買人であり，彼もまた父と同じ職業に就いた。しかし，リカー
ドは，外科医でクェイカー教徒の娘，プリシラ・アンと結婚した際に，思想
的・経済的に父から独立する。産業革命とナポレオン戦争の激変期にロンドン
証券取引所の仲介業者として財産を成しただけでなく（死亡時には7,500万ポ
ンド，現在の価値で150億円程度とみられる財産を残した），時々の経済論争（地
金論争や穀物法論争など）にも積極的に関与した。彼は，1819年に証券取引所の
仕事から手を引いて，下院議員として政界入りする。彼は，どの政党に属するこ
ともなく，いつでも自分が健全であり真実であると考えた原理だけを主張した。

　リカードウの学問は，総合的・首尾一貫した経済学体系を構築しており，特
に『経済学および課税の原理』は多くの研究者から認められ，後世に残る理論
経済学のモデルとなり，経済学説史家たちによって古典派経済学を完成させた
と賞賛されている。また，マルサスと長期間にわたり（1811〜1823年），書簡
を通じて意見を交換したが，これは経済学説史上もっとも有名な往復書簡とし
て知られている。1823年，耳の伝染病のために，51歳で急逝したが，彼の主要
著作と書簡を集めた『リカードウ全集』は現在の経済問題の解決方法を考える
場合にも多くの示唆を含んでおり，いまなお輝きを失っていない。

3　古典派経済学の完成と思想──リカードウ

リカードウ経済学の形成──地金論争と穀物法論争

　1772年，株式仲買人の子供としてロンドンに生まれたリカードウ（David
Ricardo：1772-1823）は，14歳から株式取引所で働き始める。リカードウは，他
の学者と違って，大学教育を受けていなければ，大学で教えたこともない。21
歳のときに，結婚のためにユダヤ教から妻になるプリシラ・アンのキリスト教
ユニテリアン派に改宗している。これは彼の父との距離を生むことになり，以
降の彼の思想形成に大きな影響を与えたと見なせる。

　27歳のときに学問研究に目覚め，アダム・スミスの『国富論』に出会う。

図 1 - 4　デヴィッド・リカードウ

1810年に，当時の激しいインフレを分析した『地金の高い価格』を出版し，経済学界にデビューする。これは，「地金主義」（リカードウ）vs「反地金主義」（銀行券の過剰発行は起こりえない）の論争を引き起こし，「通貨主義」vs「銀行主義」に引き継がれる論争の初めとなった。この論争は，大づかみにいえば，中央銀行は通貨の過剰発行を行うことで物価上昇させられるのか，中央銀行は通貨を過剰に発行することができず，通貨発行は後追いであると考えるかという，現代の日本でも引き継がれている論争である。

　リカードウは，その後，株式仲買人として成功し，巨万の富を得て，実業界から引退する。1815年，『穀物の低価格が資本の利潤に及ぼす影響に関する一試論』を出版し，1817年にはそれを『経済学および課税の原理』へと拡大して出版する。前者は，マルサスとの間に穀物法論争を引き起こす。

　マルサスは，①食料安全保障論，②穀物輸入自由化による国内の農業工業の発展が不均衡になり経済が不安定になること，③穀物価格を高めに維持することは，地主に十分な地代を与えることになり，それが工業製品に対する有効需要の源泉になる，として穀物法の存続を訴えた。

　リカードウは，①ナポレオンによる大陸封鎖によっても，フランス以外の穀物輸出国がイギリスへ穀物輸出することを禁止できなかったという事実，②自由貿易により穀物が安価になることは，労働者の生活費を下げることによって賃金の下落と利潤の増大をもたらし，それが資本蓄積の原資になり経済成長の原動力になることを主張した。

　ここには，有効需要の源泉としての地代を重視するマルサスと資本蓄積の原資としての利潤を重視するリカードウという対立になるが，これは地主階級と

産業資本家との対抗という構図を背景に描くことができる。リカードウは，地主階級を自分の敵とは考えていなかったようであるが，結果的には，そのようになった（根井 2005：93-96）。

　この2つの論争を通じてリカードウの経済思想と経済学は形成されて，集大成として『経済学および課税の原理』（1817年4月）が刊行された。そこでは，①投下労働価値説，②差額地代論，③賃金の生存費説，④収穫逓減の法則を総合して，1つの理論体系を創り出した。

リカードウの経済学の骨子①

　リカードウの経済学の主要な課題は，分配法則の確定である。つまり，社会の異なる段階において，全生産物は，地代，利潤，賃金という名称で，地主，資本家，労働者に分配されるが，この割合は異なっており，その分配割合を決定する法則を発見することが彼の課題であった。

　リカードウは，商品の交換価値が投下労働量により決定され，その大小に正比例することを法則として定式化する。彼は，この見地から，スミスの支配労働価値説を批判する。スミスは，「文明社会」と「初期未開の社会状態」で，支配労働価値説と投下労働価値説を使い分けたが，リカードウは一貫して投下労働価値説を採用している。

　さらにリカードウは，一般的な商品の価値（価格）は，直接労働（労働）と間接労働（資本）からなると主張した。そして，マルサスの人口法則を受け容れ，実質賃金は労働者階級の生存費で決まるという賃金生存費説を唱えた。なぜなら，人口は食糧供給の許容量まで増大するので，結局は生存費と実質賃金は等しくなるからである。またその賃金は，生存に必要な穀物からなっているということで，穀物賃金とも呼ばれる。

　一方で，農産物の価格は，耕作されている土地のうち，もっとも肥沃度の低い土地（限界地）の生産性によって決まる。農産物の需要が限界地を決めるからである。そのとき，限界地では地代は発生しない。地代の大きさは，限界地とそれよりも肥沃度の高い土地との生産性の差によって決まってくる。これは

差額地代論とよばれている考え方である。

　農産物需要の増大によって，より劣等な耕作地が開発されると，収穫が逓減し（徐々に減少すること），土地の収益に差が生じる。より収益の高い土地に需要が集まり，差額は地代としてすべて地主の収入になる。これを最初に考えたのは先に述べたペティなどでもあるが，リカードウは古典派の分配論として分析道具にした（中屋 2012：30-31）。

　リカードウは，労働投入を増やしても生産が増えないという「収穫逓減の法則」を考えた。これは利潤率の低下につながる。資本と人口の増加によって穀物需要は増加するが，収穫は逓減するために穀物価格は上昇し利潤率は低下する。また貨幣賃金は穀物価格の騰貴に遅れがちであり，労働者の境遇は一般に衰退し，地主のそれは改善される。

リカードウの経済学の骨子②

　セーの販路法則は，フランスの経済学者セー（Jean-Baptiste Say：1767-1832）にちなんで名付けられたが，商品生産社会では売り手はまた買い手であり，商品の供給は必ずその需要につながるという考え方を指している。「供給はそれ自らの需要を創り出す」という言葉として知られている。

　リカードウは，このセーの販路法則を承認している。すなわち一般的過剰生産恐慌は生じないと考えたのである。リカードウは生産部門間の調整不足によって，部分的過剰生産が生じることは認めているが，それは一時的なものであるとしている。セーの販路法則によれば，リカードウは，資本蓄積が進行しても，その過程は需要不足によって停滞することはあり得ないという結論になる。この点については，後述のマルサスが次のように主張している。

　資本蓄積は資本家の節約によって資本を増加させることであり，生産物の供給拡大につながる。しかし，それに見合う消費を増加させることにはならない。というのも，資本蓄積によって，労働者が不生産的労働から生産的労働に転換されても，全体として彼らの消費は増減しないが，資本家の消費は節約によって減少するからである。これは生産と消費の不均衡であり，一般的過剰生産に

なる。マルサスは，これを防ぐためには，不生産的消費の担い手としての地主
階級が収入としている地代を有効需要の源泉にすればよいと考えた（根井
2005：105-107）。

比較優位と自由貿易

　リカードウの令名は，比較優位による自由貿易の主張によって現在でも高い。
リカードウは，安価な穀物を輸入すれば，費用である穀物賃金を引き下げうる
し，たとえ「収穫逓減の法則」が作用しても，利潤率の低下を阻止できると考
えた。そして，イギリスの優秀な工業製品である毛織物を輸出することで，さ
らなる利潤を獲得できるようになる。彼は，貿易参加国が，たとえ絶対的に生
産費が高くても，相対的に生産費の低い部門に特化し，国際貿易を行うことに
よって，お互いに利益を得ることができる，という自由貿易論を証明した。

　有名な数値例はとてもうまく作られている。どちらの商品についても，イギ
リスはポルトガルよりも生産費が高いと想定している。毛織物 1 単位とワイン
1 単位を生産するのに，イギリスではそれぞれの生産に100人と120人が，ポル
トガルでは90人と80人が必要であると考える。ポルトガルが，両商品について
絶対優位をもっている。しかし，イギリスは毛織物の生産（当時の代表的な工業
製品）に比較優位をもっているので，毛織物の生産に特化し，ポルトガルはワ
インの生産に特化する。そしてお互いに貿易を行うと，貿易利益が上がるとい
うものである。この考えは，その後，純化されて，おそらくリカードウが予想
もしていなかったように展開されていく。

4　リカードウ以降の展開

マルサス──人口論と経済学

　マルサス（Thomas Robert Malthus：1776-1834）は，1776年にロンドンの南に
あるサリーで生まれた。1793年にジーザス・カレッジのフェローになり，1798
年に，匿名で，『人口論』を出版した。それはただちに大きな論争を引き起こ

した。1805年に，東インド・カレッジの経済学教授に推薦され，その後，1811年から始まるリカードウとの往復書簡で，自分の意見を主張した後，それらをまとめた『経済学原理』を1820年に出版する。

　マルサスは，『人口論』で当時もっとも有名な社会科学者になった。マルサスは，経済学者であるばかりでなく，イギリス国教会の牧師でもあったので，人間に対する理解にもそのような側面が含まれており，人間はすばらしい生き物だが，怠惰で労働の嫌いな生き物であるとも考えた。

　さて，人間はだれでも，生きていくためには食べなければならない。また人間は，刺激がなければ活動しない，怠惰で労働の嫌いな生き物と考えられるから，飢えという刺激が食料確保という活動に，つまり労働に，人間を駆りたてる。ところが，食料生産は，当時の技術では，算術級数的（2，4，6，8，……）にしか増大しない。人間は，あらゆる努力によって，機械の発明や技術を開発することによって，食料の増産を勝ち取らなければならない。

　人間は，自分の種族を維持するために，家族を養うという刺激が，さらなる活動を生む。現代の生物学では，遺伝子は利己的で，私たちに自分の遺伝子を後世に伝達したい，というプログラムを実行させていると考えるが，マルサスは，この種族を維持する本能が，人口は少なく見積もっても幾何級数的（2，4，8，16，……）に増大するといっている。

　従って，マルサスの有名な人口法則，「人口は制限されなければ，幾何級数的に増大する。しかし，生活資料は算術級数的にしか増大しない」ということになる。

　この考えは，古典派経済学を信奉する多くの経済学者に受け入れられ，マルサスの名を不滅のものにした。現在でも，発展途上国では，マルサスのいったように人口が幾何級数的に増大しており，多くの問題を引き起こしている。この問題に対して，マルサスは，人間が一生を通じて，苦しみに耐え，自己を形成するという個人的努力が社会全体の改善につながると考えており，晩婚化，節制，修養などを通じた人間による自発的な人口抑制が，大きな困難と害悪を避ける意味でも重要なことだとし，道徳的抑制を提唱した。このように，過度

の社会保障は人間を堕落させるということから，国の救貧政策に反対したこともマルサスの特長である。マルサスは，スミスの弟子として利己心の原理を自分の考察の中心にしており，自分の境遇を改善しようとつねに努力することが，その人にとっても国家にとっても重要であるという認識をもっていた。

　マルサスの経済学は，セー法則を信奉したリカードウと異なり，生産されたものがすべて売れるわけではないとして，過剰生産の可能性と同時に公共事業の必要性も強調して，後のケインズの有効需要論に結びつくような議論も展開している。ケインズの場合は，投資を有効需要の理論の中心にしたが，マルサスは，目の前にある失業を重視していた。

　また，リカードウとの間の穀物法論争では，安価な小麦を輸入すべきでないとして，保護貿易政策を主張した。その理由の第1は，国家の安全保障の立場からで，食料の外国依存は危険であるという意見である。これは，現代でも「食料安全保障論」と呼ばれている。

　また自由貿易によってさらに工業化が進むと，豊かさと活気を与えてくれるが，工業への人口集中は，国民の幸福，健康，道徳にとって好ましくないと考えた。当時，すでに産業革命の弊害が多く見られるようになっていたからである。さらに，輸入の自由化は，穀物価格の下落をもたらし，それは農民に深刻な影響を与えるとも主張していた（中屋 2012：25-29）。

　最終的には，リカードウの主張のように，イギリスでは自由貿易による工業化のさらなる進展と穀物法の廃止が行われた。

ミ　ル──古典派の集大成

　ミル（John Stuart Mill：1806-1873）は大変早熟で，3歳でギリシア語，8歳でラテン語を学び，13歳からはアダム・スミスとリカードウの経済学を学んだとされている。彼は16歳のときにベンサムに接することで，急進的な功利主義者になり，17歳から東インド会社に勤務しつつ，広範囲にわたる勉学を継続した。

　ミルの主著である『経済学原理』は，次の5編からなっている。「第1編　生産」「第2編　分配」「第3編　交換」「第4編　生産と分配とに影響をおよ

ぼす進歩の影響」「第5編　統治の影響」である。

　彼は，富の生産は社会の根底にある一貫する不変の法則（土地の有限性，収穫逓減の法則，人口法則）によって支配されると考えたけれども，富の分配については人間の力で変更することの可能な制度（社会制度の変革）に関わるとし，制度設計を重視していた。

　ミルは，基本的に自由主義的な古典派経済理論を支持していたが，現代でいえば公共財にあたるものを含むものとして，①教育，②幼年者の保護，③公営企業，④労働時間や植民地の土地処理，⑤貧民救済，⑥公共事業，⑦司法および国防などをあげ，それらについては政府が提供した方がよいとした（中屋2012：34）。

　ミルは，人間の知的・道徳的な状態の向上は，個人の不断の努力と，それを保障する社会制度との相互作用を通じて，実現できると考えている。いわば漸進的な改良主義だったといえる。またミルは，マルサスの『人口論』の熱心な信奉者であり，マルサスの道徳的抑制を拡大し，労働者自らが自発的に産児制限を行うことを強く主張している。これにより，労働者の境遇を改善し，人間らしい生活を保障することができると考えた。

　このようにミルは，競争を通じて労働者の立場が徐々に強化され，地代，利子生活者の地位が相対的に下がり，階級間格差が縮小する社会を実現したいと考えていた。

ドイツ歴史学派

　重商主義や重農主義，そして古典派などの経済学説発展の背景には，思想的基盤として，17〜18世紀のヨーロッパに一般的であった自然法思想，啓蒙主義的社会思想があった。しかし，18〜19世紀にかけてのアメリカ独立，フランス革命などの歴史的事件によって，自然法的あるいは合理主義的社会像を一般化することへの反省が生まれ，それぞれの国家や地方の歴史的な特殊性・個性を主張する社会観が生まれてくる。このような動きは歴史主義と呼ばれたが，これを明確に定式化したのが，リスト（Friedrich List：1789-1846）である。

　リストが登場したときのドイツは，工業化がようやく進みはじめていたが，政治的には国内が多くの領邦国家に分裂し，近代化を妨げる封建的な束縛があった。そのため，リストは同時期のイギリスで発達した古典派経済学を批判し，各国の独自性を決定するものとして歴史を重視し，経済事象を歴史から説明しようとした。

　彼は，古典派の普遍的な価値の理論に対して，国民的生産力の理論を対抗する概念として使用し，普遍性を重視する古典派経済学への対抗として国民経済学の確立を考え，国民経済の発展段階の相違を重視した。彼は，国民経済学という考えに基づき，国内交通・流通網の整備や関税の統一といった市場を国民的市場に統合する政策や，自国産業を育成するための高率の関税という保護主義政策を主張した。

　1834年，リストの悲願であったドイツ関税同盟が成立して以降，官僚層による上からの資本主義化が進められ，3月革命（1848年）後にブルジョワジーが台頭するようになる。またこれと並行して，プロイセンを中心とするドイツの政治的統一が進展した。リストが生きている間に独自の学派を形成するにはいたらなかったが，政治的統一を背景にして，リストの体系はその後，ヒルデブラント（Bruno Hildebrand：1812-1878），ロッシャー（Wilhelm Georg Friedrich Roscher：1817-1894），クニース（Karl Gustav Adolf Knies：1821-1898）たちにより一大学派が形成され，19世紀後半にかけてドイツで隆盛を誇った。

　ドイツの統一が実現し歴史学派の一応の目標が達成されると，歴史研究を通じて経済の一般法則をただちに導こうとしたことへの反省が生まれ，演繹的方法で一般法則を発見するためには，文献・統計資料を十二分に渉猟し，詳細で実証的な歴史研究が重要であるとみなすグループが台頭した。シュモラー（Gustav von Schmoller：1838-1917），ワーグナー（Adolf Heinrich Gotthilf Wagner：1835-1917），ブレンターノ（Lujo Brentano：1844-1931）などがその代表である。彼らは，以前の歴史学派と区別されて，新歴史学派とも呼ばれる。

　当時のドイツにおける工業化の進行は，国内に労資対立の激化をもたらした。新歴史学派の学者たちは，問題の解決には所得再分配を目的とする国家が不可

欠と考え，資本主義の弊害を社会政策によって解決するということを主張し，1873年に社会政策学会が設立される（出口 1969：123-133）。

　社会政策学会に集まった新歴史学派の学者たちは，自由放任主義や社会主義を批判し，社会政策による経済への介入を主張する点では共通していたが，社会政策を実施する主体について意見が3つに分かれた。右派（国家による上からの社会政策），左派（労働組合による下からの社会政策），中間派（両者の折衷論）である。中間派が多数を占め，シュモラーが主流派の中心になる。シュモラーは経済学の理論研究を抑制したから，第3章で取り上げるメンガー（オーストリア学派の祖）と激しい方法論争が繰り広げられた。

　さらに，19世紀末，ドイツが帝国主義的な膨脹政策を推進するようになると，従来の歴史学派的「国民経済学」は，その学問的枠組みの見直しが必要とされるようになり，それを支えてきたシュモラー流の歴史的方法に対しても再検討が迫られることになった。ゾンバルト（Werner Sombart：1863-1941），ウェーバー（Max Weber：1864-1920）たちは，方法論争を反省して理論と歴史の統合を課題とした。彼らはドイツ歴史学派とオーストリア学派の共同事業『社会経済学要綱』（1914～1927年）を実現させた（経済学史学会編 2000：442-443）。

イギリスの歴史学派

　イギリスのおける歴史学派は，一般に古典学派批判という形であらわれたが，その主張者たちは，必ずしも一致してドイツのように積極的批判者としてあらわれたわけではなく，むしろ古典派の崩壊期に，それぞれの見解を異にしながら，独自の方向を見出すような形であらわれた。レスリー（Thomas Edward Cliffe Leslie：1825-1882），バジョット（Walter Bagehot：1826-1877），イングラム（John Kells Ingram：1823-1907），トインビー（Arnold Toynbee：1852-1883），カニンガム（William Cuningham：1849-1919），アシュレー（William James Ashley：1860-1927）などをあげることができる。

　ここでは，特に経済学に関係の深いレスリーとバジョットを取り上げる。

　レスリーは，イギリスの歴史法学者ヘンリー・メインの影響を受け，歴史

的・比較的方法を経済学に適用し，古典派，特にリカードゥの演繹法を積極的に批判した。レスリーによれば，イギリスの現在の経済状態は，政治組織，家族構造，宗教諸形態，学問，芸術，農業，製造業ならびに商業を進化・発展させてきた全運動の結果であり，政治経済学の方法は，先験的な演繹法でなく，進化を説明する方法，比較史的方法でなければならないとする。社会進化論の創設者であるスペンサー（Herbert Spencer：1820-1903）や実証哲学の創始者であるコント（Isidore Auguste Marie François Xavier Comte：1798-1857）の影響を受けた，ドイツの歴史学派とは異なる歴史学派といえる。

　バジョットは，経済評論家として名高く，『ロンバード街』の著者として著名である。彼はレスリーと異なり，古典学派の理論，特にリカードゥの理論を吟味して，摂取を試みている。例えば，「資本と労働の自由移動」というテーマを取り上げて，それが適用可能な範囲を限定するというような手法をとっている。この意味では，古典学派の継承者でもある。しかし，彼は，経済学研究において歴史的帰納法の有効性を認めており，この点で歴史学派といわれる。方法論的には，いわば折衷主義といえる（出口 1969：138-139）。

　このように多様な経済学のツールが作られてきた背景には，国家，個人に対する基本的な見方を基礎にして，経済社会の変化が，さまざまな分析道具を作り出してきたといえる。従って，経済社会が変化して古くさくなったと感じられる経済学の分析ツールも，再び形を変えて有効なツールとして復活することがある。わたしたちは，歴史的に形成された社会に生きているから，先人たちが生み出した多様なツールと基本的な思想を理解しておくことが，今後の自分の行き方を考えるうえで参考になる。この章で説明した経済学は，以下の 2 ～ 3 章の基礎になっている。

参考文献

小田中直樹『ライブ・経済学の歴史』勁草書房，2003年。
キシテイニ，ナイアル，月沢李歌子訳『若い読者のための経済学史』すばる舎，

2018年。

喜多見洋・水田健編著『経済学史』ミネルヴァ書房，2012年。

経済学史学会編『経済思想史事典』丸善，2000年。

シュムペーター，J. A.，東畑精一訳『経済分析の歴史』第1～4巻，岩波書店，1955～1958年。

玉野井芳郎編『経済思想史読本』東洋経済新報社，1978年。

出口勇蔵編『経済学史』有斐閣，1969年。

中屋俊博『やさしい経済学史』日本経済評論社，2012年。

根井雅弘『経済学の歴史』講談社学術文庫，2005年。

根岸隆『経済学の歴史』（第2版）東洋経済新報社，1997年。

ブローグ，マーク，久保芳和・真実一男訳『新版　経済理論の歴史』（Ⅰ）東洋経済新報社，1982年。

ブローグ，マーク，中矢敏博訳『ケインズ以前の100大経済学者』同文舘，1989年。

馬渡尚憲『経済学史』有斐閣，1997年。

八木紀一郎『経済思想』（第2版）日経文庫，2011年。

今後の学習のための本

経済学史学会編『経済思想史事典』丸善，2000年。
* ＊経済学史学会創設50周年を記念して企画された辞典である。必ずしも正確でない情報を提供しているネットの対極に位置している学術辞典。十分な専門研究に裏打ちされた最新で正確な知識と偏りのない項目に配慮しており，経済思想を学ぶ基礎になる辞典である。

ナイアル・キシテイニ，月沢李歌子訳『若い読者のための経済学史』すばる舎，2018年。
* ＊原題は *A Little History of Economics* で，エール大学出版会の Little Histories シリーズの1冊である。古代ギリシアの哲学者から経済学史上の著名な学者の考え，貢献を平易に解説し，経済思想をめぐる多面的で大きな物語を語っている。

小田中直樹『ライブ・経済学の歴史』勁草書房，2003年。
* ＊「分配」「生存」「政府」「企業」「失業」など，生活を送るうえで理解しておくべきテーマを設定して，教養としての経済学をわかりやすく解説している本。

練習問題

問題 1

中世の経済思想を説明しなさい。

問題 2

アダム・スミスの経済思想を説明しなさい。

問題 3

リカードの経済学の特徴を説明しなさい。

（奥　和義）

第❷章

ケインズ経済学の思想と経済学

── **本章のねらい** ──

　1929年の世界大恐慌に際して，それまでの経済学の思考方法から不況克服のために経済政策を立案・実施することは困難であった。なぜなら，不況に対しては政府は何もせずに，そのまま放置することで市場原理が働き，一定期間の後に景気が回復すると考えられていたからである。実際，周期的な不況はそれまでもあったが，政府が放置していても景気は循環的に回復してきた。ところが，1929年の大恐慌では，不況は長期化するばかりで，まったく回復の兆しを見せなかった。本章では，1930年代に新たに登場し，長期化する不況を克服する政策を生み出し，第2次世界大戦後も強い影響力をもったケインズ革命と名付けられたケインズ経済学の分析ツールと思想を解説する。第2次大戦後に隆盛をきわめたケインズ経済学も，1970年代のスタグフレーション（不況とインフレーションの共存）という新しい経済事象の前に，有効な処方箋を提示できずにその影響力が衰退した。その後，現在にいたる過程でケインズ経済学がどのように再構成されるにいたったかを説明する。

1　ケンブリッジ学派の展開

時代背景──1870年代〜世界大恐慌まで

　まず，ケインズ経済学が生み出されるにいたった前史を確認しておこう。ケインズ経済学の祖であるケインズ（John Maynard Keynes：1883-1946）は，ケンブリッジ学派に系統付けられるが，その始まりはマーシャル（Alfred Marshall：1842-1924）である。マーシャル自体は，第3章で説明する限界革命に関

わり，一般的には新古典派の経済学者とみなされているから，第3章で解説するのが適切かもしれない。しかし，ケインズ経済学はケンブリッジ学派の創設者であるマーシャル批判の上に成立しているので，ここでは第2章の最初で言及しておくことにする。

　19世紀半ば以降，イギリスは「世界の工場」として世界経済に君臨していた。この時期に，イギリス工業製品の圧倒的な競争力を背景にして，第1章第3節で解説したリカードウの古典派経済学，自由貿易思想が，大きな影響力をもつようになった。しかし，後発国であるアメリカやドイツが相次いで工業化することによって，工業製品の競争が激化し，19世紀末にはイギリスの競争力は相対的に低下していた。また国内でも，工業化による問題点が表面化していた。急速な工業化により都市において労働力需要が急増したため，農村から都市への人口移動がおこり，都市の人口が爆発的に増加し，急激な都市化の進行は，住環境の劣悪化，公衆衛生の不足といった問題を明らかにすることになり，多くの社会問題を生み出していた。さらに労働者階級にあっては，子供たちまで仕事にかり出され，子供たちが不衛生な工場や炭鉱での長時間労働を余儀なくされるような状態にあり，労働者の貧困の循環は続いていた。

　このように内外の問題が表面化し始めたイギリスで強く求められたのは，問題の解決策を提案する経済学の「実用性」であった。経済学と隣接する他の学問との連携を訴えてきたミルの時代は去り，古典派経済学は抽象的とされ批判にさらされる。このような状況に新しい風を吹き込んだのが，マーシャルである。彼がケンブリッジ大学の学生時代，特別研究員として経済学を教え始めたときは，経済学の学問上の地位は低く，道徳哲学や歴史学の卒業試験の一科目にすぎず，経済学を主たる専門分野として勉強し卒業することはできなかった。マーシャルは，経済学の学問上の地位を向上させることに努め，ケンブリッジ大学の経済学の卒業試験を創設し（1903年），ケンブリッジ学派と呼ばれる学派を形成するとともに，ピグーに教授職を譲り引退するまで，その努力を続けた（喜多見・水田編著 2012：188-191）。

マーシャルの経済学体系

　マーシャルは，厳格で保守的な父（イングランド銀行の下級職員）と労働者階級出身の母のもとに生まれた。マーシャルは，特に数学に関心を示すとともに強い向学心をもち，奨学金とオーストラリアの牧場経営に成功した叔父の援助を受けて，ケンブリッジ大学セント・ジョンズ・カレッジに入学する。1865年数学のトライポス（卒業資格試験）で2位となり，同カレッジの特別研究員の地位を得た。

図2-1　アルフレッド・マーシャル

　当初，彼は分子物理学の研究を志すが，1867年にケンブリッジ大学の道徳哲学の教授グロートによって創設・運営されていたクラブの一員になったことがきっかけで，道徳哲学，心理学をへて経済学に関心をもつようになった。マーシャルは，当初クラブ内での議論のために，人間の心を機械に例えて，人間の観念や行動，そして行動を生み出すもとになる人間の内的変化を分析した。研究を深める過程で，彼は，この方法に限界を感じ，例えば貧困問題でも労働者自身の能力という問題ではなく，問題の背後にある経済問題を重要視するようになる。特に，国家の繁栄の陰にあえぐ労働者の生活環境の改善に取り組むようになっていき，経済学への関心が芽生える。

　1868年にモラル・サイエンス担当の講師に任命され，さらにケンブリッジに創設された女性向けカレッジにおいて経済学の講師となった。その過程で，経済学の数学的厳密さについての研究を進め，経済学をより科学的なものにするように努めた。

　彼は，1879年に『産業経済学』を執筆し，12変数と12本の方程式から完結したマクロ経済成長のモデルを作ることにより，主著として知られている『経済学原理』の骨格を作り上げていく。12本の方程式の中には，「将来を見通す力」「家族愛」という数式化が困難なパラメータを方程式の中にもち込んでいる。

モデル化が困難ではあるが，現実の分析のためには必要なパラメータを有機的
成長の要素として，みずからの経済学の中に体系化していこうとしたのである
（喜多見・水田編著 2012：191-193）。

『産業経済学』は，洗練された理論的基礎に立脚していたから，ミルの『経
済学原理』に代わって，代表的な経済学の教科書として利用されるようになる。
マーシャルはこの著作によって名声をえて，1882年にジェヴォンズが死去する
と，イギリスを代表する経済学者となった。マーシャルは，社会正義を主張し
たミルに共鳴し，人間の内面的な幸福・豊かな生活を得るためどうすればよい
かということを考え，ロンドンの貧民街を自分の目で見たことにより，人々を
貧困から救済したいという使命感を強くもっていた。またマーシャルは，理論
が現実から乖離すれば「単なる暇つぶし」に過ぎないとしており，現実の課題
と理論上の問題を混同しないように警告していた（日本経済新聞社編 2013：200-
201）。

マーシャルはフォーセット（Henry Fawcett：1833-1884）の死去後，1884年
12月にケンブリッジ大学の政治経済学教授に選出され，翌年の1885年1月にブ
リストル大学からケンブリッジへ戻り，2月には教授就任講演を行った。この
就任講演で，「経済学者は，冷静な頭脳と温かい心をもたねばならない」と述
べたことはあまりにも有名である。

1890年に出版された『経済学原理』は，需要と供給の理論，つまり限界効用
と生産費用に関して，数学的厳密さを取り入れ，首尾一貫した理論を統合して
いる。マーシャルはもともと数学研究を志していたから，経済学への数学的思
考方法の導入について優れていた。現代の多くの経済学者は価格の変化と需給
曲線の移動との関係についての知見をマーシャルに負っている。この本は長い
間，イギリスでもっとも良く使われる経済学の教科書となった。

マーシャルは第3章で論じる「限界革命」にも深く関係している。「限界革
命」といわれる経済学の原理における革命は，ワルラス（フランス），メンガー
（オーストリア），ジェヴォンズ（イギリス）の3人によってなされたが，ほぼ同
じ時期に，マーシャルもまた限界原理を定式化している。

現在，標準的な経済学の分析ツールである，生産者余剰と消費者余剰などの経済厚生の概念，また需要の価格弾力性も，マーシャルによって初めて明瞭に概念化されたものである。さらに，貨幣の流通速度の逆数は「マーシャルの k」と呼ばれている。多くの事実から，マーシャルが現代経済学に残した足跡の大きさを知ることができる。しかし，何よりも注意が必要なことは，マーシャルの経済学は，その高弟ピグーが「経済学は倫理学の侍女である」という言い切った言葉に象徴されるような思想の源流になっていることである。

図 2 - 2　A.C. ピグー

マーシャルからピグーへ

ピグー（Arthur Cecil Pigou：1877-1959）は，イングランド南部のワイト島に生まれ，ハロー校（パブリック・スクール）を首席で卒業した後，ケンブリッジ大学に進み，歴史学を専攻した後に経済学に転向する。1902年にケンブリッジ大学キングス・カレッジのフェローとなり，1908年にアルフレッド・マーシャルの後任として31歳の若さで政治経済学教授となり，1943年まで務めた。

彼は，「厚生経済学」と呼ばれる分野の確立者として知られている。その名称は，1920年に出版された，彼の主著『厚生経済学』に由来している。彼は，『厚生経済学』で，「所得再分配はそれが経済全体のアウトプットを減少させない限り，一般に経済的厚生を増大させる」（ピグーの第 2 命題）と論じている。所得再分配は，貧しい人々の欲求を満たすことができるから，社会全体の欲求の総計を増大させることは明らかであるとしている（喜多見・水田 2012：201-203）。

多くの著作のうち，『厚生経済学』以外では，『産業変動論』（1927年），『財

政の研究』（1928年）が有名である。経済活動において市場を通さずに便益を受けたり損失をこうむることは外部効果といわれる。これを補正するため，正の外部効果に対しては補助金を交付し，負の外部効果に対しては課税することが望ましいとされる。この課税を「ピグー税」といい，環境経済学の分野などで現在も重視されている。

　彼はまた，資産の純残高の増加を通じて消費が刺激されることで国民所得が増加することを指摘し，この効果はピグー効果と名づけられている。これに対して，物価水準 P の下落あるいは名目マネーサプライ M の増加によって実質マネーサプライ M/P が増加したとき，利子率の下落を通じて投資が刺激されることで国民所得が増加するが，これはケインズ効果といわれている。

　彼は，ケインズと兄弟弟子であったが，ケインズが古典派経済学に対抗する体系を立ち上げたのに対して，それに対立し古典派経済学を擁護した。例えば，ピグーは，市場の自動調節機能を肯定する古典派の立場から，労働市場における一時的な失業は価格調整（名目賃金の切り下げによる実質賃金の下落）によって消滅して「完全雇用」が実現されるから非自発的失業は発生しないとした。これに対して，ケインズは，古典派の主張するような名目賃金の切り下げが可能であると仮定しても，そのことによる購買力の低下は，物価の下落を招いて実質賃金の下落を抑制する反面，国民所得の減少を招いて失業者をかえって増大させると反論し，「伸縮的な賃金が持続的な完全雇用を維持できる」という古典派の想定を否定している。この論争は「第2節　ケインズ革命」につながる。また，彼の考えは，後述するグレゴリー・マンキュー，ポール・クルーグマンなどにも影響を与えた。ピグーの大著『厚生経済学』（初版1920年）の序文は次のような言葉で閉じられる。

　経済学者がやり遂げようと努力している複雑な分析は単なる鍛錬ではない。経済学は人間生活の改良の道具である。われわれの周りの貧苦と惨めさ，数百万のヨーロッパ人の家庭で消えようとしている希望の明かり，一部の豊かな家庭の有害な贅沢，多数の貧しい家庭を覆う恐るべき不確実性，これらは

無視するにはあまりにも明白な悪である。われわれの科学が求める知識で，これらを制御することができる。暗黒から光を！　この光を探し求めることこそが，『政治経済学という陰鬱な科学』がこの学問の訓練に直面する人々に対して提示する仕事であり，この光を発見することが，おそらく褒章である（訳文は著者による）。

人間の生活を改善しようとするマーシャル，そしてピグーと続く，ケンブリッジ学派の伝統が垣間見える言葉である。

2　ケインズ革命

世界大恐慌

1920年代のアメリカ経済は，第1次世界大戦期の重工業の発展，自動車産業の躍進，戦中・戦後ヨーロッパの停滞による国際競争力の相対的向上，ヨーロッパ地域への輸出増加などによって，「永遠の繁栄」と呼ばれるような経済的活況を呈した。他方，農作物の過剰問題は潜在的に存在していた。大戦中は，ヨーロッパへの輸出が拡大していたために問題は表面化しなかったが，トラクターの発明がもっとも象徴的であった農業の機械化による過剰生産，戦後のヨーロッパ農業の復興，相次ぐ異常気象といったことから農業恐慌が発生した。第1次世界大戦中の需要増加に対応していたアメリカの生産増加が，戦後には各産業分野での過剰生産問題になった。

1927年にジュネーブで行われた世界経済会議では，農業，商業，工業など各分野で多くの問題が検討，審議された。世界経済の安定を図るために，関税引き下げ，産業の国有化，独占の禁止，国際的な生産調整協定，国際的資金循環の安定などについて議論され決議されたが，結果的には，利害を異にする各国の議会からは無視されることになった。

アメリカの株式市場は，1924年半ば頃から投機を中心とした資金の流入によって上昇し始め，投機熱が高まっていき，ダウ工業平均株価は上がり続け6年

図 2-3　J. M. ケインズ

間で 5 倍に高騰した。いわゆるバブルが形成されていたが，1929年10月24日（木），ゼネラルモーターズ（GM）の株価下落をきっかけに，株式市場は売り一色となった。後世この日は「暗黒の木曜日（Black Thursday）」と呼ばれることになる。以降，銀行家と仲買人が協議して小康状態になるが，翌週10月28日（月）にダウ平均は13％下げ，さらに10月29日（火）も下げは止まらず，24日以上の大暴落となる。後に悲劇の火曜日と呼ばれた。投資家はパニックに陥り，株取引の損失を補填しようと資金を引き上げ，アメリカ経済への依存を深めていた各国経済も連鎖的に影響を受けた。この金融恐慌は，前に述べた過剰生産による不況要因に拍車をかけることになり，景気後退が一気に引き起こされた。

　この事態に対して，従来の経済学では国内経済において自由放任政策や財政均衡政策をとるべきとされたから，共和党のフーヴァー大統領は忠実にその通りを実行した。対外政策では，アメリカの国内産業保護のために高関税のスムート・ホーリー法を1930年に定めて保護貿易政策を採り，世界各国の恐慌をさらに悪化させた。こうした中，ニューディール政策を掲げて当選した民主党のフランクリン・ルーズヴェルト大統領はテネシー川流域開発公社を設立し，農業調整法や全国産業復興法を制定して，積極的な財政政策を実施した。1930年度（フーヴァー政権下）の財政支出は対 GDP 比 3 ％程度であったが，1934年度（ルーズヴェルト政権下）のそれは約11％にまで上昇した。

　このような革命的な経済政策の転換を分析的，思想的に支持したのが，次に説明するケインズ経済学の誕生（ケインズ革命）である。以下では，ケインズ経済学の主要な分析ツールについて解説しよう。

ケインズと「有効需要の原理」

ケインズがもっとも深い関心を示したのは，貨幣経済に固有の経済問題についてであると考えられるが，最初の関心は数学であり，学生時代に哲学，文学に関心が広がり，政治問題への討論も積極的に行っている。ケインズの思想形成上に大きな影響を受けたのは，当時のケンブリッジ大学の学生たちと同じく，ムーアの『倫理学原理』であったとされる。そこでは，「善」は「直覚」によってのみ識別できると主張されたり，全体は部分の単なる合計でないという有機的統一の原理が提示されているが，ケインズは，『確率論』において「確率は直覚によって理解される概念であり定義できない」という確率観を示し，『雇用・利子および貨幣の一般理論』（以後『一般理論』）で合成の誤謬（個々について妥当することが全体でも妥当すると考えるのは誤りである）を指摘している。ケインズは，大学卒業後，さまざまなキャリアを経て，超一流の経済学者としての地位を固めていく。

さて，ケインズ経済学の根幹の1つが「有効需要の原理」である。「有効需要の原理」は，古典派経済学の「セーの法則」に対立する考え方である。「セーの法則」は，フランスの経済学者セー（Jean-Baptiste Say：1767-1832）がその著書『経済学概論』の第1巻第15章「販路について」で主張した考え方であり，あらゆる経済活動は物々交換にすぎず，需要と供給が一致しないときは価格調整が行われて，例えば供給が過剰になっても価格が下落し，需要が増えて，需要＝供給となることを主張している。この前提は，貨幣が，単に実物の交換取引を容易にするための手段にすぎず，雇用，生産，消費といった経済行動に影響を与えないという考え方で，貨幣は実体経済をおおうヴェールのようなものにすぎないと考えている（貨幣ヴェール観）。したがって，国富を増やすには，供給を増やせばよいことになる。

ケインズは，価格がいくら下がっても需要が回復せず，失業者があふれている世界大恐慌の現実を目の当たりにして，伝統的経済学の思考方法では問題を解決できないと考えた。そして，ケインズ革命といわれる，「有効需要の原理」に基づくマクロ経済学の思考方法を生み出した。

「有効需要」の「有効」というのは，「貨幣支出の裏づけがある」という意味である。欲しいだけではなく，実際にそれを購入できるだけのお金をもっているということである。ケインズは，この考え方を『一般理論』の第1編緒論第3章で説明し，雇用量は総需要曲線と総供給曲線の交点において決定され，この交点で企業の利潤期待が最大化されるとしている。

有効需要はマクロ経済全体で見た需要のことであり，総需要とほぼ同じ意味になるが，消費 (C)，投資 (I)，政府支出 (G) と純輸出 ［輸出 (X)－輸入 (M)］の合計で定義され，$Y=C+I+G+(X-M)$ と表現される。全体としての生産に必要な雇用量が完全雇用状態でない場合，非自発的失業が生じることになる。古典派経済学では，非自発的失業がない状態まで，全体として生産が行われると考えている。このように，有効需要によって決定される現実の GDP は，古典派経済学が考えた完全雇用のもとでの均衡する GDP ではなく，不完全雇用を伴っていることがある。

乗数理論，資本の限界効率，流動性選好説

ケインズ経済学のユニークな概念，乗数理論，資本の限界効率，流動性選好説を次に取り上げておこう。

乗数理論とは，1931年にケインズの愛弟子カーンが示した理論である。乗数理論は，国民所得決定のモデルから導き出せる。いま，対外経済関係のないモデルを考えると，$Y=C+I$ であるから，$\Delta Y=\Delta C+\Delta I$ となる。ΔC は所得が増えたときに消費がどれだけ増えるか（消費の増加分）を示し，ΔI は所得が増えたときに投資がどれだけ増えるか（投資の増加分）を示している。この式を変形すると，$(1-\Delta C/\Delta Y)\Delta Y=\Delta I$ と書ける。

ここで，$\Delta C/\Delta Y$（限界消費性向：一単位所得が増えたときにどれだけ消費が増加するか示している）を α とおくと，$\Delta Y=1/(1-\alpha)\Delta I$ となる。

この式によれば，投資の増加は，$1/(1-\alpha)$ 倍の国民所得の増加をもたらすことになる。したがって，景気が悪いときには，政府が積極的に公共投資を行うことによってそれの何倍かの国民所得の増加を生み出して，景気を下支えす

ることが可能になる。

ケインズの『一般理論』が出版された頃のイギリスでは，公共投資は利子率を引き上げ，民間投資を抑制する効果があるので，雇用増大には必ずしもつながらないという「大蔵省見解」（現代風にいえば，公共投資が民間投資を「クラウド・アウト」するという考え）が力をもっていた。この見解に対して，乗数理論はその影響力をそぐことができたのである。

ケインズを中心としたグループの主張は，世界に広まり，第2次世界大戦後の世界で広く受け入れられ，一定の効果をもっていたと考えられる。ただし，1970年代になると，第3章で詳述するように，その主張は批判にさらされる。

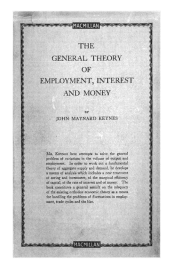

図2-4 『雇用・利子および貨幣の一般理論』

また，投資の決定については，ケインズは，企業が予想利潤率（資本の限界効率）と利子率を比較して両者が均等になるまで投資を行うというように考えていた。資本の限界効率は難しい概念であるが，追加的な投資が生む利潤のことと見なせる。つまり，企業が資本設備を導入しようと決断する際に，その設備を用いて生産される産出物の予想売上金額から生産に必要な予想費用を差し引いた金額（予想収益）と，その設備を現時点で作るのに必要な費用の関係を考慮するはずである。

本来は，予想利潤率（資本の限界効率）が利子率（費用にもっとも関係する）を上回っていれば，投資が行われることになる。しかし，資本の限界効率は，現在のような株式会社制度のもとでは，株価の変化に反映される。株式市場は投資のための資金を提供するだけでなく，ある投資計画に対する収益の見通しが人によって異なることを利用して利益を得る場所，つまり「投機」の場所にもなる。この市場では，ある資産の売買は，それがもたらす最終的利益によってではなく，主に将来に対する期待によって動くことになる。しかもこの場合の

期待とは，自分がどのように期待しているかではなく，他の人が何を期待しているかを予想することによって動かされる。ケインズによれば，これが株式市場でしばしば見られる群衆行動の基礎になり，株式市場を投機，熱狂，そして暴落へといたらせる原因になる（根井 2005：273-282）。

　ケインズは，「投機」が企業に対して優位を占めるようになった現代資本主義の弊害を次のように論じている。

　　投機家は，企業の着実な流れの中に浮かぶ泡沫としてならば，なんの害も与えないであろう。しかし，企業が投機の渦巻きの中の泡沫となるならば，事態は重大である。一国の資本発展が賭博場の活動の副産物となった場合には，仕事はうまくいきそうにない。新投資を将来収益から見てもっとも利潤を生む方向に向けることを本来の社会的目的とする機関として眺めた場合，ウォール街の達成した成功の度合いは，自由放任の資本主義の顕著な勝利の1つであると主張することはできない（ケインズ 1983：157）。

　最後に，流動性選好説について解説しておこう。ケインズは，不確実性を重視していたために，古典学派（新古典学派）のように貨幣を単なる生産や交換のための便利な媒介物として捉えただけでなく，不確実な世界で流動性（金融資産の構成を速やかに変えられること）をもたらすものと考えた。従って，利子は流動性を放棄する対価である考えられた。

　投資の決定の際に，予想される利潤率と利子率の差が問題になると述べたが，利子率はどのように決定されるのであろうか。利子を流動性を放棄する対価であると考えるならば，利子率は「流動性」の需要と供給によって決定される。流動性は，交換の容易さや安全性といった内容の総称であるが，他の財と比較して貨幣がもっとも高い流動性をもっているから，貨幣とほぼ同じ意味として，以下では使用する。

　貨幣の需要は，取引動機（日常の取引のために手元に貨幣を置こうとすること），予備的動機（不測の事態に備えての準備），投機的動機（手元に貨幣をおいて利益を

得ようとすること）に分けて考えることができる。貨幣の需要関数は，縦軸に利子率をとると，普通の状態では右下がりの曲線になると考えられる。貨幣の供給は，ケインズは，中央銀行の政策によって外生的に決定すると考える。取引動機，予備的動機に基づく貨幣需要は，国民所得の関数（国民所得の大きさに基づいて動く）と考えられるから，結果的に，利子率は，投機的動機に基づく貨幣需要とそれを満たすための貨幣供給の関係で決まると考えられる（根井2005：283-285）。

　さて，流動性選好曲線は，縦軸に利子率，横軸に貨幣量をとると，一般に右下がりになると考えられる。というのも，ケインズによれば，利子率には市場参加者の大多数がその時々の状況で「正常」であるとみなす水準がある。もしも現実の利子率が，その「正常」水準よりも高ければ，将来，利子率はさらに上昇する（債券価格がさらに下落する）と予想するよりは，むしろ利子率は下落する（債券価格は上昇する）と予想する人々の方が多くなるであろう。その結果，社会全体としては，債券需要が増加する（貨幣需要が減少する）であろう。逆のときは逆が起こると考えられる。その結果，流動性選好曲線は右下がりになる。

大恐慌への対策

　上述のような理論的考察をふまえて，大恐慌に対し，財政政策として社会基盤への政府投資と金融政策として利子率の引き下げを組み合わせることを主張した。社会基盤への政府投資の拡大は，多くの企業にビジネスチャンスを提供し，雇用を生み出し，需要不足供給過多がもたらしている悪い影響を断ち切ることができる。ただし，政府は国債の発行を通じて経済に必要な資金をまかなっているとはいえ，政府支出は税収を超えているから，財政赤字になる。また中央銀行が一般の銀行に貸し出す利子率を引き下げることによって，政府から銀行，銀行から顧客に同じシグナルを送ることになる。

　このようなケインズ経済学の中心にあるのは，ある状況においては，どのような自動調節機構も産出と雇用を完全雇用の水準に引き戻さないことであり，これまでの経済学が考えていた均衡に向かう強い一般的傾向を否定することに

なる。

　ケインズは，このようなマクロ経済に対する洞察力は，国内，国際の両面の現実政策に遺憾なく発揮された。国内的には，第2次世界大戦の開始によるインフレ圧力下で，労働者に一方的な負担を強いない範囲での戦費調達策として，「繰り延べ払い（家計の資産を一時凍結して政府に移転させ，戦後に利子をつけて政府が還元する）」「家族手当」「必需品の安価な割当」を組み合わせた。また社会保障を支援するために，二重財産制度を提唱し，さらに完全雇用政策を実施した。国際経済政策についても，戦後の国際金融制度に関して，清算同盟の創設，資本移動の規制，変動可能な固定相場制度などを主張した（喜多見・水田編著 2012：219-221）。

　このように，ケインズは，経済理論，経済政策に大きな足跡を残し，さらに市場の自立的調整を疑い，世論と政府の英知により適切に市場を制御しようとする経済思想をもっていた。

3　ケインズ以降の展開

ヒックスによる定式化

　ヒックス（John Richard Hicks：1904-1989）は，イギリスの経済学者であり，現在のミクロ経済学，マクロ経済学の全域に理論的に貢献した。また1964年に爵位を受けたことと学問的業績に敬意を表して「ヒックス卿」と呼ばれ，1972年にケネス・アローとともにノーベル経済学賞を受賞した。

　彼は，オックスフォード大学で学び，当初は数学を専攻していた。同時に文学や歴史にも関心をもっていたが，1923年に新しく始まった哲学・政治学・経済学専攻に専攻を変更した。ロンドン・スクール・オブ・エコノミクス（LSE），ケンブリッジ大学，マンチェスター大学，オックスフォード大学などで教えた。

　ヒックスは，多くの分野で業績を残している。賃金理論，補償原理（ある経済的変化で損害を被る人々が，利益を得る人々に，変化後の厚生水準を達成させる補償

を与える）に基づくヒックス基準という指標の確立，代替効果と所得効果，無差別曲線の理論，これを用いた効用最大化の理論，一般均衡の静学的安定性の条件，一般均衡理論の現代化などミクロ経済学へ多くの貢献を行った。

　ヒックスが専門家以外に広くその名を知られるのは，ケインズの『一般理論』の内容を1枚の図で表現した *IS-LM* 分析によってである。これは，財市場を利子率の関数である投資 *I* と国民所得の関数である貯蓄 *S* の均衡によって描かれる *IS* 曲線，金融市場を貨幣の需要量 *L* と貨幣の供給量 *M* の均衡によって描かれる *LM* 曲線としてそれぞれ1本のグラフで表し，財市場と金融市場の同時均衡から得られるとしたものである。

　ヒックスの *IS-LM* 分析は，難解なケインズ理論を，1枚の図で示せるとしたことから，マクロ経済なのに決定的な貢献を果たした。しかし，その一般均衡論的方法がケインズ解釈を誤らせたとする批判が，ケインズの理論を厳密に解釈しようとするポスト・ケインジアンから出された。もちろん，ヒックス自身もこの批判を一部認めている（経済学史学会編 2000：313）。

新古典派総合

　ケインズ経済学の出現は，経済学の世界に大きな衝撃をもたらした。それは，サミュエルソンの言葉にもあるように，「南海の孤島にとつじょ熱病がおそったように」またたく間に世界の経済常識を変えた。1929年の大恐慌という経済史上の未曾有の危機に，対応しうる一連の政策を経済理論の裏付けをしたうえで説明したケインズ経済学は，その基盤を確立した。

　本来，ケインズ経済学は，後述する新古典派と基本的な点で対照的な思考をしていた。新古典派では，市場メカニズムが有効に機能すれば，経済は完全雇用を達成し（供給は需要を作り出すというセー法則），貨幣量は物価水準に影響を与えることはあっても，雇用量や生産量といった実物経済には影響を与えないと考える。ケインズは，これに対して，経済の正常なプロセスでも不完全雇用は生じるし，貨幣量は物価水準だけでなく雇用量や生産量にも影響を与えることを示した。思考方法はまったく対照的であったが，分析のための道具，例え

ば市場メカニズムの仮定，限界原理の使用などは共通している。

　ケインズが新古典派と大きく相違していた点は，貨幣の機能と人間像についてである。新古典派が貨幣数量説の立場をとっていたのに対し，ケインズは貨幣が資産としての価値保存機能をもっていることに注目していた。新古典派は所与の情報の中でもっとも合理的に判断するという人間像をもっていたが，ケインズは不確実性下で必ずしも合理的な判断を下すとは限らない人間像をもっていたのである（喜多見・水田編著 2015：246-247）。

　このようなケインズ経済学の性格は，後続の世代にはなかなか伝わりにくいものであった。というのも，「不確実性下の意志決定」という問題意識は，ケインズが考案した概念，限界消費性向，企業の予想収益率（資本の限界効率），流動性選好という関数や傾きを定めるパラメーターを通してあらわれるから，そもそもの理論的関心になりにくい性格をもっていた。結果的に，ケインズ経済学が世界に普及していき，経済学の主たる舞台がイギリスからアメリカに移ると，ケインズ経済学と新古典派経済学との関係は，次のようにみなされた。

　　ケインズ経済学の貢献は，経済全体における雇用量と所得水準の決定原理を明らかにしたこと，それを計測する国民所得統計の基礎を築いた点にある。しかしケインズ経済学は新古典派をまったく無用にしたわけではなく，個々の市場をめぐる理論としては，依然として新古典派経済学が有効である。ただし，新古典派も以前のままで良い訳ではなく，貨幣数量説はもはや放棄して，ケインズ的な貨幣認識を取り入れる必要がある（喜多見・水田編著 2015：247-248）。

　最終的に，ケインズ経済学に該当する部分は，経済全体を分析対象にするという意味でマクロ経済学，新古典派経済学に該当する部分は，個々の要素を分析対象にするという意味でミクロ経済学と呼ばれるようになった。マクロ経済学により完全雇用を実現し，その後はミクロ経済学によって効率的な資源配分をはかる一種の融合的姿勢が誕生した。これが新古典派総合と呼ばれる。

アメリカ経済の繁栄とサミュエルソン

　第2次世界大戦後の世界経済は，アメリカを中心にして運営された。そして，東西冷戦という世界政治における厳しい緊張関係はあったが，資本主義経済は，世界的な大きな不況を経験することなく，1970年に入るまでアメリカを中心に繁栄を続ける。経済の実態と軌を一にして，経済学の中心もイギリスからアメリカに移動する。まさに新古典派総合の経済学が勝利したかのように思われた。

図 2 - 5　ポール・サミュエルソン

　新古典派総合という学派をリードしたのは，サミュエルソン，クライン（Lawrence Robert Klein : 1920-2013），ソロー（Robert Merton Solow : 1924-），トービン（James Tobin : 1918-2002），モジリアーニ（Franco Modigliani : 1918-2003）といったノーベル経済学賞を受賞した学者たちであった。中でも中心を担ったのが，サミュエルソンである。彼は，著名な教科書『経済学』（第 3 版，1955年発行）の中で，彼自身の姿勢を示すものとして新古典派総合という名を用いている。

　ポール・アンソニー・サミュエルソン（Paul Anthony Samuelson : 1915-2009）は，1915年にアメリカ・インディアナ州で，ポーランドからのユダヤ人移民家庭に生まれた。1932年には16歳でシカゴ大学に入学し，1935年に卒業した後，同年 9 月にハーバード大学大学院に進学し，1941年に博士号を取得した。シカゴ大学でフランク・ナイト，ジェイコブ・ヴァイナーたちから新古典派経済学の薫陶を受け，ハーバード大学で数学や物理学を修めたことが，後の彼の理論的性格を方向付けたといわれる。

　彼は，1947年に出版された『経済分析の基礎』で一躍有名になり，ジョン・ベイツ・クラーク賞受賞（1947年），アメリカ経済学会会長（1961年），ノーベル経済学賞受賞（1970年），アメリカ国家科学賞受賞（1996年）など，数々の栄誉

に輝いている。また『経済学』は当時の世界標準の経済学の教科書となり，サミュエルソンは『経済分析の基礎』で名声を高め，『経済学』で富を得たともいわれた。

サミュエルソンの学問上の業績は多岐にわたり，第2回ノーベル経済学賞受賞（1970年）時の理由は，「静学的および動学的な経済理論を発展させ，経済科学の分析水準の向上に対して大きく貢献した，その科学的な仕事を称えて」とされた。このように広い理由での受賞は，前後に例がない。経済理論のあらゆる分野，需要・供給理論の基礎，厚生経済学，線形計画法，国際貿易論，経済成長論，金融理論などのフロンティアをつねに開拓してきた。彼のすべての業績は，デューク大学の次のアドレスにある（https://library.duke.edu/rubenstein/findingaids/samuelsonpaul/）。

彼の考え方は，資本主義の市場経済と政府の役割を組み合わせるという「混合経済体制」を支持する考え方であった。「混合経済体制」とは，不完全雇用時には政府がケインズ的な財政金融政策によって経済を拡大させるが，完全雇用時には，価格の自由な働きによって，新古典派的のいう資源の合理的な配分を行えばよい，というものである。政府は「市場の失敗」に介入して市場経済の欠陥を補うものと考えられた。東西冷戦体制の中で，資本主義の市場経済を否定する「社会主義体制」と対抗するうえで，市場経済の良い点を利用しながら問題点を政府により調整するという思想は，第2次世界大戦後の西側諸国に広く受け入れやすく，また1950年代以降経済成長も持続することで，急速に広まった（経済学史学会編　2000：209）。

新古典派総合への批判

新古典派総合は，市場経済への積極的政策介入を通じて経済厚生の向上を図ろうとする。政治的には，アメリカの民主党政権に近く，特にケネディ政権では大統領経済諮問委員会に大きな影響力を発揮した。学問的な意味だけでなく，政策形成を通じて実際の政治過程に深く関与することで，世界の資本主義経済に強い影響力を与えることができた。しかしながら，1960年代後半以降のアメ

リカ経済の不振，1970年代のスタグフレーションの発生によって，厳しい批判にさらされる。サミュエルソンも，『経済学』（第 8 版，1970年発行）では，新古典派総合の名前を取り下げた。新古典派総合批判の急先鋒は，市場経済を重視した新自由主義思想の持ち主たちであったが，それは第 3 章でふれる。それ以外の批判としては，新古典派経済学の前提条件としておかれていた，完全競争，収穫逓減，調整の時間とコストを無視するなどといった点にあった（喜多見・水田 2012：261-262）。

　完全競争市場でない市場は，独占，寡占，独占的競争市場などがありうる。これについての理論的発展は，第 4 節のクルーグマンの項目でふれる。また新古典派経済学の根本的な批判は，第 4 章で取り上げる P. スラッファが行っている。ここでは，ケインズの経済学を継承，発展させようとしたポスト・ケインジアンについて言及しておこう。

　ポスト・ケインジアンは，①ケインズ経済学を動学化し，経済成長を分析しようとした学者たち，② *IS-LM* 分析などの標準的なケインズ経済学を批判し，ミクロ的基礎付けをもったケインズ派経済学の形成を呼びかけたレイヨンフーヴット（Axel Leijonhufvud：1933-）などがいる。彼は，量と価格の調整速度が異なることから調整の失敗がおき，それが失業の長期化を招くという理論を構築した。さらに，③ *Journal of Post Keyesian Economics* を中心に活動し，主流派経済学を批判し，政治経済学の再構築を目指す研究者のグループなどがある（喜多見・水田編著 2012：271-273）。

4　現代のケインジアン

ニュー・ケインジアンの登場

　1960年代から1970年代にかけてケインズ経済学は厳しい批判にさらされた。マネタリストの実証的研究や恒常的所得仮説によって裁量的財政金融政策の問題点が指摘され，さらに合理的期待仮説によって完全競争・完全情報市場において家計が将来について合理的な期待を形成すると仮定すると財政・金融政策

Column ②　経済学の10大原理

　マンキューは，経済学の教科書の執筆者としても有名であり，以下の「経済学の10大原理」は広く知られている。

　①人々はトレードオフ（相反する関係）に直面している

　②あるものの費用はそれを得るために放棄したものの価値である

　③合理的な人々は限界原理に基づいて考える

　④人々はさまざまなインセンティブ（誘因）に反応する

　⑤交易（取引）はすべての人々をより豊かにできる

　⑥通常，市場は経済活動を組織する良策である

　⑦政府が市場のもたらす成果を改善できることもある

　⑧一国の生活水準は，財・サービスの生産能力に依存している

　⑨政府が紙幣を印刷し過ぎると，物価が上昇する

　⑩社会は，インフレと失業の短期的トレードオフに直面している

（N. グレゴリー・マンキュー『マンキュー入門経済学』（第2版）東洋経済新報社，2014年，27頁）。

は無効となることが示されたのである（第3章を参照）。1980年代後半以降は，新自由主義思想に基づく経済学者の全盛期であり，経済政策では規制撤廃と緩和による市場経済メカニズムを最大限利用することに軸心が移った。

　ケインズ経済学批判に対抗して，1980年代後半以降にケインズ経済学にミクロ経済学的基礎を確立しようとするグループが登場する。例えば，いくつかの仮定からミクロ的に価格や賃金の硬直性を導き，裁量的な財政金融政策の有効性を示そうとした。彼らは，ニュー・ケインジアンと呼ばれる。ニュー・ケインジアンは，マネタリズムや新しい古典派の考え方を一部取り入れている。

　ニュー・ケインジアンの中心は，スティグリッツ，マンキュー，クルーグマンといった経済学者である。ここでは，現在の世界で標準的に使用されている経済学の教科書の著者として有名なスティグリッツ，マンキュー，クルーグマンを取り上げて，ニュー・ケインジアンの思想と経済学を解説しよう。彼らの関心はそれぞれ異なっているが，共通しているのは，ケインズ経済学の厳密なミクロ経済学的基礎を確立させたことである。

スティグリッツ——情報の経済学

スティグリッツ（Joseph Eugene Stiglitz：1943-）は，インディアナ州で生まれた。両親ともにユダヤ人である。1964年にアマースト大学を卒業し，その後，マサチューセッツ工科大学で勉強をし，1967年に経済学の Ph.D. を取得した。

彼は，情報の経済学という新しい分野を切り拓いた経済理論家として知られている。1970年代に始まった情報の経済学は，完全競争市場を市場の基本形とする従来の経済学パラダイムを一新するものであった。

図2-6 ジョセフ・ユージン・スティグリッツ

2001年には情報の経済学への貢献，「情報の非対称性下にある市場の分析」に対して，アカロフ（George Arthur Akerlof：1940-），スペンス（Andrew Michael Spence：1943-）とともに，ノーベル経済学賞を受賞している。

スティグリッツは，経済理論家としてだけでなく，実務家としての経験も豊かであり，1993〜1997年にクリントン政権の大統領経済諮問委員会（1995年からは委員長）で活躍し，1997〜2000年に世界銀行で上級副総裁兼チーフ・エコノミストも務めている。この経験が，21世紀に入って，新自由主義者のグローバリゼーション礼賛論（自由市場経済を世界経済に広めることが世界の安定と成長に役立つ）を批判する著作執筆のきっかけになっている。

スティグリッツの基本的な分析視点は，「情報の経済学」であり，代替的な経済システムを考えるポイントは，その組織が「情報」の収集，分析，伝播をどのように行っているかにある。従来の経済学においては，「ヒト」「モノ」「カネ」が，経済活動を行う際のもっとも基本的な資源であると考えられてきた。しかし人間が行動を決定する要素はこの3つだけではなく，その中でも，特に人間の意思決定に影響を及ぼすものの1つが「情報」である。

「情報の経済学」においては，「情報の非対称性」を中心に研究が行われてき

た。「情報の非対称性」とは，経済取引において，取引を行う者の間（例えば企業と消費者の間）に存在している情報格差を指している。情報格差が存在する場合，効率的な経済取引が阻害され，社会的な損失が生まれる可能性が存在する。例えば，消費者は，一般的にいって，生産者である企業よりも商品について多くの情報をもっていない。このために粗悪な商品を適正価格以上で購入せざるをえないことがある。これは「逆選抜」と呼ばれる。また自動車を運転する場合に，自動車保険に加入した場合，それまでは注意を払って運転していたが，加入後は注意を欠いた運転をする可能性がでてくるだろう。これを「モラル・ハザード」という。このことは，保険会社が契約者の行動をいつも把握できないことから生じる情報格差である。

　「情報の経済学」の貢献は多岐にわたっているが，マクロ経済政策との関係で言えば，もっとも重要であるのが，「信用」に注目した「新しい金融論」である。信用を供給するのは銀行の役割であり，銀行の貸出には情報の問題（「情報の非対称性」と「モラル・ハザード」）が満ちあふれている。従って，銀行貸出の市場には，通常の需給均衡という考え方は通用しない。従来は，金融政策は，貨幣量の変化を通じて金利に働きかけ，投資，そしてGDPへ効果が伝わると考えられた。しかし，スティグリッツの考え方によれば，銀行は「信用割当」（貸出金利によって良質な借り手が多くなるように工夫する）という行動をとる。そうすると，金融緩和の際に，銀行間金利低下→貸出金利低下というプロセスは機能しなくなる。

　スティグリッツは，金融政策の効果を見る場合には，信用供給にこそ注目すべきであると考え，それは，銀行の貸出意思（経済状況とリスクをとる判断による）と財務状況（銀行の純資産額と資産の流動性）に依存する。金融政策は，景気を抑制するために有効に機能するが，景気を浮揚するには限界があるという，しばしば指摘される現実を，この考えに基づくと理解しやすくなる。

　さらにスティグリッツは，信用供給量が経済活動水準に影響を与えるプロセスを，銀行と企業を個別に考えるのではなく，経済全体の連関を考えるべきであると主張している。企業間の財の取引も，広い意味での「信用」で成り立つ

ものであると考えている。この観点は一国レベルにとどまらず，世界規模での考察にも有効である（根井編著 2011：233-236）。

このように，スティグリッツは，「情報」や「インセンティブ」といったミクロ経済学的なアプローチから，景気循環や失業問題を説明しようとしているのである。

マンキュー──メニュー・コストの考案

マンキュー（Nicholas Gregory Mankiw：1958-）は，1958年ニュージャージー州でウクライナ系移民の家系に生まれ，1980年

図2-7　グレゴリー・マンキュー

にプリンストン大学を卒業する。その後，1984年にマサチューセッツ工科大学で経済学の Ph. D. を取得し，1987年に20代の若き秀才として注目され29歳でハーバード大学教授に就任している。経済政策にも深く関わり，2003年ブッシュ減税に早くから支持を表明し，グレン・ハバードの後任として，米国大統領経済諮問委員会（CEA）委員長に就任する。

ニュー・ケインジアンの主要な主張は，賃金と価格は市場が完全雇用の達成を可能にするために直ちに順応しないことである。彼らは，この賃金と価格の硬直性をミクロ経済理論によって説明することにより，遊休資源と開拓されない市場は合理的な期待があてはまるときにさえ存在し持続しうると主張する。価格がゆっくりとしか市場に順応しないことを説明するために，いくつかのアプローチがある。マンキューが考案した代表的なアプローチに，メニュー・コストがある。

企業が商品の価格を簡単に変更しない理由は，いったん商品の価格が決定されたあとにそれを変更することは追加的コストが大きくかかるからである。例えば，新しいカタログ，新しい価格リストなどの費用はメニュー・コストと考えられる。これらの費用は，商品の価格を変えると増大する。特に，独占的競

争を行っている企業にとって，費用の大きさが価格を変化させることによって得られる利益の変化分（生産者余剰の変化分：価格上昇による需要量減少の効果がどの程度あるのか）を上回れば，独占企業は価格を変化させないインセンティブをもつ。このときに価格は粘着的になる。

　価格が粘着的であり，生産量が変動するときのコストは，独占的企業にとっては無視できるくらいに小さい。しかし，社会全体にとってのそのコストは，つねに大きい。つまり，わずかな "メニュー・コスト" が存在するとき，社会的余剰の大きな変化を伴う大きな景気の変動が生じることになる。このとき，需要を増加させ，生産量を増加させるようなマクロ経済政策は，社会的余剰を必ず大きく増加させる（根井編著 2011：264）。

マンキューの議論を 1 つのきっかけにして，生産物市場における不完全競争を想定し，そこにおける価格の粘着性を説明するための研究が活発に行われるようになった。彼らは，景気循環をある種の大規模な市場の失敗に起因する現象であるとみなしている。

クルーグマン──収穫逓増と新しい貿易理論

　クルーグマン（Paul Robin Krugman：1953-）は，ロシア系移民の子孫であり，1953年にニューヨーク州で生まれた。1974年イェール大学を卒業し，1977年マサチューセッツ工科大学で Ph. D. を取得した。イェール大学，マサチューセッツ工科大学（MIT），スタンフォード大学，プリンストン大学，LSE などで教え，現在は，ニューヨーク市立大学大学院センター教授である。

　1991年にジョン・ベーツ・クラーク賞を受賞し，2008年にノーベル経済学賞を「収穫逓増現象に基づいた新しい貿易理論と経済地理学」という理由で受賞している。彼は，伝統的な貿易理論が規模による収穫逓減を前提に理論を構築していたのに対して，国際貿易理論に規模による収穫逓増をもち込み，産業発生の初期条件に差がない国同士で比較優位が生じて，貿易が起きることをモデ

ル化し，「新しい貿易理論」を構築した。

　収穫逓増は，例えば「規模の経済」（規模に関する収穫逓増）を考えると，貿易も完全競争モデルでなく不完全競争モデルで考える必要がある。後者のモデルでは，独占的企業が差別化された多くの製品を生産するが，利潤の出る製品の生産には他の企業も参加してくる。より大きな市場を求めて企業は輸出を行う。

　このモデルは，自動車産業など同種の製品を作る産業が，アメリカやヨーロッパ，日本にそれぞれ存在して，互いに輸出しあっている現実（産業内貿易の発展）を反映している。

　次に，国際貿易理論を国内の産業の分布に当てはめ，地域間の交易をモデル化している。収穫逓増の論理は，国内の都市形成にも応用が可能であり，経済学としては，新しい経済地理学，空間経済学と呼ばれている。映画産業が集まっているハリウッド，自動車産業が集中したデトロイトなど，特定の産業が集約した都市は，初期の小さな差異（初発条件の差）から，それに一定の制約を受けた発展経路をたどり（経路依存性），最終的な安定状態に到達するという，成長して自己組織化する都市成長のモデルも作り上げた。最終的な安定状態は単一とは限らず，複数存在することもある（複数均衡）。また，変動為替相場では，投機家の思惑が自己成就的な相場の変動を作り出し，変動為替相場が本質的に不安定であることを示した。

　クルーグマンは，市場支持のケインズ主義者であると自称している。その点では，サミュエルソンと同様である。けれども，政府が介入すべきものと，市場に任せるべきものを区別する絶対的な基準は存在していない。例えば，政府は貧困を解決するために，最低賃金を決める必要があるのだろうか。クルーグマンは，かつては市場で決まる賃金に介入すべきではないと述べていた。しかし，今では最低賃金制の導入を訴えている（根井編著 2011：287）。

　クルーグマンは，『ニューヨーク・タイムズ』のコラムニストとしても著名であり，現実の経済問題についても積極的に発言している。ただし，その時々で，意見が変化することも多い。この点の評価は分かれるかもしれないが，常

に現実に学び，新しい分野にチャレンジしているとみることもできる。

　ニュー・ケインジアンと新しい古典派は，対立しているようにも見えるが，方法論においては共通部分も多く，見方によっては，マクロ経済学における対立はないということも可能である。しかし，ケインズ経済学が本来マクロ経済学の中心においていた問題，長期に大量に失業者が存在している状態の解明，そして貨幣の経済に対する影響も，ニュー・ケインジアンにおいては経済主体の最適化を妨げる情報の不完全性・非対称性の事例としてしか扱われなくなっている。従って，学界では必ずしも大きな学派形成にいたっているとはいえないけれども，貨幣・金融機構から生じる市場経済の不安定性を強調するハイマン・ミンスキーや，資本主義経済に規定された分配の構造的特質を論じるカレツキ派たちの思考からも学ぶ点は多いと考えられる。特に，世界金融危機が発生した21世紀には，学界では相対的に影響力が大きくない思考方法を無視せず，自己の思考を深めることが重要である。

参考文献

依田高典『現代経済学』放送大学教育振興会，2013年。

喜多見洋・水田健編著『経済学史』ミネルヴァ書房，2012年。

経済学史学会編『経済思想史事典』丸善，2000年。

ハジュン・チャン，酒井泰介訳『ケンブリッジ式　経済学ユーザーズガイド』東洋経済新報社，2015年。

日本経済新聞社編『現代経済学の巨人たち——20世紀の人・時代・思想』日本経済新聞社，2001年。

日本経済新聞社編『世界を変えた経済学の名著』日経ビジネス人文庫，2013年。

根井雅弘『経済学の歴史』講談社学術文庫，2005年。

根井雅弘編著『現代経済思想』ミネルヴァ書房，2011年。

根岸隆『経済学の歴史』（第2版）東洋経済新報社，1997年。

宮崎義一『近代経済学の史的展開』有斐閣，1967年。

ジョン・メイナード・ケインズ，塩野谷祐一訳『雇用・利子および貨幣の一般論』（ケインズ全集第7巻）東洋経済新報社，1983年。

ダニエル・ヤーギン，ジョゼフ・スタニスロー，山岡洋一訳『市場対国家——世界

を作り変える歴史的攻防』（上・下）日経ビジネス人文庫，2001年。

八木紀一郎『経済思想』（第2版）日経文庫，2011年。

今後の学習のための本

根岸隆『経済学の歴史』（第2版）東洋経済新報社，1997年。

＊古典的な諸問題を現代の経済学の観点から再検討するとともに，同時に現代経済学の自己批判に資するようにと編まれた，含蓄のある標準的なテキストブック。

根井雅弘『経済学の歴史』講談社学術文庫，2005年。

＊歴史的に重要だと考えられる学者だけを取り上げ，その学者のおかれた時代背景，生い立ちを簡潔に記し，シンプルなグラフと数式を用い，平易な文章で解説した好著。

八木紀一郎『経済思想』（第2版）日経文庫，2011年。

＊経済思想が現代に生きる人々の常識になるようにと考えて編まれ，また金融危機以降も視野に入れた，経済思想史界の泰斗によるとても読みやすい経済思想の入門書。

練習問題

問題1

不況期における政府の財政政策と金融政策の意義と限界について説明しなさい。

問題2

古典派経済学とケインズ経済学の相違点を説明しなさい。

問題3

情報の経済学の考え方を説明しなさい。

（奥　和義）

第3章

現代経済学の思想と経済学

―― **本章のねらい** ――

　18～19世紀にかけてイギリスが世界で初めて産業革命を達成したときに，その経済社会情勢を色濃く反映したのが，古典派経済学の思想と分析道具であった。19世紀末になると，ヨーロッパでは工業化が普及しただけでなく，イギリス，フランス，ロシア，ドイツ，オーストリア，オスマントルコなどの利害が衝突し，それぞれの帝国内部でも民族独立運動や社会主義運動などが激化し始めていた。この頃に，古典派経済学とは異なる考えをもった経済学のグループが台頭してくる。価値は労働によって決まるのではなく，需要側の要求の程度によって決定されると考えたのである。そして，それを数学的に表現して理論化しようとするグループが出現してくる。現在では，この学派を基礎にした考えが世界の経済学では主流になっている。本章では，現在の主流になった経済学の思想と分析道具を理解するとともに，さらに近年新しく開発された分析ツールについても解説する。

1　限界革命と新古典派経済学の生成

限界革命

　1870年代に経済学における主要な考え方が古典派経済学から新古典派経済学と呼ばれる学派に転換した。新古典派経済学は，経済主体の合理的行動を特徴づける諸条件を表現するために数学で使用される微分という手法を用いている。微分は「限界」という概念に結びつけられているから，新古典派経済学者たちが起こした変革の総称が，「限界革命」と呼ばれている。

　19世紀の半ばの社会は，以下のような状況にあった。18世紀後半から始まった産業革命が生産力を著しく引き上げ経済水準を向上させたが，他方で周期的恐慌も起こるようになり，経済学も工学や医学と同じような実用性を求められるようになった。また近代市民社会の到来を告げたいくつかの出来事，1688年イギリスの「権利章典」，1789年フランスの「人権宣言」，1776年アメリカの「独立宣言」などから100〜200年たち，市民革命によって成立した近代市民社会も成熟を迎えるようになった。

　このようなことは，古典派経済学が，産業革命の開始・進行期に生まれ，それまでの封建領主・農奴関係から地主・資本家・労働者という階級の分化を前提にした地代，利潤，賃金の決定と分配について研究していることと対照的である。

　つまり，近代市民社会になると，社会は商品の大量生産を前提として生産者と消費者から構成され，経済主体の合理的行動（合理的な生産・消費活動）と競争市場によって，生産物の分配，原材料・労働力・資本といった資源の配分がどのようになされるかを研究する必要性が生じた。後世の研究者からみると，古典派が一国の経済の成長，国民所得の分配といった国富（マクロ経済）を対象にしていたのに対して，新古典派は，生産や消費の行動という企業や個人という経済主体（ミクロ経済）を対象にしたともいうことができるだろう。時代の変化に対応した研究対象の変化である。

　古典派経済学では，自然の流れに任せておけば，需要（買い手）と供給（売り手）の双方が一致する価格（市場の均衡点）で取引が行われ，それによって需要量，供給量が決定されると考えていた。しかも，最初に販売するときの価値（価格）は，投下した労働量によって決定されると考えていた。この労働価値説は，第4章で説明するマルクス経済学にも引き継がれた。しかし，価値を決定する要因は，労働量のように生産側（供給サイド）にあるのではなく，買い手側（需要サイド）の欲望の度合いであると考える学者があらわれた。価値（価格）は効用で決まる，人は効用を最大化させるように行動すると仮定するのである。「効用の最大化」を確認するためには，効用や幸福を数量化する必要性

が生じ，数量を取り扱う学問には数学的表現が必須になる。

さて，小見出しにある限界革命の「限界」という意味は，英語の「limit」ではなく，「marginal」の意味であり，財やサービスを一単位追加した際に効用がどれだけ増加するかという意味で使用されている。第1章でリカードウの経済学を説明する際に使用した「収穫逓減の法則」と同じような，「限界効用逓減の法則」が効用の場合にも働くと考えられる。農耕地を拡大した場合，新しく開墾された土地の単位あたり収穫量は以前よりも減少するのと同じように，財・サービスの消費を拡大していけば，得られる効用（満足度）は以前より減少するという意味である。限界効用という用語はマーシャルの『経済学原理』によって定着したとされるが，限界効用という概念は，1870年代のほぼ同時期に，3つの異なる国の3人の経済学者が，ほぼ同様のことを主張した。イギリスのジェヴォンズ，オーストリアのメンガー，フランスのワルラスがその3人である。

ジェヴォンズの科学観と経済学

ジェヴォンズ（William Stanley Jevons：1835-1882）は，イギリスの経済学者であり論理学者として知られている。彼は，リヴァプールで鉄商人であった父の下に生まれた。15歳のとき，オックスフォード大学，ケンブリッジ大学に対抗するためにつくられた，ロンドンのユニヴァーシティ・カレッジに進学している。論理学，数学，化学や植物学などを学んだ後，父が会社経営に失敗して経済的余裕がなくなったために，大学を卒業する前（1854年）にゴールドラッシュで沸き立つオーストラリアのシドニーで造幣局の分析官の仕事につく。その仕事で統計的手法に基づく気象観測や地質調査を行い，また科学史研究にもいそしみ，ニュートン流の科学観（科学の数学化・体系化，統計的検証の重視）を修得した。同時に，オーストラリアの鉄道国有化，貧困などの現実の社会問題を通じて社会科学に関心をもつようになり，功利主義の影響を受けている。

1859年に帰国後，再入学して論理学，経済学を学び，1860年に卒業，1862年に修士号を得る。彼は，1864年に後世の記号論理学につながる『純粋論理

（*Pure Logic*)』を出版し，さらに1874年に『科学の原理（*Principles of Science*)』で確率論を基礎とした「事実→仮説→演繹→検証・政策的応用」という科学方法論の主張をしている。こうした科学観や方法は経済学にも応用され，1862年に価値の最終（限界）効用理論の概略を述べた『政治経済の一般的数学理論』を出版している。そこで，生産物の追加的1単位が消費者に与える効用や価値は，消費者がすでに得た生産物の単位の量（少なくとも生活を維持するだけの相当量）と逆の相関関係があると主張した。このような著作以外にも1865年に『石炭問題』を著し，イギリスの石炭供給が次第に枯渇していることを訴え，それによって一般に広く知られるようになる。また景気変動の統計的分析を行い，景気変動を気象観測や太陽黒点の研究と関連付けた。このような業績によって，1866年に彼はオーエンズ大学における論理学，心理学，道徳哲学の教授に選任され，1872年に王立協会のフェローに選出された。

　このように彼は限界効用理論を含む多様な業績を発表したが，経済学の政策的応用に際して，「真偽のみを判断する科学の検証」ではなく，「手段の目的に対する妥当性を判断する科学的政策方法論としての論証」を重視しているのが特徴的である。これは，実験的立法の有効性を主張することになり，当時表面化していた資本主義経済における経済・社会問題に対して多くの政策を実現することにつながった（経済学史学会編 2000：158-159)。

　彼は47歳で急死したために学問的な影響は途絶えることになったが，彼の学問的な内容は，第2章で解説したケンブリッジ大学のマーシャルに受け継がれることになった。

ワルラスとローザンヌ学派

　ワルラス（Marie Esprit Léon Walras：1834-1910）は，フランスで，中学校の校長，視学官などを務めたオーギュスト・ワルラスの子供として生まれ，スイスのローザンヌ大学で経済学の教鞭を執った。経済学的分析に数学的手法を積極的に活用し，一般均衡理論を最初に定式化したことで有名である。この点を高く評価して，シュンペーターは『経済分析の歴史　5』（東畑精一訳，岩波書

店，1958年，1740ページ）の中で「あらゆる経済学者のなかでの最も偉大」という大きな賛辞を与えている。

　ワルラスは，エコール・ポリテクニーク（フランスの理工系エリート養成機関）を目指したが入学できず，パリ国立高等鉱業学校に入学する。この学校は実学指向であり，ワルラスにはあわず彼は中退した。その後，経済雑誌記者，鉄道会社の事務員，協同組合割引銀行の理事などを務める。銀行が倒産した後，管財人の銀行に雇われ，その間にローザンヌで開かれた租税会議の論文コンクールに応募し4位に入った。この論文が契機となり，1870年，スイスに完成したローザンヌ大学の新設に際して募集された経済学教授採用試験に応募し，一年間の仮採用の後に初代教授に就任し，1892年に退くまで職を務めた。

　ワルラスの自伝によれば，ワルラスの父親はワルラスの思想形成上に大きな影響を与え，ワルラスにみられる社会主義，社会改革の理想は父から受け継がれた。ワルラスは，「土地の国有化」論を父から受け継いで，次のような論理を展開した。経済成長（資本蓄積）→人口増加→（土地の存在量は固定）→地価上昇というプロセスが存在する。私有財産制の下では，地価上昇による増収は土地の所有者である地主のものになる。しかし，それは地主の経済発展に対する貢献によるものではなく，発展の成果を地主が独占することを意味している。一方，労働の成果は労働をした個人に帰するべきものであるから，賃金に対する課税は，本来的に個人の権利を侵害している。しかし国家は，その活動のための収入を必要とする。ワルラス父子は，土地は自然からすべての人間に付与されたものだから，国家に必要な収入は地代によって賄うべきであり，そうすることにより，国家は個人の権利を侵害する課税の必要がなくなると論じた。ただし，私有財産制を前提にすれば，土地を国家が取り上げることはできないから，国家が債券を対価として発行することで，土地を国有化するという案を提示している（現実には不可能であろうと結論しているが）（御崎 1998：20-24）。

　また，ワルラスの父の学生時代の友人クールノー（Antoine Augustin Cournot：1801-1877）が，経済学への数学の導入について，ワルラスに大きな影響を与えた。ワルラスの経済学に見られる数学的手法やフランス的合理主義は，

クールノーから学んだものである。クールノーは，生産量は需要，価格，費用に関係するという関数を考案したほか，独占的競争から出発して，市場参加者の数を増やしていき，一般的競争市場の理論を考案した。これに対して，ワルラスは，絶対的自由競争という理念型の下での一般的市場競争から出発し，特殊なケースに進むべきであると主著で主張している。ワルラスが使用した数学は，記述のための言語として使われており，連立方程式の数と未知数の数が一致し解が存在するということを示しているだけである。その後の経済学者たちは，ワルラスの壮大なモデルをより緻密に展開していくことになった。

　ワルラスは，『純粋経済学要論』（上巻が1874年，下巻が1877年に出版）によって一般均衡理論の父と考えられている。それによれば，経済学の体系は大きく3つに分かれる。①現象の本質を抽象化して再構成した純粋理論経済学（「真理」の問題を扱う：土台になる），その成果を利用して，②-ⓐ人とモノの関係を明らかにし経済厚生を高める応用経済学（「効率」の問題を扱う），②-ⓑ人と人の関係を問題にする社会経済学（「正義」の問題を扱う）である。ワルラスにとり，「純粋理論は応用理論を導く光」「理論は政策を導く光」であった。このように考えることでワルラスは，自由競争のメカニズムがどこまで自律的であり，どの場合に市場を統制しなければならないかが理解されると考えた。彼は，当時の学者たちが根拠を示すことなく自由放任主義を唱えていることを批判している。ワルラスが考える完全競争では，すべての市場で需給を一致させる競争均衡価格が実現する。

　　今日，数え切れぬほど多くの学派が存在するものの，私は2つの学派しか認めない。1つはその命題を証明しない学派であり，いま1つは命題を証明する学派であって，これ（後者）こそ私が確立しようと目指しているものである（ワルラス，久武訳 1983：507）。

このように，ワルラスは一般均衡理論の完成者としての側面と社会主義思想の側面が存在していた。伝統的経済学の方法を受け継ぎながら，正義の原理が

支配する所有者の問題（土地の国有化）を
取り扱っているのである。思想の根源で
「効率」と「公正」を目指し，それが両立
する経済システムの実現を目指していたと
いえる。彼の一般均衡理論は，ローザンヌ
大学の弟子であるパレート（Vilfredo Fred-
erico Damaso Pareto：1848-1923）を中心と
するグループ（ローザンヌ学派）によって継
承され，よく知られるようになった。さら

図3-1　カール・メンガー

に，後世のレオンチェフ（Wassily Leontief：1905-1999）によって発明された産
業連関表により，ワルラスの一般均衡理論を実際の経済に適用する道が開かれ
た。

メンガーとオーストリア学派

　19世紀半ばのドイツでは，全ドイツ語圏の統合を唱える大ドイツ主義を提案
するオーストリア帝国とオーストリアをはずす小ドイツ主義を主張する北部の
プロイセン王国が覇権を競っていた。オーストリアは，風土的に多民族国家で
あり，首都のウィーンはコスモポリタン的であった。最終的に1871年にプロイ
セン王国がドイツを統一したが，覇権争いに負けたとはいえ，オーストリアの
都ウィーンは皇帝による民営化と市場経済の導入で活況を呈し，ウィーン大学
にもヨーロッパの俊秀が集まっていた。

　メンガー（Carl Menger：1840-1921）は，当時はオーストリア領であったガ
リチア（現在はポーランド領）の小都市ノイ・ザンデツ（現在はノビ・ションツ）
の弁護士の息子として生まれた。兄のマックス・メンガーはオーストリア議会
の代議士，弟のアントン・メンガーはウィーン大学法律学および国家学部の法
学者になっているが，3人とも平民的自由主義者の思想を共有していた。

　1860年代前半のオーストリアは，立憲主義への移行が模索されている時期で，
政党活動とともに，ジャーナリズム活動が活発化していた。メンガーは，ウィ

ーン大学とプラハ大学で法律学と政治学を学んだ後にジャーナリズムに身を投じる。新聞社で財政経済問題を取材する記者として働く過程で，彼は，古典派経済学の価格理論と実務家が考えている実際の市場で価格を決定づける要素が大きく異なっていることに気付いた。

1866年普墺戦争でオーストリアが敗北した結果，政権交代によってウィーンのジャーナリズムに再編が生じ，メンガーはジャーナリズム活動を一時中断した。彼は博士号取得の勉学に励み，1867年春にクラクフ大学から法学博士号を取得した。その後，1867年9月から経済学の研究を始め，1871年の『国民経済学原理』の出版により新しい経済学を打ち立てる。この書によって，メンガーはウィーン大学の法律学および国家学部の私講師として採用され，その後，1873年9月にウィーン大学の助教授，1879年に正教授へと昇格した。

さて，『国民経済学原理』の中では，主要部分の説明で，「私」という言葉が繰り返し使用されている。「人間」という一般的表現ではなく，「私」を強調する意図は，主観的な主体を意識したからである。背後には客観的な因果関係が存在しているかもしれないが，財の有用性も，その経済財としての性質も個人の主観的認識に依存する。メンガーが「主観主義」といわれるゆえんである。

同書の中で，「主観主義」とならぶもう1つの特質は，欲望の満足という最終結果にたどりつくまでの経済活動を時間的な視野において捉えているということである。経済活動は欲望満足のための先行的な配慮の活動であり，それは2つの予想から成り立っている。1つは欲望の出現についての予想と，もう1つは欲望を満たす財をえる予想である。後者は，さらにそのような財（低次財）を生産するための財（高次財）をえるための時間をさかのぼる予想を必要とし，時間的視野の中では認識間違いや予想不可能なことも起こりうる（田村・原田編著 2009：185-186）。

つまり，メンガーが重視したのは，市場均衡や市場のメカニズムを客観的に再構成することではなく，その基礎になる個人の経済的合理性の追求活動であり，その中にいる人間の主観的認識，それに基づく経済行動であった。

メンガーは，欲望を可能な限り満足させ，経済状態を改善しようとする人間

の努力が時間的過程の中で展開していくことを基軸に経済を考えた。人間の経済活動は，その多様なニーズの出現する時間と態様を認識し，それに応えるように消費財を準備する活動であるが，それは相互に補完・代替関係に立ちながら消費財を生産する「高次財」の複雑な網の目の中で展開する活動でもある。時間的過程には不確実性がともない，行動主体の認識は誤る可能性もあるが，その中で自分で効用の評価を行いながら，最大の効用満足を達成しようと経済認識を広げていくのが，メンガーの想定する「経済人」であった（八木 2011：128-129）。

　メンガーの業績はただちに理解されたわけではなかった。というのも，当時のドイツ語圏の大学では，歴史学派が勢力を振るっており，メンガーの関心が歴史や政策ではなく経済理論であったからである。歴史学派からの批判に応えるために，『国民経済学原理』の後の第2作は，1883年に出版された『社会科学，特に政治経済学の方法に関する研究』（邦訳のタイトルは『経済学の方法』）という方法論に関する著作であった。この本は大きな論争を起こし，メンガーと彼の弟子たちは，ドイツ経済思想の本流であった歴史学派に対抗する集団，「オーストリア学派」と呼ばれるようになった。論争の過程で，メンガーのもとに，ベーム＝バヴェルク（Eugen von Böhm-Bawerk：1851-1914），ヴィーザー（Friedrich von Wieser：1851-1926）などの同じ考えをもち自分の後継者となった研究者たちが集まった。バヴェルクはシュンペーターやハイエクを育てたことでも知られている。

　限界効用理論に関して，ここで取り上げた3人以外にも，フランスのデュピュイ，プロイセンのゴッセンなどが近い内容のことを発表しているが，前者は土木技術者であり，後者は官僚で早期に逝去したので，歴史に残る学派形成とは無縁であった。

　このような同時期の3人の経済学者によって引き起こされた限界革命以降の限界理論と市場均衡分析を取り入れた経済学は，新古典派経済学として現代の経済学の主流に位置することになった。

┌─── *Column* ③　日本の経済学者 ─────────────────────

　日本の経済学者はまだノーベル経済学賞を受賞していないが，世界的に著名な学者は多い。ここでは森嶋通夫と都留重人の２人を簡単に紹介しておくことにしよう。

　森嶋通夫は，大阪大学教授，LSE 教授などを歴任した。『マルクスの経済学』『ワルラスの経済学』『リカードの経済学』の３部作（著作集では，３部作に原著『無資源国の経済学』を『ケインズの経済学』として加え，歴史上最重要な経済学者の経済理論を検討している）を著し，ワルラスをリカード，マルクスと異なる学派とする通説とは異なって，彼らが古典的一般均衡理論の形成者であり，近代社会のヴィジョンと分析方法において，マルクスとワルラスはともにリカードウの後継者であるというユニークな見解を示した。1992年に，企業が投資を行う場合，資金制約に直面する点を考慮した『新しい一般均衡論』を著し，本文で紹介しているアロー＝ドブリュー型の一般均衡論（セー法則と貨幣ヴェール観に立脚）を克服する途を示した。

　都留重人は，ハーバード大学卒業後，同大学講師，経済安定本部（第１回の『経済白書』を執筆した）などをへて一橋大学教授となり，1972〜1975年に一橋大学学長を務めた。彼は，「経済学」の学としての経済学ではなく，現実の経済に切り結ぶ「経済」の学としての経済学を提唱し，経済現象を素材面と体制面に区別しながら，両側面の統一的把握をはかった。医療，都市問題など福祉をめぐる現実問題にも取り組み，成長第一主義を批判し，公害と環境をめぐっても先駆的な問題提起を行い，現在の SDGs（国連の設定した持続可能な開発目標）の考えにもつながる先駆的思想家である（経済学史学会編　2000：256，411）。

└──

2　新古典派経済学の発展

アメリカの自由主義──シカゴ大学と創生期のシカゴ学派

　アメリカでは，南北戦争（1861〜1865年）後に，ドイツへの留学熱が高まった。これは，そもそもアメリカの高等教育機関が未整備であったこと，イギリスよりドイツの方が学位取得は容易であるということ，そして新興ドイツの科学技術や哲学，歴史学に対してアメリカ人が強い関心を抱いていたことによる。

この現象は第1次世界大戦により終止符が
打たれるまで続いた（田中編著 1999：65）。

ドイツの歴史学派は，それゆえ19世紀末
のアメリカの経済思想史上に一定の影響を
もつようになり，ドイツ社会政策学会の設
立（1872年）はアメリカ経済学会の設立
（1885年）にも影響を与える。ただし歴史学
派の影響を一方的に受けたのではなく，ア
メリカの独自の内発的な経済思想史上の発
展もみられる。アメリカは伝統的に個人主

図3-2 フランク・ナイト

義と自由放任を経済思想としているが，それだけでは民主主義的政治体制が分
裂の危機を迎える可能性が存在する。高度に発展した産業体制のもとでは，自
由放任主義（予定調和的な自由主義）とは異なった新しい国家と市民の関係が求
められる。資本と労働の対立に由来する多くの社会問題を解決するためには，
問題そのものの歴史的統計的研究（科学的研究）が必要とされ，これとキリス
ト教会の精神と国家の政策との総合的な遂行が必要になった（田中編著 1999：
69）。

またアメリカでは，1880年代後半に大学の拡張，経済学部開設ラッシュがあ
り，アメリカ東北部のブラウン大学を作った資産家のジョン・D. ロックフェ
ラー（John Davison Rockefeller, Sr：1839-1937）が，中西部にもそれと同様の卓
越した学問の場が必要と考え，1890年にシカゴ大学を設立した。

シカゴは，19世紀後半から20世紀中盤まで，アメリカ国内における鉄道・航
空・海運の拠点として，また五大湖工業地帯の中心として発展した。ニューヨ
ークが対西欧への国際都市，ロサンゼルスが対中米，アジアへの交易窓口とし
て発展したのに対し，シカゴは古くから内陸交通の要衝として発展してきた。
なかでも，20世紀初頭以来，アメリカが世界の自動車産業において圧倒的な優
位を占めるようになってから，シカゴの発展は著しく，シカゴ学派も1920年代
にシカゴ大学経済学部を中心に形成される。そして1960年代前後から現在にい

たるまで，ミクロ経済学的手法を，市場経済だけでなく，社会現象の分析に適用しようとする研究者がシカゴ学派と総称される。ただ学派の中には，社会主義，リベラリズム，マネタリズム，合理的期待形成学派，新制度派，公共選択学派など多種多様な思想をもつ経済学者が含まれている。

　学派形成の初期に重要な役割を担ったのが，ともに1920年代に教授になったナイト（Frank Hyneman Knight：1885-1972）とヴァイナー（Jacob Viner：1892-1970）である。2人は，マーシャルの体系と道徳哲学を受け継ぎ，計画経済はもちろんのこと，後世のシカゴ学派が強調した極端な市場経済重視にも反対している。

　1950～1960年代にかけて，シカゴ学派がスティグラー（George Joseph Stigler：1911-1991）やフリードマン（Milton Friedman：1912-2006）らの世代になると，実証主義的傾向が強まる。特にスティグラーは，産業組織論において，ハーバード学派と対抗する。ハーバード学派が独占禁止を強く主張したのに対して，シカゴ学派は適者生存を訴えた。この方向性は，後述するコースの取引費用の原理をへて，ゲーム理論を応用した第3の産業組織論として理論と実証が進化することになった。

1970年代のケインズ経済学批判——マネタリスト

　フリードマンは，アメリカの貨幣量についての実証研究が著名であるが（Anna Schwartz との1963年の共著，*A Monetary History of the United States, 1867-1960*），彼の名前が広く知られるようになったのは，アメリカのケインズ主義が隆盛に向かう1960年代以前からケインズ主義に批判を続けてきたマネタリストとしてであった。マネタリストという言葉は，財政政策を重視するアメリカのケインジアンに対抗して，「貨幣が重要である」と主張したことからくる。彼らは，ケインジアンが放棄した貨幣数量説を復活させ，インフレーションの背後には貨幣供給量の継続的拡張があると考えた。ただし，古い貨幣数量説のように貨幣量と物価水準を直接に対応させたのではなく，貨幣の需要関数が安定的であることを貨幣数量説の核心にしたことが特徴的であった。

　ケインズ経済学の政策が経験上の基礎においていたものは，フィリップス曲線（物価上昇率と失業率との間のトレード・オフの関係を示す）である。フィリップス曲線は，イギリスの貨幣賃金の変化率と失業率の過去10年間のデータを調べたフィリップス（Alban William Housego Phillips：1914-1975）が発見した関係である。フィリップス曲線が安定的であれば，政策担当者の課題は，この曲線上にある社会的に見て望ましい失業率と物価上昇率の組み合わせを選択すればよいことになる。

　フリードマンは，フィリップス曲線は安定的でないことがあると考えた。というのは，労働者も雇用者も物価上昇に気がつけば，その予想率を織り込んで行動するからである。つまり，短期的には労働者がより多く働き，また雇用者が労働者をより受け入れるかもしれないけれども，長期的には現実の物価上昇率と予想された物価上昇率が等しくなるから，失業率は社会の労働力構成や制度・慣習に規定された一定の「自然失業率」になると論じたのである。つまり，フィリップス曲線は短期的にのみ成立し，それは市場参加者のインフレ期待の水準によりシフトする。そして長期的には失業率は「自然失業率」に戻ってゆくのである（八木　2011：185-187）。

　彼らの考えによれば，政府が失業を減らそうとして財政金融政策を行うと，結局インフレーションを激しくするだけにすぎない。1970年代末から1980年代初めに生じたスタグフレーション（stagflation とは，スタグネーション〔stagnation：不景気〕とインフレーション〔inflation〕が同時に生じたので，それを指すために作られた合成語である）は，その出現自体が，「自然失業率」以下の完全雇用的失業率を達成しようとしたケインジアンの過ちの結果であると，マネタリストはケインジアンを攻撃した。

　マネタリストは，予想物価上昇率という概念を新しく論点にしたが，1970年代には，個人や企業が行う将来予想（期待形成）は，経済構造全体についての知識にまで発展しうるから，合理的に期待が形成される限り，政府は個人や企業を出し抜けないという議論が広まった。また1980年代のレーガン大統領の時代には，高所得者の優遇が投資の源泉となる民間貯蓄を増加させるというサプ

ライサイドの経済学も流行した。

　マネタリストの批判とは別に，ブキャナンのようにケインズ政策の実施には
「政治過程」が必須であるから，それが「政府へのたかり」につながるとして
批判した学者もいた。またハイエクは，人々の集まりである社会を単純化され
たモデルに還元して，操作可能な対象と考えるケインズ主義は，「設計主義」
の誤謬を犯しているとした。これらの考えは，「市場の失敗」より「政府の失
敗」を重く見ることが特徴である（八木 2011：188）。

さらなるケインズ経済学批判──合理的期待形成，新しい古典派

　1970年代以降マネタリストからの批判とは別に，ケインズ経済学は，個人の
合理的行動というミクロ的基礎をもたないマクロ経済学であるという批判を受
けた。ミクロ的基礎に裏付けられたマクロ経済学の構築が，ルーカス（Robert
Emerson Lucas, Jr.：1937-）やサージェント（Thomas John Sargent：1943-）の合
理的期待形成論によってなされた。個人が合理的に将来の所得を予想して最大
の効用を得られるように行動すれば，予想される所得の変動によって消費も変
化するから，ケインズ経済学でいう「固定的な消費性向をもった消費関数」は
存在しなくなる。

　金利，物価，租税の動きも期待形成の中に織り込まれることになるから，そ
れらを変化させる財政・金融政策は効果をもたなくなる。それは，「非自発的
な失業」といった，個人の合理的な行動の選択に反する事態があり得ないこと
を意味する。この理論では1929年の世界大恐慌で生じたあまりに大量の失業を
十分に説明しうるか疑問があるし，また個人の将来予想がどのように形成され
るのかを人間の行動が相互依存関係をもっている経済社会の中で分析するには
限界がある。つまり，自然現象の場合は予測の精度は年々向上するが，社会現
象の場合，人間が関わるとその行動パターンを変化させるから，選択肢の選択
予想には原理的な困難さもともなう。しかし，一定の公準から数理的に展開・
論証される命題の体系としてミクロ経済学の理論が存在していると考えている
新しい世代の経済学者たちにとって，数理的な演繹検証をマクロ経済学に貫徹

させることが理論的な進歩となった。

　このような結果，理論家の中にも，時間の経過を通じて均衡が維持され，貨幣面での変動も消費・投資・生産に関わる実体経済に影響を与えないと考えるマクロ経済学が誕生した。これは，貨幣・実物という古典派の二分法を再現し，ケインズ的政策の有効性を否定する理論で，「新しい古典派」のマクロ経済学といわれた。この立場を一歩進めると，景気変動は，技術変化などによる実物的な生産性の変化を反映した均衡値の変化とみなされることになる（「リアル・ビジネス・サイクル論」と呼ばれる）。「新しい古典派」に対抗して，経済の不均衡や失業者の存在を理論的に説明しようとする人々は，「新しいケインズ派」の構築に乗り出した。これは第2章の終わりで扱った。

3　現代経済学の制度化と新しい分析ツール(1)

経済学の制度化と新しい分析ツール

　第2次世界大戦後，アメリカを中心に学問としての経済学が確立し，大学教育における経済学教育の制度化が進行した。特に，1954年のアロー（Kenneth Joseph Arrow：1921-2017，アローについては社会的選択の理論で後述する。）とドブリュー（Gerard Debreu：1921-2004）によって，競争的一般均衡の解の存在が数学的に証明されたことによって，ミクロ経済学は1つの完結した体系として完成をみた。しかし，これは，完全競争市場や経済主体の合理的選択という特殊な仮定をおいて得られたのであり，きわめて美しくエレガントな体系であったが，経済政策上の有効性を主張することは難しかった。そこに，ケインズ経済学によるマクロ経済政策を生み出す余地があったが，前節で示したように，財政政策の効果をめぐって決定的な対立が起こった。このプロセスと並行して，経済学の分析ツールがいくつも開発される。以下ではそれを解説する。

ゲーム理論

　現在，もっとも汎用性の高い分析ツールはゲーム理論であろう。ゲーム理論

とは，自分の行動が他人に影響を与えて，逆に他人の行動が自分にも影響を与える相互依存的な状況を考察する方法である。現実の企業間の関係や人間の関係は，まさにゲーム論的状況が存在しているから，ゲーム論は広く社会科学で分析に利用され，1980年代に現在の経済学の中心におかれるようになった。

　ゲーム論では，いくつかのキーワードと特徴がある。ゲーム論が対象とするのは，自分の利得が自分の行動だけでなく他者の行動にも依存するという戦略的状況である。これは，経済学でいう完全競争と独占市場を除く，ほぼすべてのケースで該当する。意志決定者はプレイヤーと呼ばれ，プレイヤーのとる戦略の組合せは戦略集合，プレイヤーが得られる利益は利得関数と呼ばれ，多種多様な応用が可能である。

　ゲームに関する理論的な分析は多くの研究者によって試みられてきたが，それを最初に理論的に構築し，ゲーム理論の父とされるのは，数学者であり物理学者であったフォン・ノイマン（John von Neumann：1903-1957）と経済学者のモルゲンシュテルン（Oskar Morgenstern：1902-1977）であった。2人は，1944年に『ゲーム理論と経済行動』というタイトルの本を出版した。この本の中で，ゲームが定義され，ゼロサムゲームや協力ゲームにおける最適戦略などが分析された。誕生したゲーム理論は，経済学だけでなく，政治学，社会学，また生物学などで使われるようになった。

　この後，ゲーム理論を大きく発展させたのは，ナッシュ（John Forbes Nash, Jr.：1928-2015）である。ナッシュは，ゲーム理論に均衡の概念を導入した。ナッシュ均衡は，「他のプレイヤーが採用している戦略が一定であれば自分は最適な戦略を採用しているということがすべてのプレイヤーについて成立している状態」のことを指している。このナッシュ均衡の概念を使って，経済学のさまざまな領域にゲーム理論が導入され，産業組織（寡占）論，プリンシパルエージェント理論，オークション理論，契約理論といった新しい研究分野が確立されてきた（喜多見・水田編著 2012：298）。

　ゲーム理論の中で，シンプルかつもっとも有名な例が「囚人のディレンマ」といわれるものであるから，ここではそれを解説しておく。

プレイヤー	B		
	行　動	黙　秘	自　白
A	黙　秘	2，2	10，0
	自　白	0，10	10，10

（注）　数字は左がAの懲役，右がBの懲役を示している。

表3-1　囚人のジレンマ

　表3-1の意味は次のようになる。2人の囚人がいる。2人は共同で重大な犯罪を犯したが，検察はそれを立証できる十分な証拠をもっていない。一方，軽微な犯罪の証拠はもっている。囚人は別個に取り調べを受け，自白を促されている。

　2人が完全黙秘を貫けば，2人とも軽微な犯罪で，それぞれ2年の刑になるだけである。2人がともに自白すれば，重大な罪を犯したことになり，ともに懲役10年になる。1人が自白し，もう1人が黙秘すれば，司法取引によって，自白したものは釈放され，黙秘したものは懲役10年になる。

　囚人Aも囚人Bも，黙秘すれば2人合わせて考えた場合にとって最適解になる。しかし，現実はそうならない。囚人Aにとっては，囚人Bが黙秘，自白のどちらを選択しても，自白を選択することが有利になる（このような戦略を支配戦略という）。これは，専門的にいうと，非協力ゲーム，プレイヤー2人，戦略が2つで支配戦略が存在するケースである。この例は「1回限りのゲーム」だが，「繰り返しゲーム」を行うことを考えると，協調的な戦略（2人とも黙秘）を両者がとることが均衡になりうることを証明することができる。ゲームのパターンは，繰り返しゲーム，不確実性の存在するゲーム，情報が不完全なゲーム，協力ゲームなど多様に拡張されている。

　ゲーム理論は，多くの有効性があるが，問題点もまた指摘されている。例えば，①ゲームのルールが必ずしもわからない，②ゲームのルールを自ら決められる，あるいは，③現実の状況が複雑で最適な戦略を見つけることに困難さがある場合などが指摘されている。さらに，支配戦略がない場合には，ナッシュ均衡が有力な分析ツールになるが，ナッシュ均衡が1つではないことが問題に

なってくる。このようにいくつも問題点ももっているが，複数主体が関わる意志決定の問題や，行動が相互依存関係にある状況で経済主体の合理的な選択を数学的モデルによって明らかにすることができるということから，現在では重要な分析ツールになっている（喜多見・水田編著 2012：297-300）。

複雑系と進化経済学

　新古典派経済学では，最適な選択を行う合理的な経済主体を仮定している。それは，第2章で説明したスティグリッツらの情報の経済学でも，いま説明したゲーム理論でも本質的には同じと考えて良い。しかしながら，そもそも人間はそれほど合理的に行動しているのであろうか。むしろ，わたしたちの日常の行動は，経験，慣習，制度，文化などに従ったものと考えた方がより現実に適合している。

　また新古典派経済学の体系は，基本的に時間的な要素や原因・結果の関係を考慮に入れない「静学的」なものである。つまり，人々の選好は所与で一定とされ，市場などの経済の枠組み，ゲームのルールも外生的で一定と仮定されている。従って，新古典派経済学によって，社会・経済システムの変化や経済主体の行動の変化などを分析することは難しいといわざるを得ない。新古典派経済学に不満をもつ人は，必然的に社会・経済システムの進化を取り扱うことのできる分析枠組みを模索することになる。そのようなアプローチの1つが，ダーウィンの進化論を社会経済システムに応用しようとする進化経済学である。

　進化論とそれを遺伝子レベルで補強しようとするネオ・ダーウィニズムは，進化を「突然変異によって異なった形質をもつ個体が誕生し，環境に適応した個体はその数を増やし，やがてそれが種として定着し，一方，環境に適応できない個体は淘汰されていくというダイナミックなメカニズム」として説明する。

　経済主体は，本能，慣習，限定された知識に基づいて行動し，環境に適応する主体が数を増やし，それによって経済システムが変化するという説明が可能になるのではないかというのが，進化経済学である。生物における進化論を経済学に応用したものである。

　進化経済学の創始者は，アメリカの制度
学派の祖とされるヴェブレンである（制度
学派については第4節で解説する）。ヴェブレ
ンは，個人や社会の特定の関係や機能に関
する広く行き渡った思考習慣として制度を
捉え，それが淘汰的なプロセスを通じて新
しい制度を作っていくと考えた。そして，
『有閑階級の理論』（1899年）などの著書の
中で，制度の進化を歴史的，社会的に考察
した。

図3-3　ソースティン・ヴェブレン

　またシュンペーター（Joseph Alois Schum-
peter：1883-1950）も，経済の進化的な側
面に注目したことで知られる。シュンペーターは，『経済発展の理論』（1912
年）の中で，経済発展における革新の役割に注目した。革新とは，それまでに
存在しなかった新しい生産要素の結合（新結合：innovation）と定義されるが，
具体的には，新しい生産技術，新製品などが誕生することである。これらの新
結合を行う主体は，企業家と呼ばれる。企業家の活動によって，生産性が上昇
し製品の価格が下落したり，新製品が開発されて新たな需要が生み出されて，
経済は発展する。しかし，やがて需要は飽和する。シュンペーターはこのよう
なメカニズムによって経済の発展と循環を説明しようとした（喜多見・水田編著
2012：297-302）。

　ネルソン（Richard R. Nelson：1930-）とウィンター（Sidney Graham Winter：
1935-）は，『経済変動の進化理論』（1982年）の中で，シュンペーターの考え方
を数理的なモデルにして新しい進化経済学の潮流をつくり，コンピュータ・シ
ミュレーションによる分析を可能にした。

　現在では，複雑系，進化ゲーム，人工生命といった最新の成果も進化経済学
の発展に取り入れられている。複雑系は，相互に関係する複数の要因が合わさ
って全体（ある種の性質）になると考える分析方法である。進化ゲームは，メ

イナード・スミスにより創始されたゲーム理論の一分野であり，プレイヤーは完全な合理性をもっているとは考えず，ある一定の戦略をもっているプレイヤーの数が環境の変化によって変化していくと考える。

　人工生命とは，単純なコンピュータ・プログラムの相互作用によって生物社会や生物の進化をコンピュータ・シミュレーションによって再現することであり，それを社会や経済に応用し，人工社会や人工市場などの分析も行っている。

　このように，定常的なパターンをとるエージェントの相互作用によって経済や社会が形成され，環境により適応した個体のグループが生き残り，さらに突然変異や学習によって新しい行動をもつエージェントのグループが登場し，それによって社会が変化していくという方法論をとるのが進化経済学である。

社会的選択の理論と厚生経済学

　新古典派経済学では個人を分析の基礎にしているが，個人の選択の集計が社会の選択とどのように関係しているかを検討したのが，社会的選択の理論であり，アローによって生み出された。アローは，ニューヨーク生まれで，シカゴ大学を経て，ハーバード大学，スタンフォード大学などの教授を歴任し，1972年ジョン・ヒックスとともにノーベル経済学賞を受賞している（受賞理由は「一般的経済均衡理論および厚生理論に対する先駆的貢献」である）。アローの業績は，経済学の基礎的理論から応用まで幅広く，「アローの不可能性定理（一般可能性定理）」として知られる社会選択理論への貢献，一般均衡理論・価格理論に関する研究，内生的成長理論や情報の経済学といった経済理論の発展のうえで，いずれも重要な研究であった。

　アローの社会選択理論への貢献は，彼の博士論文でもある『社会的選択と個人的評価』によって，経済学の一分野としての社会選択論を事実上創設したことにあり，この論文の結論は，アローの不可能性定理（一般可能性定理）として知られる。これは，「投票の逆理」を一般化する形で，個人の価値判断を集計して，合理的，民主的に社会の意志決定を行うことの可能性を検討したものである。

　投票の逆理とは，個人が多様な選好をもっているときに，社会全体の選好を
どのように集計するのか，また社会の意志決定はどのように決定すれば良いの
か，という問題を考察する場合に発見された問題である。問題は，18世紀にフ
ランスのコンドルセ侯爵によって発見された。簡単な例を示そう。いま，投票
者が3人（No. 1, No. 2, No. 3）いて，選択肢が3つ（A, B, C）あるとする。
また記号「＞」によって選好の大小をあらわす。

　No. 1の投票者は，A＞B＞Cという好みをもち，以下，No. 2は，B＞C＞A,
No. 3は，C＞A＞Bであるとすると，全体の集計はできなくなる。なぜなら，
AとBでは，3人のうち2人がA＞Bであるから，全体ではA＞Bとなり，
以下，BとCでは全体でB＞C，AとCでは全体でC＞Aとなり，すべてを
並べると，A＞B＞C＞Aとなり，全体の集計が困難であることが示される
（根井編著 2011：167-168）。

　アローの検討結果は，専門的ないい方をすると，整合性および広範囲性，正
反応性，独立性と序数性，市民主権，非独裁性の条件を満たしながら社会的意
思決定を矛盾なく行うことは不可能であるという一般的不可能性定理を数学的
に証明したのである。これは，新古典派のミクロ理論の前提（例えば個人の選好
の集計が社会全体の選好になる）が社会的決定を行う通常のルールと矛盾し，政
策遂行の根拠が崩壊することをも意味していた。

　また1954年には，ドブリューとの共同論文で，競争的一般均衡の存在証明，
さらにそのパレート最適性の証明，そして条件付き財市場の構想による不確実
性への対処などアローの貢献を基礎にしたいわゆるアロー＝ドブリューの多期
間一般均衡モデルが構築展開され，現在の主流派経済学である新古典派経済学
の土台が形成された。

センのケイパビリティ（Capability：潜在能力）アプローチ

　セン（Amartya Sen：1933-）は，アローの社会的選択理論を受け継ぎ，さら
にロールズの正義論を摂取して，「パレート派リベラルの不可能性」（1970年）
という題名の論文を発表し，パレート最適が自由主義的な基礎をもっていない

図3-4　アマルティア・セン

という「リベラル・パラドックス」を示した。彼はインドのベンガル州生まれで，死者300万人といわれるベンガル飢饉（1943年）に衝撃を受け，経済学を専攻した。ケンブリッジ大学で学び，デリー大学，LSE，オックスフォード大学，ハーバード大学などをへて，ケンブリッジ大学トリニティカレッジの学寮長などを務め，1998年ノーベル経済学賞を受賞している（受賞理由は，「所得分配の不平等に関わる理論や，貧困と飢餓に関する研究についての貢献」）。

　彼は，厚生経済学が暗黙のうちに前提している功利主義的な倫理観を痛烈に批判しただけでなく，財・貨幣によって人間の福祉を判断する見解に対して，財・貨幣を用いて人が達成できる内容は性差や身体的特徴などによって異なり，こうした見方は個人の多様性を反映していないとして厳しく批判した。

　センは，財や貨幣を用いて「機能」する活動的存在として人間を捉え，基本的機能を実現する能力として「ケイパビリティ」概念を提起した。財・貨幣を用いて人が何をなしうるか，何になりえるかに注目し，その可能性がどのくらい開かれているか（選択肢の豊富さ，達成するための自由），これを開発評価の指標におくべきと主張した。ケイパビリティ概念は，それまでの開発＝経済成長とする考えに対して，人間開発・発展の考え方を示し，国連開発計画（UNDP）の『人間開発報告書』の基礎になった。

　飢饉の研究を通じて，飢饉の原因は食料生産量の低下ではなく，食料エンタイトルメント（食料に対して個人がもつ権限）の低下であるとし，飢饉についても分配面を重視する。彼によれば，民主主義が最善の解決策であるとしている（根井編著　2011：179）。

4　現代経済学の制度化と新しい分析ツール(2)

アメリカの制度学派

　第 2 次産業革命下の急激な技術進歩とビッグ・ビジネスの台頭に直面して以降，世界的に歴史主義とも呼ぶべき大きな思想潮流のうねりがあるともに，19世紀末以降に経済学教育の制度化が進む過程で，新しい考え方がいくつか提示された。特に「制度学派」と「新制度学派」と呼ばれる考え方を以下で説明しておこう。

　ヴェブレン（Thorstein Bunde Veblen : 1857-1929）は，ノルウェー移民の子供として，アメリカ，ウィスコンシン州に生まれ，ミネソタ州の開拓村で育った。彼は1881年にアメリカで最初の大学院大学であるジョンズ・ホプキンスに入学し，半年後の1882年からはイェール大学へ移り，経済学や社会学を学び，1884年にイェール大学から Ph. D. を得る（博士論文は「応報説の倫理的根拠」という哲学の論文であった）。学位取得後の就職はスムーズに進まなかったが，1891年の冬にコーネル大学で L. ラフリンに認められて特別研究生に採用され，2年後に新設のシカゴ大学で「社会主義論」の講義の準備を始めた。これ以降，『有閑階級の理論』『企業の理論』『技術者と価格体制』など多くの著作を発表する。

　ヴェブレンは，当時，すでに経済学の主流となりつつあったマーシャルに代表される経済思想を，初期の時代のダーウィン主義と見抜き，「新古典派」といち早く名づけた（橋本編 2006 : 13）。

　ヴェブレンが新古典派と異なる独自性は以下の 4 点があげられている。

①古典派・新古典派経済学に共通する功利主義的な人間像だけでは人間行動の説明は不充分であり，思考習慣＝制度の累積的変化と関連付けて把握される必要がある。支配的な行動規範は時代によって変化し，20世紀前後では，商業や産業による財産の獲得と顕示的消費が行動規範になる。

図3-5　ジョン・ケネス・ガルブレイス

②自然環境，社会環境への人間の適応は，必ずしも均一の人間性をもたらさず，進化は古い人間性への先祖返りも伴なう複線的で累積的なアプローチである。

③科学技術の発展は，制作者の本能の一部である知的好奇心によってランダムに生じる。しかし，その利用は，所有権全体に最大所得をもたらすように規制される。

④所有権者の利益は，財産の将来所得流列の大きさにあり，彼らは技術進歩による価格下落を相殺する有効需要の増加（個人や政府による浪費である顕示的消費や軍事支出）を好む（経済学史学会編 2000：39）。

　ヴェブレンは，生産と消費の無駄という資本主義の問題点と同時に，知的好奇心の解放という思想ももっていたために，多くの改革精神に富む研究者たちにとって魅力的であった。また，ヴェブレンの思想は，②の特徴をもっていたから，制度学派だけでなく，前節で述べた進化経済学の祖ともされている。

　アメリカの制度学派の重鎮として，ヴェブレン以外に忘れてはならないのがガルブレイス（John Kenneth Galbraith：1908-2006）である。

　ガルブレイスは，カナダのオンタリオ州に生まれ，トロント大学卒業後，カリフォルニア大学で学び，Ph. D. を取得，その後ハーバード大学，プリンストン大学などで教鞭を執り，アメリカのリベラル派知識人として知られる。雑誌『フォーチュン』の編集，民主党政府の物価行政局や経済保障対策局などにも関わった。また1961〜1963年には，ケネディ政権下でのインド大使を務める。

　アメリカの経済学界の中では，ヴェブレンなど制度学派の流れをくむ少数派に属するが，現代資本主義分析の領域で大きな影響を与えた。1972年アメリカ

経済学会の会長に就任し，転換期にある経済学のあり方について重要な問題提起を行った。

　著作は数多いが，中でも『アメリカの資本主義』『ゆたかな社会』『新しい産業国家』などが特に有名である。『アメリカの資本主義』では，現代経済において大企業が独占支配力をもっているにもかかわらず，労働組合などのそれをチェックする「拮抗力」の働きによって，以前の自由競争にかわる自動調整機能をもつにいたったと主張した。また『ゆたかな社会』においては，現代の豊かな社会は，物質的貧困，不平等，恐慌といったかっての資本主義の病をほぼ解決したが，新しい病，すなわち慢性的インフレーション，財・サービス生産の社会的バランスの喪失，広告・宣伝による消費操作を示す「依存効果」に直面している。さらに，『新しい産業国家』においては，現代の大企業を実質的に支配するのは，経営者・技術者などさまざまな専門家からなる集団「テクノストラクチュア」であり，企業の行動目標も，利潤極大化から安定的成長に変化したとして，「経営者革命」論をさらに進めた議論を展開している（経済学史学会編 2000：72-73）。

新制度学派

　「制度学派」は，新古典派経済学の功利主義的な人間像に疑問を投げかけ，特定の経済制度に関する記述リアリズムに専念するが，同じ社会制度の累積的変化に注目しながら，社会秩序・制度の形成を自由で平等な社会構成体の主体的な選択プロセスとして理念的に解釈しようとしたのが，「新制度学派」と総称される学者たちである。コース（R. H. Coase：1910-2013），ウィリアムソン（Oliver Eaton Williamson：1932-），ノース（Douglass Cecil North：1920-2015）などは，制度，市場，組織の研究を行い，人間の主体的選択・意志の役割を重視し，新古典派経済学の拡充を本質的には目指すことになった。「新制度学派」は，この視点を共有しながら，企業組織と契約の理論，所有権アプローチ，経済史，集団行動の理論，法の経済学など多岐にわたる課題を研究している。この学派を代表する彼ら 3 人の学説と思想を解説する。

　コースは，ロンドンのミドルセックス・ウィルズデンで生まれた。LSE で
Ph. D. を取得し，1954年にアメリカへ移住，1964年にシカゴ大学に移籍し，長
く *Journal of Law and Economics* 誌の編集者を務め，1991年に「制度上の構
造と経済的機能における取引コストと財産権を発見し，それを明確にしたこ
と」によりノーベル経済学賞を受賞している。彼は寡作の人であり，公表論文
は20本に満たない。しかし，すべての論文が深い思索に裏付けられた独創的研
究であり，「新制度学派」の旗手と目されている。

　「企業の本質」（1937年）と「社会的費用の問題」（1960年）が特に有名である。
それらは，それまで経済学において議論されてこなかった「権利」や「法」に
よる外部性の分析，「取引コスト」概念による企業存在の基礎付けというユニ
ークな業績であった。取引コストは，市場交換を通じた価格メカニズムによる
決済費用のことである。彼は，取引コストの大小が企業と市場システムという
代替的な生産様式の選択を決定すると考えた。

　　「コースの定理」によれば，取引費用がゼロの場合，加害者と被害者の間
　の交渉の自発的結果，最適な資源配分が実現することが論証される。つまり，
　彼は取引費用がゼロの世界では，企業の存在する経済的理由はなく，法の存
　在形態は資源配分に中立的であることを示した。以上の理論は「コース的世
　界」と称されるが，コース本人は，現実の経済社会では取引費用はゼロでな
　いことを強調している（経済学史学会編 2000：136）。

　取引費用論は，ウィリアムソンなどによっていっそうの発展をみて，さらに，
ゲーム理論のプリンシパルエージェント理論と融合して，企業や市場の内部組
織の経済分析として大きな影響力をもっている。

　ウィリアムソンは，アメリカ，ウィスコンシン州生まれであり，イェール大
学をへてカリフォルニア大学バークレー校教授である。ウィリアムソンは，コ
ースの取引費用が発生する原因とその大小の決定要因について曖昧さがあった
点を，伝統的新古典派経済学を部分的に受け継ぎ克服した。

　新古典派経済学では完全合理的に効用を最大化する人間を仮定してきたが，ウィリアムソンは，人間は限定合理的であり機会主義的な性格をもつものと仮定した。このような仮定に基づく人間が市場で知らない人々と取引する場合，相互に駆け引きが起こり，多大な取引上の無駄が発生することになる。この取引上の無駄のことを「取引コスト」と呼んでいる。彼によれば，取引コストを節約するために組織が形成され，取引コストの節約原理に基づいてさまざまな組織のデザインを説明することができるようになる。さらに，取引コストが発生するために，個別合理性と全体合理性が一致しないことも生じるが，一致させるためには多くの利害関係者と交渉取引する必要があり，膨大な取引コストが発生するので一致しないと説明できることになる。

　つまり，彼の考えでは，取引コストの節約を基準とする市場と組織の合理的選択の問題にすべてが還元され，選択理論を応用するという点で，新古典派のミクロ経済学に基づく組織の生成論は彼において完結することになる。彼は，「経済的ガバナンス，特に企業の境界線に関する業績」によって，2009年にノーベル経済学賞を受賞した。

　ノースは，マサチューセッツ州ケンブリッジに生まれ，1942年カリフォルニア大学バークレー校を卒業した後に，1952年カリフォルニア大学バークレー校でPh. D.を取得する。その後，ワシントン大学，ケンブリッジ大学，セントルイス・ワシントン大学の教授などを務めた。もともと経済史を専門としていたが，コース，ウィリアムソンとともに新制度派経済学の国際学会の設立に尽力し，1997年にセントルイスで初の学会を開く。

　彼は，所有権・法律のような公的ルールと倫理・道徳といった非公的ルールが集まった制度が秩序を形成する基本組織であり，それによって交換取引の不確実性が減ると考えた。ノースの研究の大きな特徴は，歴史研究に新制度派の理論を応用して経済史と新制度派の理論を結びつけた点にある。さらにノースの影響は，政治制度の研究にも大きな影響を与えている。1993年にはロバート・フォーゲルと共にノーベル経済学賞を受賞するが（受賞理由は「経済理論と計量的手法によって経済史の研究を一新したこと」），これは経済史の研究者として

は初めてのことであった。

　新古典派は現代経済学のメインストリームであることは衆目の一致するところである。しかし，その内容は多岐にわたっており，分析ツールはますます数学的色彩を強めている。これは，第 2 次世界大戦後に，経済学の専門化と制度化がアメリカを中心に進行するとともに，科学としての経済学を発展させるという経済学者たちの努力の所産でもある。つまり，理論モデルをより厳密にするためには数学の利用が必須になり，大学における学問としての経済学の専門性を高めることと同時に進行した。さらに，新しい社会現象の出現に対応するために，隣接する学問で発展したツールを応用することも進み，新しい経済学の分析ツールが開発された。といっても，経済学が対象とすべき問題は，煎じ詰めれば，第 2 章で取り上げたクルーグマンが次のように主張したことに集約される。

　　経済にとって大事なことというのは，つまりたくさんの人の生活水準を左右するものは，3 つしかない。生産性，所得配分，失業，これだけ（クルーグマン　1998：25）。

　生産性の向上，所得分配の公正さの追求，失業の減少，この 3 つの問題を解決するために，社会生活を営んでいる人間の将来を考える経済学は，新しい分析ツールをつねに開発しているといえるであろう。

参考文献
依田高典『現代経済学』（改訂新版）放送大学教育振興会，2013年。
大田一廣・鈴木信雄・高哲男・八木紀一郎編『新版　経済思想史』名古屋大学出版会，2006年。
喜多見洋・水田健編著『経済学史』ミネルヴァ書房，2012年。
クルーグマン，山形浩生訳『経済入門』メディアワークス，1998年。
経済学史学会編『経済思想史事典』丸善，2000年。

瀧澤弘和『現代経済学』中公新書，2018年。

田中敏弘『アメリカ人の経済思想』名古屋大学出版会，1999年。

田村信一・原田哲史編著『ドイツ経済思想史』八千代出版，2009年。

根井雅弘『経済学の歴史』講談社学術文庫，2005年。

根井雅弘編著『現代経済思想』ミネルヴァ書房，2011年。

根岸隆『経済学の歴史』（第2版）東洋経済新報社，1997年。

橋本努編『20世紀の経済学の諸潮流』（『経済思想』第8巻）日本経済評論社，2006年。

御崎加代子『ワルラスの経済思想』名古屋大学出版会，1998年。

御崎加代子『フランス経済学史』昭和堂，2006年。

八木紀一郎『ウィーンの経済思想――メンガー兄弟から20世紀へ』ミネルヴァ書房，2004年。

八木紀一郎『経済思想』（第2版）日経文庫，2011年。

ワルラス，久武正男訳『純粋経済学要論』岩波書店，1983年。

今後の学習のための本

喜多見洋・水田健編著『経済学史』ミネルヴァ書房，2012年。
＊従来取り上げられることが少なかった国（イタリア，フランス，日本など）の経済学史と，20世紀後半以降の経済学の「正統派」「異端派（とされる）」など多様な展開を叙述し，多様な経済思想の現在を学ぶことができる。

根井雅弘編著『現代経済思想』ミネルヴァ書房，2011年。
＊第2次世界大戦後のサミュエルソンから始まり，スティグリッツ，マンキュー，クルーグマンという現在の著名な経済学者までを扱うだけでなく，都留重人，森嶋通夫など日本の経済学者についても解説し，戦後の主だった経済思想家を鳥瞰できる。

瀧澤弘和『現代経済学』中公新書，2018年。
＊市場メカニズムに焦点を当てた新古典派経済学を主流派として固定して，20世紀半ば以降に多様化した経済学を論じている。ゲーム理論はもとより，行動経済学，神経経済学，制度の経済学などの最先端までを解説。

練習問題

問題1

新古典派経済学の想定する経済人の特徴をいくつか挙げて説明しなさい。

問題 2

取引コストという概念を経済学に関連づけて説明しなさい。

問題 3

ヴェブレンの思想と経済学を説明しなさい。

（奥　和義）

第4章

マルクス経済学の思想と経済学

─ 本章のねらい ─

　社会主義体制は，1917年のロシア革命以降，1991年のソビエト連邦の崩壊，1990年前後に相次いだ東欧社会主義体制の崩壊まで，20世紀において資本主義体制に対抗する支配的な社会経済体制であった。

　マルクス経済学は，この社会主義体制の基礎理論であったとされ，社会主義国の多くが市場経済化していく過程で，その影響力が大きく失われた。しかし，2007・2008年の世界金融危機があってから，資本主義市場経済の万能性に疑問がもたれるようになると，マルクス経済学は再評価され，一定の復権を果たした。

　本章では，このようなマルクス経済学の思想と内容について，伝統的・古典的な解釈と近年の世界における動向を解説する。

1　マルクス経済学の思想

古典派経済学の受容と批判

　第1章で述べたように古典派経済学は，世界で最初に産業革命を達成し，当時のもっとも経済的にも政治的にも強大であったイギリスで誕生し，18世紀後半から19世紀後半の100年余りの間，隆盛を誇った。古典派経済学の考え方に従えば，市民社会における自由と自由な経済取引（特に自由貿易）が国と国民の富を増加させるはずであったが，19世紀半ばのヨーロッパは平和に繁栄したわけではなく，海外植民地の争奪戦によって戦争が続いていた。結果的に，ヨーロッパ各国で軍事費が増加し，貧富の差も拡大する傾向を見せ，それへの対

図4-1　カール・マルクス

応のために財政危機が進行し，古典派経済学の想定する「小さな政府」でなく，「大きな政府」になっていた。古典派経済学の考える「小さな政府」と市場における自由競争は必ずしも実現せず，新しい経済学の思考方法が模索され始めていた。

　また19世紀半ばにはイギリスの産業革命が一段落しており，1825年に初めて近代的な周期的恐慌が始まり，その後10年に一度ぐらいの周期で恐慌が起こっていた。さらに労働者層の貧困化も深刻になっており，社会主義運動が高まりはじめ，このような面でも従来の経済学が危機を迎えていた。

　古典派経済学が思ったように経済の発展は進行せず，さまざまな社会問題の発生を背景に，1870年代のほぼ同じ時期に，まったくタイプが異なる，思想的にも対抗する，2つの経済学派が勃興する。1つは第3章で説明した現代の経済学の主流派を形成することになる新古典派経済学であり，もう1つがマルクス経済学である。

　マルクス経済学は，カール・マルクス（Karl Marx：1818-1883）によって始まった。マルクスは，経済社会上の問題を解決する方策を考えるために，古典派経済学を批判的に検討した。彼は古典派経済学を批判的に検討したが，その理論の中心にあった「労働価値説」を継承する。この点は古典派経済を批判して新しい学派を形成した新古典派経済学と決定的に異なっている。新古典派経済学では「価値は効用，つまり満足の度合いで決まる」として，古典派経済学の「価値は労働量で決まる」という命題を否定することからスタートしている。

　20世紀に入って，「価値は何で決まるのか」についての論争は，ウィーン大学のベーム＝バヴェルク（Eugen von Böhm-Bawerk：1851-1914）とヒルファーディング（Rudolf Hilferding：1877-1941）の間で展開された。論点は多岐にわた

るが，経済をどのように把握するかという，経済学の基本的な立脚点に差があ
る。新古典派経済学では，経済学の対象を人間の無限の欲求と利用できる資源
の有限性においているのに対して，マルクス経済学では，資本主義経済の運動
法則の解明こそが最重要と考えている。

急進的ヘーゲル主義

　マルクスは，ボン大学とベルリン大学で法学を専攻したが，実際には，哲学
と歴史の研究に力を注いだ。当時の思想界では，ヘーゲル（Georg Wilhelm
Friedrich Hegel：1770-1831）が亡くなった後に，ヘーゲル学派が分解し始めて
いた。ヘーゲルは，自然，社会，思想の全体を，人間精神が自己を実現してい
く過程として，この過程の産物として描き出した。ヘーゲルの哲学の体系は，
論理学，自然哲学，精神哲学からなる壮大なものであり，人間自由の完全な実
現をあらわすものであった。

　ヘーゲルの死後，絶対主義プロイセンをどのように把握するかという現実問
題の解釈をめぐって，左派，中道，右派に分かれて論争が行われた。ヘーゲル
が描いた人間自由の全面開花が絶対主義プロイセンですでに実現していると解
釈する人々が，ヘーゲル右派を形成した。これに対して，絶対主義プロイセン
は人間自由を圧殺する専制体制だとして，これを覆して人間精神の実現を目指
したのがヘーゲル左派であった。

　マルクスもヘーゲル左派として出発した。「デモクリトスとエピクロスの自
然哲学の差異」でイエナ大学から学位を授与された後，大学での教職をあきら
め，現状批判の評論活動に入った。『ライン新聞』に多くの論文を寄稿し，1842
年10月に主筆を引き受け，精神不在の世俗的現実を批判し，人間自由の実現を
はかろうとした。その間，物質的利害に関する論争に初めて参加する必要にせ
まられた。また，フランスから輸入された社会主義思想についても，これまで
の研究では十分に判断できなかったから，いくつかの問題を検討するために，
公の場からいったん退いた。

社会主義思想の影響

18世紀末〜19世紀初めのフランスでは，ビクトル・ユーゴーの有名な小説
『レ・ミゼラブル』（1862年）に描かれているような過酷な工場労働と悲惨な貧
困がみられた。この社会状況を背景にフランスで社会主義思想が広がる。つま
り，大衆の反資本主義的感情が，より理想に近い社会を目指して活動した知識
人の思想と結びつくことによって，社会主義・共産主義思想が生まれたのであ
る。この思想の主導者として，サン・シモン（Claude Henri de Rouvroy, Comte
de Saint-Simon：1760-1825），ロバート・オーエン（Robert Owen：1771-1858）た
ちがいる。

サン・シモンは，科学と産業の発展による社会の再組織化をかかげ，ロバー
ト・オーエンは理想の管理社会を私有財産の制限なしに実現しようとした。彼
らは最初，彼らに相対的に近い社会の上層部で影響力のある人たちに訴えたけ
れども，その支持が得られなかったので，大衆に訴えるようになる。彼らやそ
の弟子たちは，さまざまな形の社会組織を意識的に利用するという考えを大衆
の中にもち込んだ。大衆は，理想社会の実現という遠大な構想よりも，自分た
ちの生活を脅かし，隣人たちとの共同生活を破壊する資本主義的な競争に，組
織によって対抗しようと考えたのである。

マルクスは，サン・シモン，ロバート・オーエンたちが18〜19世紀に広めた
社会主義思想を，第2節以降で説明するような科学的な分析の裏付けがない
「空想的社会主義」としてきびしく批判した。

ここで少し注意をしておかなければならないことは，初期の社会主義の思想
では，社会主義や共産主義の反対語は個人主義であり，資本主義ではなかった。
大衆にとって，社会主義や共産主義は，利己主義競争に対抗する相互扶助・連
帯の原理に姿を与えるものとして受け止められていた。共産主義的共同体の試
みは挫折したが，労働組合や協同組合は生き残り，現在の経済社会で大きな役
割を果たしている（八木 2011：98-100）。

2　マルクス経済学と経済政策

史的唯物論

社会主義体制の理論的基礎とされたマルクスの『資本論』は，いまではよく知られていることだが，社会主義の思想を説いたものでもなければ，社会主義国家建設の理論を研究したものでもなかった。資本主義経済を研究していたという意味では，他の経済学の諸学派と同一である。それでは，なぜカール・マルクスの『資本論』が社会主義体制の基礎理論と見なされるようになったのか。それは，まずマルクスの著作の中で用いられた史的唯物論という方法に原因がある。

史的唯物論は，唯物史観（唯物論的歴史観）とも表現される。それは，人間社会にも自然と同じように客観的な法則性が存在して，人間社会は無階級社会から階級社会へ，階級社会から無階級社会へ，生産力の発展に対応して生産関係が変化すると考える歴史発展史観である。資本主義経済を永久に持続する社会経済体制と考えずに，歴史上の一定の時期にはじまり，いずれは終焉を迎える社会経済体制の1つと見なし分析する。

マルクスは，『ドイツ・イデオロギー』（1846年），『哲学の貧困』（1848年）などで，階級闘争を中心にした世界史の理論を展開していたが，1859年に出版した『経済学批判』の序言で史的唯物論とそれに基づいた経済発展段階論を以下のように定式化した。

人間は，自己の物質生活を継続して行うために社会関係をつくる。この関係は「生産関係」と呼ばれるが，法律的に表現すれば所有関係であり，生産手段を所有しているか非所有かによって形成される階級関係でもある。マルクスは，「生産関係」が生産力の発展段階に対応していると主張した。

「生産関係」とそれに対応する生産力を統一的にあらわした概念が「生産様式」で，「生産様式」の総体が，「社会の経済構造」，すなわち社会の土台（下部構造）をなす。この土台の上に，法律や政治の上部構造が立ち，またこの土

台から特定の意識形態が生まれる。つまり，経済を基礎として社会が構成され
ると考えたのである。

　人間の歴史をこの視点からながめれば，社会構成は高次のものに移行してい
く自然史的過程として捉えることができ，それは文化的・地理的な相違や多様
性を越えて，1つの普遍的な概念に高められる。彼は，次の4つの生産様式と
社会を考えた。

　①アジア的生産様式（貢納制）。
　②古代的生産様式（奴隷制社会）。
　③封建的生産様式（封建社会）。
　④資本主義的生産様式（資本主義社会）。

　この資本主義社会で，人類の前史（社会内における階級間の敵対関係）が終わ
り，きたるべき社会として共産主義社会が想定される。

　マルクスによれば，社会の物質的生産力が一定の発展をとげるとき，それま
での生産関係と矛盾を生じるようになり，新しい生産諸力＝生産様式の担い手
となる階級が勃興し，社会革命によって社会が変革されるというのである（河
崎・奥編著 2018：18-19）。

疎外された労働

　疎外とは，ドイツ語の哲学，経済学の用語 Entfreudung の日本語への翻訳
である。人間が作ったもの（商品，貨幣，制度など）が人間から離れて独立し，
逆に人間を支配するような疎遠なものとしてあらわれる状態を指し示している
言葉で，人間のあるべき本質が失われた状態を表現する言葉である。

　資本主義が発展して，労働者の生産活動が活発になり，より多くの富を生産
すればするほど，労働者自身はますます貧しくなっていくという現象を解く鍵
を，マルクスは，「疎外された労働」の中にみたのであった。マルクスにとっ
て労働とは，人間としての本質（類的本質）を示す行為であり，自然に対して

目的意識的に働きかけ，それを変革して自己のものにする活動であった。しかし，資本主義の下では，労働者が労働した結果である生産物が労働者に所有されず，労働者から疎外され，労働者に対立して労働者を支配する状況になる。これは，「本来，労働者の生命と個性を示す自己の活動である」労働が，「外的な，強制された，苦痛をともなう，疎外された」労働であることをあらわしている。

　この「疎外された労働」と「私有財産制度」という2つの要素を手がかりに，「あらゆる経済学的範疇を展開」すること，疎外された労働の歴史的地位と意義を明らかにすること，つまり，人間がどのようにして自分の労働を疎外するようになるのか，この疎外が人類の発展の本質においてどのようにしてなされるようになったのかを明らかにしようとした。このことは最終的に『資本論』で論じられる。

資本論

　『資本論』は，1867年に第1巻「資本の生産過程」が出版される。第2巻「資本の流通過程」，第3巻「資本制生産の総過程」は，マルクスによって完成されずに，彼の死後，エンゲルスが膨大な遺稿を整理，編集して，1885年に第2巻を，1894年に第3巻を発行する。

　古典派経済学が，事実上，資本主義社会を永久不滅のものとみなしていたのに対して，マルクスは，それは歴史が経過する1つの特殊社会だとみなしていた。これは，資本主義社会がそれ以前の社会とは根本的に区別される特徴をもっており，また新しい社会体制にいずれ変わっていくということを意味していた。

　『資本論』はあまりにも多くの内容を含んでいるから，ここではいくつかの重要な点だけを説明しておくことにする。マルクスによれば，すべての社会は，社会的剰余（余剰生産物）を誰がどのように手に入れるかによって，社会の性格が決定される。そして，社会的剰余の取得の仕方を決めるのは，当該期の生産関係である。従って，資本主義社会の根本性格は，資本・賃労働関係ということになる。しかし，資本主義社会を他の社会と比べると，資本主義社会では

Das Kapital.

Kritik der politischen Oekonomie.

Von

Karl Marx.

Erster Band.

Buch I: Der Produktionsprocess des Kapitals.

Das Recht der Uebersetzung wird vorbehalten.

Hamburg
Verlag von Otto Meissner.
1867.
New-York: L. W. Schmidt, 24 Barclay-Street.

図4-2　『資本論』

資本・賃労働関係の他に商品生産が全面的に行われていることが特徴的である。

　商品生産が行われるためには，土地や労働用具などの生産手段が私的に所有されていることと，生産が社会的な分業の中で行われていることが重要である。商品生産に際して，労働は相互に独立して私的労働として労働しているが，社会的分業の一環として相互に依存してもいる。

　商品生産は，自分の欲求を満たす生産物を生産するために行われるのではなく，「他人のための使用価値（他人の欲求を満たすためのもの）」という性格をもった商品を生産している。自分の欲求を満たすものを手に入れるためには，生産した商品と交換することになる。つまり，商品は，他人のための「使用価値」と他の商品と交換できるという「交換価値」をもっている。しかも，商品生産は，社会の構成員がばらばらに（無政府的に）行っている。この点に商品生産社会の基本的矛盾が存在する。

　「使用価値」のある商品を生産するという意味では，労働は「具体的有用」な労働であるが，社会的分業が成立している社会においては，労働は人間の労働として等質であるから「抽象的人間労働」の側面がある。これは労働の二重性と呼ばれる。前者の意味では，労働はあらゆる社会に共通している性格であるが，後者は特定の社会関係によって生み出される。

　商品の価値がそれを生産した生産者の社会的関係を反映したものであるとすれば，生産者同士の社会関係も商品の価値関係によって表現される。人間の社会的関係が，商品というモノの価値関係からしか見えないということは，モノの世界がヒトの世界から独立して動き始めているということにほかならない。これをマルクスは，「商品の物神的性格」と名付けた。

　資本主義社会では，生産手段を所有している少数の人と非所有の多数の人に

$$G \ - \ W \ \begin{cases} Pm \\ （生産手段） \\ \\ A \\ （労働力） \end{cases} \ \cdots\cdots \ P \ \cdots\cdots \ W' \ - \ G'(G+\varDelta G)$$

（貨幣）　　（商品）　　　　　　　　　　（生産）　　（商品）　　（貨幣）

　　　　流通過程　　　　　　　　　　生産過程　　　　　　　流通過程

図 4 - 3　資本の循環範式

分けられている。非所有の多くの人は，労働力を商品化する（労働力を商品として販売して賃金を得る）しかない。商品としての労働力は，当然価値をもっているが，それは労働力という商品を生産するのに必要な社会的労働の量（労働者とその家族の生活手段を生産するのに必要な社会的労働の量）によって決定される。

　資本家（生産手段の所有者）は，労働者に賃金を支払い労働力を購入し，事実上，賃金の価値以上に労働によって生み出された剰余を含む新価値を体化した生産物を手に入れる。これを図式化すれば，図 4 - 3 のように書ける。

　この図式のように，商品の生産，流通，消費を捉えると，資本も，それは，あくまでも一定の社会的関係とみることができる。マルクスは，資本主義の本質を人間の社会的関係とみなしていた。

共産党宣言に見る経済政策

　イギリスでは，1873年から不況が20年あまり続き，「大不況」期と呼ばれた。この長期的デフレ期以前から周期的な恐慌が資本主義国では起こっており，この危機に対処する政策を考えることが，当時のイギリス経済を分析する，『資本論』の叙述につながり，そこで資本主義に内在する問題と解決策が考察されたとみなすができる。『資本論』の刊行より前に刊行された『共産党宣言』（1848年）は，「ヨーロッパに幽霊が出る―共産主義という幽霊である。古いヨーロッパのすべての強国は，この幽霊を退治しようとして神聖な同盟を結んでいる。」「万国のプロレタリア団結せよ！」（それぞれ，マルクス・エンゲルス1971：37，87）という扇動的なフレーズが有名であるが，文中には次のように経済政策が具体的に語られている部分がある。

　プロレタリア階級は，その政治的支配を利用して，ブルジョア階級から次第にすべての資本を奪い，すべての生産用具を国家の手に，すなわち支配階級として組織されたプロレタリア階級の手に集中し，そして生産諸力の量をできるだけ急速に増大させるであろう。

　このことは，もちろん何よりも，所有権への，またブルジョア的生産関係への専制的干渉なくしてはできようがない。したがって，その方策は，経済的には不充分で不安定に見えるが，運動が進行するにつれて，自分自身を乗り越えて進み，全生産様式の変革への諸手段として不可避なものとなる。

　この方策は，もちろん，それぞれ国が異なるにしたがって異なるであろう。

　とはいえ，もっとも進歩した国々にとっては，次の諸方策はかなり一般的に適用されうるであろう。

①土地所有を収奪し，地代を国家支出に振り向ける。

②強度の累進税。

③相続権の廃止。

④すべての亡命者および反逆者の財産の没収。

⑤国家資本および排他的独占をもつ国立銀行によって，信用を国家の手に集中する。

⑥すべての運輸機関を国家の手に集中する。

⑦国有市場，生産用具の増加，共同計画による土地の耕地化と改良。

⑧すべての人々に対する平等な労働強制，産業軍の編成，特に農業のために。

⑨農業と工業の経営を結合し，都市と農村との対立を次第に除くことを目ざす。

⑩すべての児童の公共的無償教育。今日の形態における児童の工場労働の撤廃。教育と物質的生産との結合，等々（マルクス・エンゲルス 1971：68 -69）。

これらは，プロレタリア独裁政府による市場介入政策として説明されている

─ **Column ④**　社会主義計画経済と日本 ─

　読者は意外に思うかもしれないが，社会主義計画経済思想の影響をもっとも強く受けた国として，1930年代の日本があげられる。当時，日本は日中戦争に向けて生産の軍需傾向をいっそう強めていたから，企画院という官庁を作って，全面的な統制経済システムを整備していった。国家総動員体制は，戦争という目的のために，国家が資源配分に全面的に関与して，生産を行うという体制であり，社会主義計画経済体制とほぼ同一であるとみなせる。1932年に建国された満州国は，日本の官僚による計画経済体制の実験国家であったと考えてよいかもしれない。

が，現代の資本主義の国においても，法案が議会を通過すれば実行されるものであり，実際にいくつかは実行されていることがわかる。

3　社会主義経済の成立と崩壊

第1次世界大戦前後のヨーロッパ

　19世紀末以降，資本主義はいくつかの面で大きな変貌を遂げた。もっとも大きな変化として知られているのが，資本主義諸国がとった対外政策上の転換である。20世紀初めまでに見られた自由主義的な政策から帝国主義政策への転換である。例えば，19世紀半ばのイギリスの対外経済政策については，自由貿易政策を外国に「強制した」というように理解して，自由貿易帝国主義と考える論者もいる（1960年代に入って，ジョン・ギャラハーとロナルド・ロビンソンによって唱えられ，以降，「自由貿易帝国主義論」は広く知られている）。しかし，企業は20世紀に入ると19世紀とは比較にならないほど巨大化し，経済では独占・寡占が一般的になり，大企業は対外膨張政策を経済面から支持した。

　また19世紀から20世紀にかけての国際政治では，いくつもの帝国主義政策，対外膨張政策をとる国々が存在し，勢力圏を争っていた。オスマントルコ，イギリス，オーストリア（オーストリア・ハンガリー帝国），ロシア，アメリカ，フランス，日本，ドイツなどである。これらの国は，勢力圏を軍事力で支配し，

まさに「帝国主義」政策を実施していた。それぞれの帝国は相互に緊張感をもっていただけでなく、帝国内で民族主義問題を抱えている国も多くあった。とくにオーストリア・ハプスブルク帝国が支配していたスラブ民族系の国は、背後にあるロシアの支援を受けて、民族主義運動が盛んであった。

　帝国は、自国の権益確保のために合従連衡していた。オーストリア、ドイツ、イタリアは三国同盟（1882年）を、ロシア、フランス、イギリスは三国協商（露仏同盟1894年、英仏協商1907年）を結び、相互の緊張が増していた。

　またヨーロッパ全体で考えると、君主制から議会制度への移行期にあたっていたと考えられる。ただし、軍部は依然として強い力をもっており、いわば混沌とした時期から次の新しい均衡状態が模索されていた時期といえる。

　このような混沌とした時期に、オーストリア内の民族運動が第1次世界大戦への引き金を引いた。1914年6月28日に起こった、オーストリア皇帝の継承者と妻がサラエボを視察中にセルビア人青年によって暗殺されたサラエボ事件である。オーストリアがセルビアに宣戦を布告することで第1次世界大戦は勃発した。この主戦場はヨーロッパ内であり、ロシアとドイツ、オーストリア、オスマントルコが向き合った東部戦線と、フランスとドイツが対峙した西部戦線を中心に戦争が行われた。第1次世界大戦は、歴史上初めて生産力を戦争へ集中する体制であり、戦車、航空機や毒ガスなど近代兵器が使用された近代的戦争であった。

社会主義運動の変容

　19〜20世紀にかけて資本主義が変化していく過程で、マルクス主義運動も大きな変化がうまれてくる。「修正主義論争」といわれるものがそれである。つまり、19世紀末の社会主義運動の中心はドイツであったが、社会民主党はマルクス主義への転換をはかり、社会民主党内に、修正主義論争がおこった。ベルンシュタイン（Eduard Bernstein：1850-1932）は、『資本論』において階級が分化するとしていたことを批判した。つまり、『資本論』では少数の大資本家と貧困層に階級が分化し中間層が消滅するとしていたが、現実には中間層（中小

企業や中間農民層など）が台頭したと批判したのである。

　この批判に対して，ヒルファーディング（Rudolf Hilferding：1877-1941）やレーニン（Vladimir Iliich Lenin：1870-1924）は，『資本論』を継承しながら，修正主義を克服しうる理論を展開することを試みた。ヒルファーディングは，資本主義の変化でも，特に独占の形成と金融資本（銀行資本と産業資本の融合体）の台頭を分析した。彼は，銀行が新しい役割を担っていること，株式会社がきわめて重要な役割を果たしていることなどを明らかにし，株式会社における創業者利得概念を定式化した。さらに，国内において独占体が形成されることによって，貿易政策も変化し，それまでの後発産業を保護する保護関税から，独占体の独占価格を守るためのカルテル関税（独占関税）政策が実施されることを示し，外国に対してはダンピング（投げ売り政策）を仕掛けている実態を示した。また金融資本は，政治的軍事的に強力な国家により帝国主義政策を実施する（喜多見・水田編著 2012：142-145）。

　また，レーニンは，『帝国主義論』（1917年）を著し，ロシアにおける社会主義革命を主導した。それは，20世紀の資本主義が次の5つの指標に示されるような特徴をもっていることを分析したことで有名である。

①高度な生産と資本の集積による独占。
②金融資本による金融寡頭制。
③商品輸出とは区別された資本輸出の重要性。
④国際的な資本家の独占団体の形成とこれによる世界の分割。
⑤資本主義列強国による地球の領土的分割。

また同書で当時の世界経済の状態が述べられている。

　金利生活者の収入が，世界最大の「貿易」国の外国貿易からの収入を5倍もうわまわっているのだ！
　世界はひとにぎりの高利貸し国家とおどろくほど多数の債務者国家とに分

裂した（レーニン 1956：163-164）。

　19世紀のヨーロッパは，何回も周期的な不況に陥り，国民生活では貧富の差
が拡大していた。当時は，貧民救済のための「社会政策」は存在していたが，
今日的な意味での「経済政策」は存在していなかったからでもある。

ソビエト連邦の成立——計画経済と市場経済

　帝政ロシア内では，ロシア革命の指導者であったレーニンが，ロマノフ朝の
ニコライ2世によって弾圧され，チューリッヒに亡命していた。ロシアと対峙
していたドイツ政府は，レーニンがロシアのペトログラードに帰ることを支援
して，ロシア革命を間接的に支援した。1917年10月にレーニンの指揮の下，ロ
シア革命が成功し，単独のソビエト政権が成立した。しかし，選挙を実施した
ところ，ボリシェビキが多数を占めることができなかったために，レーニンは
議会をつぶしボリシェビキ単独政権を樹立する。その後，内戦が続き，ソビエ
ト社会主義共和国連邦が成立したのは，1922年になってからである。レーニン
は1924年に死去し，その後のソビエト連邦の運営はスターリン（Joseph Stalin：
1878-1953）が継いだ。彼は国家計画委員会を組織して，1928年から5カ年計
画を立てて社会主義計画経済を進めた。工業化へ資本と労働力を集中し，農村
を集団農場へ変える。しかし，レーニンの後継を争ったトロツキー（Lev Davi-
dovich Trotskii：1879-1940）をはじめとして反対意見を一切認めずに，粛清を
していった。政府主導の工業化により一時的に経済成長は進行したが，多くの
人間が収容所送りにされ殺された（坪井 2015：90-91）。

　国家主導による工業化は，資本と労働力を大量に投下するから，一時的に経
済成長は生じる。しかし，本来，生産性の向上が経済成長のキーであるから，
この資源集中投下型の経済成長は長期的には限界を生じた。社会主義計画経済
では，生産性向上によるインセンティブの付与がない（生産性を上げても給料は
上昇しない）からであった。さらに，独裁体制による特権階級の形成は，司法
によるチェックが働かず，メディアによる批判もないから，当然政治的腐敗が

生じることになった。

　また，土地，資本，機械といった生産手段を政府が独占するので，社会主義国には国営企業しか存在せず，国が国営企業の年間予算を決めて，各企業に割り当てることになる。生産物の内容，数量，価格，労働者の賃金など，すべてを国家が決定するために，すべての人には平等で，競争のない「理想的」社会であるかのようになる。贅沢はできなくても，最低限の生活保障はあり，無駄なものは作らないから環境にも優しいと見なせるかもしれない。しかし，国家が管理したところでは，人間の創意工夫へのモチベーションは減退する。

　ロシア革命前には，生活必需品も不足していたので，計画経済は一時期，生活を保障するうえでは非常に都合が良かった。しかし，生産水準が一定規模に達すると，生産性の向上や新製品の企画などはほとんど生じなくなる。対外的には冷戦体制で，軍事予算が膨張し，財政は困難な局面に達する。国営企業は，生産性が上がらなければ，長期的には収益がなくなることになる。

第2次世界大戦後の冷戦体制

　第2次世界大戦後，戦後処理のあり方をめぐって，アメリカとソ連の対立は激化していった。ヨーロッパ全体の復興のためにドイツの再建を重視するアメリカと，ドイツに対する安全保障の確保を重視し，ドイツの弱体化をはかろうとするソ連は激しく対立した。その結果，ヨーロッパは資本主義と市場経済を基礎とするアメリカを中心にした西側陣営と，共産主義と計画経済を原則とするソ連を中心とした東側陣営に分断された。その後の両者の対立は，韓国と北朝鮮，南ベトナムと北ベトナムなどの対立を含むアジアやアフリカ地域へとグローバルに拡大していった。

　第2次世界大戦後，冷戦体制下での世界各国の経済再建問題は，「経済成長」を，先進工業国だけの問題でなく，「低開発国」の「近代化」と「工業化」の問題に結びつけていった。そこでは，前近代的・伝統的セクターを包括するようなルイス（William Arthur Lewis：1915-1991）による経済成長モデルが構想される一方，現代の低開発経済の発展戦略との関連で，先進工業国の工業化と経

済成長の経験が経済学者の分析の対象となり，その概念や手法は経済史研究者に取り入れられた（長岡・石坂編著 1983：27）。

　経済成長の分析では，1人あたりの国民所得を指標にとり，低開発経済にみられる「貧困の悪循環」から自己累積的な「近代経済成長」に向けての始動（臨界点の突破）という視点から，経済史が構想され，長期データの整備に力が注がれた。

　このような多くの国民所得の傾向や趨勢の分析をふまえ，また東西の緊張関係を反映して，マルクスの史的唯物論に対抗する議論としてアメリカで新しい経済史像を提示したのが，ロストウ（Walt Whitman Rostow：1916-2003）の『経済成長の諸段階』（1960年）である。彼は近代経済成長への始動を，「安定成長への離陸（テイクオフ）」と名付け，これを基準に，あらゆる経済に共通する成長の諸段階を画した。①伝統社会，②離陸のための先行条件期，③離陸，④成熟への前進，⑤高度大衆消費時代，という五段階である。ロストウの書物は，厳しい冷戦下に，社会主義によらず低開発国が発展する可能性を歴史的に論じたものとして注目された（河﨑・奥編著 2018：24）。

　このような東西冷戦の下，マルクス経済学を実践するプロセスで，共産党独裁でなく，議会制民主主義を守った形で，その思想を実行したのが社会民主主義の考え方である。この社会民主主義の歴史がヨーロッパの今日には長く根づいており，ドイツ社会民主党，フランス社会党，英国労働党など，ヨーロッパの「福祉国家」の基礎を作るのに大きな役割を担っている。

4　現代のマルクス経済学

　1991年のソビエト連邦の崩壊以降，マルクス経済学は，影響力を大きく失ったが，冷戦体制で勝ち残り，歴史を終焉させたはずの資本主義経済システムが21世紀に入ってから行き詰まりの兆候を示している。日本でも，非正規雇用者の増大，「ブラック」企業問題，貧富の差の拡大など，マルクスが19世紀に直面していた問題と同じような問題が復活してきた。このような中で，マルクス

経済学は現代においてどのように展開してきているのかを，欧米で学派を形成していると考えられる2つの学派を中心に紹介しておこう。

分析的マルクス経済学

　現代のマルクス経済学で理論的にもっとも知られているのは，分析的マルクス主義である。この学派の起源は，スラッファ（Piero Sraffa：1898-1983）の『商品による商品の生産』（1960年）の出版にさかのぼるとされる。スラッファ自身は，新しい型のマルクス経済学を標榜したこともなければ著作自体でも何の言及もしていないけれど，『商品による商品の生産』の論理展開と内容は，分析的マルクス経済学の精神と完全に一致するとみなされている。

　もう1つの起源は，現代数学の手法を用いて，マルクスの経済学の再定式化を試みた森嶋通夫の著作である。彼によれば，マルクスはワルラスとともに一般均衡理論の共同創始者と考えて良い人物であり，マルクスの経済再生産の概念化はレオンチェフの投入産出分析ときわめて似ていて，しかも経済発展に関する，フォン・ノイマンの画期的なアイデアの多くが，『資本論』の中できわめて明瞭に述べられているという（メイヤー 2005：19）。

　マルクス経済学では，資本の利潤が搾取に基づくと主張している。森嶋通夫は，もしも搾取率が正ならば，しかも正の場合にだけ，均衡利潤率も正であることを数学的に証明している。これは「マルクスの基本定理」として知られている。この定理は，経済的に均衡状態の下では，利潤と搾取が論理的に等しくなることを確証したとして，マルクス経済学の信頼度を高めた。

　この後，コーエン（Gerald Allan Cohen：1941-2009）が，『カール・マルクスの歴史理論』（1978年）で，自覚的に，分析的マルクス経済学者として登場した。その後，数理経済学者のローマー（John E. Roemer：1945-）が，特に第2の著作，『搾取と階級の一般理論』（1982年）で，いくつかの主張をしている。例えば，労働過程の性質より，むしろ生産資源の所有の差が，経済的搾取の決定的な確定要因であることを論じること，また，ゲーム理論からの諸概念を用いることによって，搾取の概念を一般化すること，さらに，史的唯物論を，いかに

して搾取形態が順次除去されていくのかを明らかにする理論として再検討することなどである。それ以外にもいくつもの論点を提示している。

　分析的マルクス経済学は，全般的な特徴として，以下の3つの大きな特徴をもっている。第1に，マルクス経済学の中では，異常なほどに精密さと明確さへの関心を示してきた。第2に，マルクスの著作を分析する中で，非マルクス経済学の概念と見解，特に分析哲学，数学モデルの構築，現代心理学，新古典派経済学の概念が際立った役割を果たしている。第3に，社会経済システムについてのマルクス主義の諸命題を，意志決定者の合理的行動から導き出そうとする傾向がある（ハワード・キング　1998：497-498）。

　ハワードとキングによれば，21世紀のマルクス経済学を構成する4つの基本的要素がある。1つは，資本主義社会の階級性という避けがたい現実であり，これが必然的に引き起こす階級対立である。2つ目は，資本主義社会の再生産に関わる問題の把握であり，これはイデオロギー的な問題から技術的問題まで幅広く存在している。3つ目は，再生産過程の中で，階級形成とそれから派生する多くの結果が，システムの収益性に対して引きおこすさまざまな脅威における矛盾を強調していることである。4つ目は，不均等発展という概念である。

フランスのマルクス経済学──レギュラシオン理論

　レギュラシオン理論とは，1970年代にボワイエ（Robert Boyer：1943-），アグリエッタ（Michel Aglietta：1940-）のようなフランスの官庁エコノミストたちによってつくられた経済学の理論である。レギュラシオン理論では，「レギュラシオン」は，「規制」の意味ではなく「調整」の意味で用いられている。ここでいう「調整」は労使間の賃金交渉，年金・医療等の社会保障，政府による裁量的財政・金融政策といった，社会全体を通じた経済主体間の利害調整のあり方を示している。

　レギュラシオンの理論家たちによれば，経済は，新古典派の想定するように「均衡」に向かって収斂する運動ではなく，矛盾・対立・紛争のうちに「再生産」される。その再生産は，自動的に保証されるものではなく，経済成長は生

産方法の革新と生活様式の激変をともない，それは必ず社会政治的な軋轢をうみだし，これを「調整」しなければ，経済社会に再生産も成長もない。この調整のあり方が，各国各時代の資本主義の個性を形成し，また資本主義の歴史的変容を説明する（塩沢編 2004：187）。

レギュラシオンの経済学では，最初に壮大な理論体系があり，後はその応用編であるという形をとらず，現実のリアルタイム分析に関心があり，その際の羅針盤としていくつかの基礎概念が確定されてきた。そのために，レギュラシオンの経済学は，「歴史的制度的マクロ経済学」と形容されることもある（塩沢編 2004：196）。

レギュラシオン理論ではマルクス経済学の立場を継承し，「制度諸形態（賃労働関係，貨幣形態，競争形態など）」のあり方が経済パフォーマンスに影響を与えるとする。特定の経済社会に成立する特定の安定したマクロ的連関は「成長体制」あるいは「蓄積体制」と概念化される。この成長体制は，自動的に成立するものでないから調整される必要がある。この調整を保証するものは，制度諸形態の中にあり，それはいわば「ゲームのルール」を生み出す。成長体制に影響を与えるゲームのルールは「調整様式」と呼ばれる。「成長体制」と「調整様式」の総体が，「発展モデル」ないし「発展様式」と名付けられる。発展モデルの相違は，各国各時代の資本主義の個性を形づくる。このような資本主義の個性は，さまざまな統計数字を用いてマクロ経済パフォーマンスが示される（塩沢編 2004：196-198）。

最後の基礎概念が，「危機」であり，経済社会は絶えず危機にさらされるが，構造的な大きな危機は，従来の成長様式や調整様式によっては解決できず，新しい成長様式や調整様式が生み出される。

この考え方で19世紀以降の資本主義を支配的な発展モデルの変遷としてみれば，これまでに2つの安定した発展モデルが検出される。第1は，19世紀半ばから1920年代までの「イギリス型」ともいうべきものである。経済成長が主に資本・労働の量的拡大に依存する体制であり，熟練労働・低賃金・生産部門生産に中心をおいた外延的蓄積体制が，自由競争市場を前提とした競争的調整様

式（市場競争的賃金，企業間自由競争，金本位制，非介入的国家，植民地支配）によって調整されていたとする。

第2は，20世紀の半ば，アメリカを筆頭に成立した「フォーディズム」であり，あとで見るように，内包的成長体制（大量生産 - 大量消費型の高い生産性上昇による成長体制）が管理された調整様式（生産性に比例した賃金，寡占競争，管理通貨制度，ケインズ的介入国家，IMF・GATT体制）によってうまく操縦され，史上まれにみる持続的かつ安定的な高度成長が実現した。20世紀前半は，「イギリス型」から「フォーディズム」への過渡期であると見なせる（塩沢編 2004：200-201）。

1970年代以降，「フォーディズム」は危機に陥り，21世紀になって，新しい発展モデルは生まれているかは議論がある。「金融主導型成長体制」として捉えようとする試みもあるが，同一のグローバリズム的圧力が各国で異なる反応，異なるハイブリッド化を生み出していることから，発展モデルの歴史的変化だけでなく，国民的多様性も検討されている。

1917年にロシア革命によって成立したソビエト連邦も，1991年には崩壊し，世界でもっとも巨大な社会主義国が消滅した。このことから，資本主義＝市場経済は，社会主義に完全に勝利したといわれ，世界は市場経済一色に染められた。しかしながら，2007年・2008年に世界金融危機が起こると，再び資本主義経済の限界がささやかれ，マルクスの再評価がなされるようになってきている。

そのような時に，ピケティ（Thomas Piketty：1971-）の『21世紀の資本』がベストセラーになった。これは現代の経済格差を取り扱った書物である。そこでは，資本主義成立期以降，資本収益率＞経済成長率という関係が長期的に成立していることが示され，富者はますます富み，貧者はますます貧しくなるという経済格差の拡大が示唆されることになった。

資本主義経済を考える場合には，大きくは2つの方向性がありそうである。経済効率を重視し資本主義経済に役に立つ経済学を理解することと，資本主義の根本問題の解決を考察する経済学を考えることである。

参考文献

河﨑信樹・奥和義編著『一般経済史』ミネルヴァ書房，2018年。

喜多見洋・水田健編著『経済学史』ミネルヴァ書房，2012年。

塩沢由典編『経済学の現在　1』（『経済思想』第1巻）日本経済評論社，2004年。

高増明・松井暁編『アナリティカル・マルクシズム』ナカニシヤ出版，1999年。

坪井賢一『これならわかるよ！　経済思想史』ダイヤモンド社，2015年。

出口勇蔵編『経済学史入門』有斐閣，1969年。

長岡新吉・石坂昭彦編著『一般経済史』ミネルヴァ書房，1983年。

根井雅弘『経済学の歴史』講談社学術文庫，2005年。

根井雅弘編著『現代経済思想』ミネルヴァ書房，2011年。

M.C.ハワード，J.E.キング，振津純雄訳『マルクス経済学の歴史（下）――1929～1990年』ナカニシヤ出版，1998年。

マルクス・エンゲルス，大内兵衛・向坂逸郎訳『共産党宣言』岩波文庫，1971年。

トム・メイヤー，瀬戸岡紘監訳『アナリティカル・マルクシズム』桜井書店，2005年。

八木紀一郎『経済思想』（第2版）日経文庫，2011年。

レーニン，宇高基輔訳『帝国主義』岩波文庫，1956年。

今後の学習のための本

塩沢由典編『経済学の現在　1』（『経済思想』第1巻），日本経済評論社，2004年。
　　＊『経済思想』シリーズ11巻本の第1巻で，取り上げているテーマや領域は，標準的なものや既成のものでなく，新しい挑戦に関するものである。経済思想の最前線を知るには最適な論文集である。

M.C.ハワード／J.E.キング（振津純雄訳）『マルクス経済学の歴史（上）――1883～1929年』，『マルクス経済学の歴史（下）――1929～1990年』ナカニシヤ出版，1997年，1998年。
　　＊マルクス以降のマルクス経済学を概観できる。上巻は，エンゲルスから始まりグロースマンで終わる。下巻は，1929年以降のマルクス経済学の歴史を非マルクス経済学の研究動向と関連させて解説している。論争を整理していて便利な本。原著で読めればベスト。

坪井賢一『これならわかるよ！　経済思想史』ダイヤモンド社，2015年。
　　＊経済学の知識がゼロでも読める書物。経済思想を大きく3つに区分して，それぞれに対応する3つの政治思想と合わせて解説している。経済雑誌の元編集長ならではの面白さとわかりやすさである。

練習問題

問題1

国内の経済格差の実態を調べて，何によってそれが生じているのかを説明しなさい。

問題2

国による経済格差がどの程度あるのかを調べて，その原因を考えなさい。

問題3

市場経済と計画経済の長所と短所をそれぞれ挙げて比較しなさい。

（奥　和義）

第Ⅱ部

政治学で捉える

第5章

政治学とは何か

― 本章のねらい ―

　本章では，社会科学の一端を占める政治学の学問的固有性について概説する。はたして政治学とは，何をどのように考察する学問分野なのだろうか。この問いには，2つの異なる意味が同時に含まれている。第1に，なぜ政治学は，社会科学の一端を占めているのか。第2に，にもかかわらずなぜ政治学は，経済学や社会学のような他の社会諸科学から区別されているのか。以上の2点は，社会科学入門として政治学を学ぶうえで，どちらも押さえるべきポイントである。

1　政治とは何か

　本書読者の多くは，これまで政治学についてあまり馴染みがなかったかもしれない。その内容は社会科の公民分野や「政治経済」といった大学以前の教育課程にも組み入れられているが，そのものズバリ「政治学」科目が設置されるのは大学からであるし，そもそも日本には（経済学部や社会学部とは異なり）政治学部という名前を冠した学部は存在しないのである。そこで本章では，社会科学の一端として政治学を学ぶことの意味について考えていきたい。

社会と政治

　その名の通り，政治学は，「政治」現象を分析することを目的とする社会科学の一分野である。そこで，政治学を紹介するにあたり，その上位カテゴリー

図 5 - 1　学問体系の分類

（出典）　筆者作成。

である社会科学について一言触れておこう。社会科学とは，一般に法学，政治学，経済学，社会学などを含み，自然とは異なる「社会」現象を分析することを目的とする学問分野の総称である。社会科学が研究対象とする法律や政治や経済は，いずれも人間が社会を形成するところに生まれる。この点で社会科学は，諸々の自然現象を研究対象とする物理学や生物学などの自然科学とは決定的に異なっている。

　それでは，社会科学が対象とする「社会」とは何か。もちろんその厳密な定義を与えることは社会学の専門領域であるが，ここではさしあたり，持続的な相互行為ないしコミュニケーション行為で結ばれる，組織や境界を伴った「複数の人びとの集まり」であるとの定義を採用しておこう（富永 1995：13-17）。すなわち，社会の構成要素は，第1に，人間が複数存在すること，第2に，複数の人間が何らかの特有の関係性をもつことから成っている。

　人間が複数存在し，何らかの集まりを形成することから，はじめて生じる現象がある。例えばそこでは，何らかのルールが生まれたり，互いの物質的不足を補うために交換が始まったりするだろう。これらは法律や経済のごく原初的な形態であると見なせる。社会科学とは，こうした複数の人間の集まりにおいて生じる多種多様な現象を解明するための学問分野である。このように，社会科学は人間そのものよりも，人間のあいだの関係性に焦点を当てている点で，文学や哲学，言語学などの人 文 学（ヒューマニティーズ）からも区別されている（図5-1）。

　実は政治も，社会——すなわち複数の人間の集まり——において特有に生じる，広い意味での社会現象の1つである。だからこそ，政治を対象とする政治学は社会科学の一部に数えられるのだ。人間が複数存在し，何らかの集まりを

形成することから，何らかの法的関係や経済的関係と同時に，何らかの政治的関係が生じてくる。日本史でも世界史でも，人間の歴史をさかのぼれば，そこにはほとんどつねに何らかの政治が存在してきたことが分かるだろう。

集合的意思決定

　次に，社会において生じる特殊「政治」現象とはどのようなものか。わたしたちがメディア報道などから一般的にイメージする政治とは，首相や大臣，政治家が議会に集まって何かをしている，といったものだろう。確かに，政治家の仕事は政治であり，それで生計を立てている。すなわち，私たちが知りたいと思う「政治」の具体的な姿は，政治家が議会でしていることにあらわれている。さてそれでは，彼らはそこで何をしているのか。

　具体的に，国会で一般的な法案を成立させるまでにどのような過程が踏まれるかを考えてみよう。法案ははじめに，内閣あるいは国会議員の発議により，衆議院あるいは参議院の議長に送られ，その後関連する国会内の常設・特別委員会において，長ければ数十日間にわたり審議される。委員会の可決を待ち，本会議で採決を迎え，出席議員の過半数をもって可決される。同じ過程は両院で繰り返され，両院の可決をもって法律として成立，署名・公布される。

　こうした政治の過程を一言でいい表すことは難しいが，ここではさしあたり，政治という営みを「集合的意思決定」として定義してみたい。この定義には「集合的」と「意思決定」という2つの要素が含まれている。確かに，人間は刻一刻と，意思決定を行っている——今朝は何時に起きる，何色の服を着る，朝ご飯を何にする，等々。しかしもちろん，これらは政治ではない。政治とは，こうした意思決定を，国家や都道府県や市町村など，何らかのまとまりを構成する集団単位で下そうとするときに生じるのだ。

　とはいえ，集団単位で意思決定を下すことは，いうほど簡単なことではない。なぜならそこには，多様な意見をもった複数の人間が存在しているからである。例えば，消費税を増税するかどうかが政治の争点になっているとしよう。ある人は財政健全化の観点からそれに賛成し，別の人は国民の生活負担の観点から

それに反対する。意見がバラバラだからといって，増税する・しないの決断を投げ出してしまうわけにはいかない。政治の必要性は，このように本来単一ではないものを，どうにかして単一にまとめ上げるときに生じるわけだ。

　私たちは，集合的意思決定のためのどのような仕組みをもっているだろうか。例えば，投票し，多数決をとるというのが１つの方法だろう。日本の国会における本会議での採決は，最終的にこの数で決める方法を採っている。ほかにも，権威のある者が決める，知識のある者が決める，等々の方法もあるかもしれない。ともかく，自然の成り行き任せにしたところで，集団個々人の意見が単一にまとまる保証はまったくない。政治とはそもそも，自然に生じないものを人為的に生じさせる，本質的に厄介な営みなのである。

2　政治の構成要素

　前節では，複数の人間からなる集団が単一の意思決定を下す営みこそ政治の本質であるといった。こうした状況は，国会に限らず，会社，学校，サークル，家族など，実は人間が集団を形成するあらゆる場面で潜在的に生じうる事柄である。複数の人間と多様な意見があり，しかも何らかの単一の物事を決定しなければならない必要性に迫られると，その集まりの内部にある特殊な出来事が生じる。それが，政治に特有の要素としての権力と公共性である（川崎・杉田 2012：第１章；佐々木 2012：第１部第２章）。以下，引き続き日本の国会を事例として，政治を構成するこれら２つの要素について見てみよう。

権　力

　権力はしばしば政治のイメージに付きまとう──例えば，権力者としての政治家といったような。「権力」とは，M. ウェーバー（Max Weber：1864-1920）の定義では，「或る社会的関係の内部で抵抗を排してまで自己の意志を貫徹するすべての可能性」のこと（ヴェーバー 1972：86），もう少し平たくいうと，その意に反して他人にいうことを聞かせる能力のことである。意思決定の場面で

意見対立が生じると，いつまで経っても決定が下せない。こうした場合に手っ取り早い手段は，自分の意見に他人の意見を従わせてしまうことである。

　例えば，国会の本会議での採決の結果，賛成多数で消費税の増税が可決されたとする。最後までその決定に反対する議員や政党はいたかもしれないが，いったん決定された以上，それが国会の，そして──国会は国民の代表なのだから──国民の総意として，正式に効力をもつようになる。いまや，もともと反対だった人も，その決定に拘束され，嫌々ながら従わなければならない。ともかく何らかの意思決定を下すことを迫られたとき，政治は反対勢力に対して，一種の権力として作用するのである。

　このように，権力は多様な意見を単一の決定に集約するための仕組みの1つである。とかく権力行使にはネガティブなイメージが付きまとうし，それも理由のないことではないが，最後の1人でも反対者が残り，にもかかわらずどこかで決定を下さなければならないとき，多数決でさえ権力的側面を包含している。その意味では，一定規模以上の社会において，権力をまったく排した政治的決定はほとんどありえないだろう。権力は政治という本質的に厄介な営みを成り立たせるための，いわば必要悪であるということだ。

　政治の権力的側面を強調すると，政治の趨勢は権力が決するという「権力政治」観に行き着く。こうした見方をとるのが，政治的リアリスト（現実主義者）と呼ばれる人たちだ。どのような美辞麗句を弄しようとも，政治的決定の根底には，誰かが別の誰かにいうことを聞かせる権力の要素が不可避的に備わっている。そこで政治学の課題は，良し悪しの問題ではなく，この権力作用をいかに分析し，解明するかということになる。こうした見方の近代的始祖として，15世紀イタリアの思想家 N. マキアヴェリをあげる人も多いだろう。

　もちろん，むき出しの権力が常に政治の表舞台にあらわれるわけではない。逆に政治は，誰かが別の誰かから自発的な服従や恭順を引き出すような，権威やリーダーシップを介しても営まれうる。ウェーバーはこうした正統性の類型を，歴史や継承によって生まれる伝統的支配，指導者の個人的資質によって生まれるカリスマ的支配，受け入れられた規則や秩序との合致によって生まれる

合法的支配に区別した（ウェーバー 2012）。権力と権威は，まったく切り離される
わけではないが，集合的意思決定に向けて，自分の意見を強制的／自発的に
他人に受け入れさせるという点で，類似した機能を果たしているのだ。

公共性

とはいえ，政治は権力さえあれば十分というものでもない。もし十分だとい
うなら，例えば与党が安定多数を維持している国会では，初日にすべての法案
を強行採決して即日終了ということにもなりかねない。もちろん，審議なしに
権力行使一辺倒で進められるような政治形態が，歴史的・世界的に存在しうる，
またしてきたことは否定しない。しかし実際には，本会議での採決に先立って
は，事前に各種の委員会や，場合によっては公聴会も交えながら，繰り返し与
野党の交渉があり，その過程で法案自体がかたちを変えていくのだ。

ここでは政治における調整・交渉の側面を，公共性と呼んでおきたい。「公共」
あるいは「公共性」とは，――「公共空間」や「公共の電波」といった表現にあ
らわれているように――わたしだけではなくわたしたち皆のもの，ということ
である。もしわたしたちが，対話・交渉・取引などにより，何らかの共通の落とし
どころを見定めることができれば，もともとの多様な個別利益を単一の共通利
益へと無理なく集約することができるだろう。これもまた，権力の行使よりは目
立たないが，政治＝集合的意思決定を成り立たせるための重要な一要素である。

具体的に，増税法案の決議にあたっては，増税に反対だった議員や政党に対
して，政権与党が数の力にものをいわせて強行採決で押し切るのではなく，税
率の調整や景気条項，軽減税率の導入などの法案修正によって，賛成に進んで
回ってもらう過程が含まれるだろう。こうした過程を通じて，当初の法案に反
対だった野党を取り込み，意見の一致を見出し，賛成に転じてもらうことも目
指せるわけだ。政治的決定の公共的側面は，その最終的な権力的側面をゼロに
することはないまでも，ある程度縮減することには役立つのである。

政治の公共的側面についてもまた，政治学者がさまざまに理論化してきた。例え
ば H. アーレント（Hannah Arendt：1906-1975）は，近代社会の人間が私的自由と引

き換えに政治の世界における自由を喪失していることを憂い，古典古代の政治的実践を一種の代替的理想として掲げる。彼女によれば，「完全に私的な生活を送る^{プライベート}ということは，何よりもまず，真に人間的な生活に不可欠な物が『奪われている^{ディプライブド}』ということを意味する」（アレント 1994：87）。政治こそ，「わたし」という自閉空間を打破し，複数形の「わたしたち」が現れる開かれた共通の場になりうるというのだ。

　また J.ハーバーマス（Jürgen Habermas：1929-）は，18世紀以降ブルジョワ市民層のあいだで成立した文芸的公共性をモデルとして，公共性の復権を説いている（ハーバーマス 1994）。すなわち，国家機構それ自体からは相対的に自立した場として，市民社会に成立するメディアやコーヒーハウスのような言論空間に市民的公共圏の原型が見出されるというのだ。こうした，職業的専門人に限定されない開かれた政治像は，選挙の投票のみならず，議論とコミュニケーションの契機を重視する近年の熟議民主主義論にも影響を与えている。

政治イメージの歴史的変遷

　以上，政治の構成要素として権力と公共性の2つを区別した。両者は必ずしも相反するものではないが，よりむき出しの権力に依拠した政治をする政体もあれば，より公共的側面を尊重した政治をする政体もある。こうした違いを反映して，政治学が政治のどちらの側面にスポットを当てるかもさまざまである。ここで，古典古代から近代までの政治学の歴史をごく大雑把に概観すれば，その力点は，公共性から権力へ，そしてまた公共性へと移っていったとまとめることができるだろう（早川 2004；森川 2004）。

　歴史をさかのぼれば，現代政治が理想とする民主主義は，古代ギリシアにおける市民の参加に開かれた民会にその起源をもつ。アーレントが見出したように，当時の理想は，人々がそれぞれの能力や職分に応じて，共同の事柄に携わる公共的政治像であった。特に古代ギリシアの哲学者アリストテレスは，「ポリス的動物」という人間の自然的性向にその支えを求めた。この公共性への関心は，「国家^{レス・プブリカ}とは国民の物である^{レス・ポピュリ}」とする共和政ローマにおいて変形・継承されるが（キケロー 1999：37），のちに版図の拡大と帝政ローマにいたって薄れ

─── *Column* ⑤　政治の範囲 ───

　政治はどこにあるだろうか。「政治（ポリティクス）」の語源は古代ギリシアの都市国家に由来し，「政策（ポリシー）」や「警察（ポリス）」も同語源である。すると，政治は国家単位で営まれるというのが自然な印象かもしれない（本章でも概ね，その印象に従って論じてきた）。とはいえ，「国際政治」や「地方政治」という言葉もあるので，政治の範囲が国家単位に限られるわけではないことも明らかだろう。集合的意思決定として定義された政治は，実はどのような集団においても営まれうる。だからこそ，比喩的ではあるが，企業内の「社内政治」や大学内の「学内政治」のような表現も成立するわけだ。とはいえ現在，規則・人材・資源など，あらゆる面で政治という営みの制度的基盤がもっとも充実しているのが，国家単位であることに変わりはない。なぜ私たちの社会で，国家単位の政治がこのように突出した存在感をもつに至ったのか，その起源や理由を考えてみるのも面白いだろう。

ることになる。

　中世の社会・政治構造は基本的に分権的であり，人々の共通の紐帯はキリスト教という宗教的権威に委ねられていた。政治と宗教の関係として，古代ローマ末期の教父アウグスティヌスは「神の国」と「地の国」を区別し，政治をあくまでも，地の国に生きざるを得ない人間にとって，権力を振るい秩序を維持するための必要悪として捉えたのである。中世中期のトマス・アクィナスは，キリスト教神学とアリストテレス哲学の接合を目指し，宗教的生活と政治的生活の調和をはかったが，現実政治は人々が共同の事柄に携わる公共空間を備えていたわけではなかった。

　近代に入ると，キリスト教が背景に退き，国家の中央集権化が進むことから，一層全面的に権力の側面が強くあらわれる。次章以下で詳しく見るように，この力点の移行が「権力政治」という近代政治学の認識に繋がっていくのだ。続いて，17世紀以降の社会契約説は，国家に先立つ「個人」を発見し，国家と個人の緊張関係を前景化させる。この緊張関係は，個人が自発的・内発的に形づくる，国家とは別の公共空間，すなわち市民社会の領域を開くことになる。こうして，ハーバーマスが見出すような，公衆が自由に世論を形成する市民的公

共圏が近代以降創出されるのだ。

3 政治と経済

　以上，政治の営みを人間社会における集合的意思決定として捉え，その構成
要素について概説した。ところで，わたしたちの生活においてとりわけ重要な
政治的決定は，財の配分である。「財」とは，わたしたちの生活をよくするた
めに必要なさまざまな資源の総称である。政府は，課税と政策を通じて，こう
した財を社会に配分しようとする。例えば，震災復興を必要とする人々や地域
があれば，そこに予算を投下する。しかし予算は無限ではないので，政府は各
政策のあいだで物事の優先順位を決める必要がある。実際，突き詰めれば財の
配分であるところの予算案の策定は，年明けの通常国会が取り組む一番大きな
仕事であり，議決に際しては衆議院の優越が認められるなど（憲法第60条），別
格の重要性をもっている。

政府の代替としての市場

　とはいえ，財の配分がすべて政治に委ねられているわけではない。例えば，
わたしたちが必要なものを求めるとき，まずはじめにスーパーマーケットやデ
パートに買い物に行くだろう。その商品棚には，わたしたちが必要とする一定
の商品が並び，各商品には一定の値札が付いている。普通，わたしたちは商品
を陳列したり，商品に価格づけするために，その都度国会を開催したりはしな
い。するとあれは，一体全体どのように決まっているのだろうか。それは，政
治とは区別される経済独特の空間，需要と供給が出会う市場である。

　具体的に，商品の種類と値段は市場においてどのように決まっているのだろ
うか。一口でいえば，需要と供給のバランスによって決まるのである。市場経
済の機能を緻密に分析し，それを一個の学問体系にまで高めたのは，18世紀イ
ギリスの思想家であり，「経済学の父」とも呼ばれる A. スミスである。ただし
スミスは，投下生産費によって自然価格が決定される労働価値説に依拠してい

たため，価格を通じて需要と供給が均衡する市場メカニズムを理論化しなかっ
た。それが理論化されるのは，1870年代のいわゆる限界革命を経た新古典派の
経済学以降である。

　市場経済の確立に伴い，政治の世界と経済の世界，それに伴って政治学と経
済学が明確に区分された。両者は何が違うだろうか。第1に，市場には権力者
がいない。生産者も消費者も対等である。どちらも，嫌だと思えばただちに取
引から撤退できる。第2に，市場には政治的な意味での公共性が存在しない。
市場取引に参加する者は，全員が自分の個別利益を最初から最後まで求めてい
る。スミスがいうように，「われわれが食事を期待するのは，肉屋や酒屋やパ
ン屋の慈悲心からではなく，彼ら自身の利害関心からである」というわけだ
（スミス 2000-2001：第1巻，39）。

決定と均衡

　すると，誰が，何を，どれだけ手に入れるかという財の配分の問題について，
決定方法は大きく分けて2つある。すなわち，政府を通じた権威的配分と，市
場を通じた自動的配分である。後者の過程を，政治的意思決定と区別して「均
衡」と呼ぶこともできる。私たちは何らかの財を必要とするとき，必ずしも政
治のプロセスを必要とするわけではない。消費者側の需要の増加は自動的に価
格の高騰をもたらし，生産者側の供給を喚起するだろう。両者がともに満足す
る1点で，商品の数量と価格は自動的に均衡する。こうしたメカニズムを通じ
て，市場は，必要なものを必要な人に配分する仕組みを整えているのだ。

　ちなみに，均衡というアイデアは，必ずしも経済分野の独占物ではない。政
治的意思決定もまた，さまざまな政治アクターの思惑が押し合い引き合いした
結果の一種の均衡点であると捉えることもできるのだ。例えば政治経済学者の
A・ダウンズは，選挙民と政党がそれぞれ自分の個別利益を目指して行動する
と仮定し，二党制においては政党同士が相互のイデオロギー距離を縮める傾向
にあること，多党制においてはそれを独立保持する傾向にあることを，均衡の
一種として示した（ダウンズ 1980：第8章）。分析の仕方によっては，政治の世

界を意思決定ではなく均衡の観点から描くこともできそうである。

　現在の政治学で，むしろ均衡モデルの方がしっくりくる分野は，国際政治学である。主権国家によって構成される国際政治においては，国内政治と比べると，中央政府をはじめとした公共的な調整・交渉の場面が不十分である——「無政府状態」と呼ばれる——ため，諸国家が自国の個別利益を追求する「権力政治」の側面がより強くあらわれる。そのうち一国が覇権的な影響力を及ぼすことができない場合，複数国の同盟も含めた二国間・多国間のあいだに生まれる「勢力均衡」が，国際政治における秩序原理として重視されるのだ。

4　政府と市場はどちらが有能か

　話を戻すと，わたしたちの生活に必要な財の配分は，政府によっても市場によっても供給されている（北山・久米・真渕 2009：第2章；久米・川出・古城・田中・真渕 2011：第2章）。このように，両者を類似した機能の担い手として見るならば，従来政府が担ってきた仕事の多くは，実は市場によっても担われうるかもしれない。例えば，図書館の運営やごみの収集などは，地方自治体が運営する公共サービスとしてではなく，民間企業が運営する営利事業としても再編成されうる。実際，1980年代の日本では，国鉄がJRに，電電公社がNTTに，専売公社がJTに民営化された（いわゆる三公社改革）。交通機関・電話・通信は，どれもがわたしたちの生活にとって必須の財だが，いまや政府の直接供給なしに問題なく供給されているのだ。

市場の失敗

　このようにいうと，政府の厄介で面倒な仕事に関わらなくとも，市場にすべての決定を委ねてしまえばよいのでは，と思われるかもしれない。しかし，ことはそう単純ではない。実は，市場を通じた財の自動的配分が成功するためには，いくつかの条件が必要なのだ。第1の条件は「排除性」，すなわち人は，対価を支払わなければ財を消費できないということである。第2の条件は「競

合性」，すなわちある人が財を消費すると，他の人は同じ財を消費できないということである。市場メカニズムの成否は，そこで取引される財がこれらの条件を満たすかどうかによって左右される。

　これら2条件を満たしている財を私的財と呼んでおこう。スーパーマーケットで売り買いされる商品がその典型である。客は対価を支払わなければ商品を手に入れることはできないし（排除性），ある客がある商品を手に入れると，別の客は同じ商品を手に入れられない（競合性）。市場において決定される公正な対価を支払った者だけが，その商品を受け取ることができる。だからこそ，生産者は安心して財の供給を続けるのだし，消費者はその恩恵を受けられるのだ。

　逆に，市場の成功の2条件を満たさない財の典型例としては，公共財が挙げられる。警察，消防，公衆衛生などは公共財の一種である。例えば，警察によってある地域の治安が保たれるとしよう。その治安は同地域に住む誰もが享受できるし（非排除性），誰かがその治安を享受しても別の人が享受できないわけではない（非競合性）。このように，公共財は，社会内で一括供給・一括消費されるという特徴をもつ。ここにも，先に説明した，「私たち皆のもの」という公共性の定義が顔を出していることに気づかれるだろう。

　ところが，「私たち皆のもの」という公共財の性質は，「フリーライダー」（ただ乗り）の問題を引き起こす。私的財とは異なり，公共財はそのコストを負担しようがしまいが，誰もが遍くその便益を享受できる。そこで，消費者は自分だけはそのコストを負担せず，便益だけを享受しようと考えるだろう。同じことを皆が考えれば，誰もコストを負担しなくなるので，生産者も割に合わず財を供給しなくなる。それゆえ政府は，市場に代わり，課税を通じて国民に強制的にコストを課し，いわゆる公共サービスとして，公共財の供給を運営する必要が出てくるのだ。

　実際，「見えざる手」が支配する経済市場の役割を拡大し，政府の役割を縮減する小さな政府を擁護したスミスも，政府の役割がまったく必要なくなるまでは考えていない。具体的には，国土と国民を侵略から防衛するための国防，公正な社会ルールを維持するための司法，商業を活性化するための交通公共事

業および国民教育は，課税を通じて政府が責任をもつ仕事だと論じている（スミス 2000-2001：第5編第1章）。市場原理主義にも濃淡はあるが，政府の仕事などまったく無用だと考える徹底的な無政府論者（アナーキスト）は少数だろう。

政府の失敗

　それでは逆に，いっそのこと生活に必要な財の供給の役割を，不確実性を伴う市場ではなく全面的に政府に任せたらどうだろうか（これが進むと，いわゆる計画経済とか統制経済とか呼ばれるようになるだろう）。しかし，財の供給を政府に依存しすぎることにも特有の問題がある。第1に，市場競争がなくなることによる，供給側の質・サービスの低下である。第2に，政治的理由による財の供給の過剰と不採算経営である。これらの問題は結局，巡り巡って財の消費者である国民の首を絞めることになる。

　一例をあげよう。先述のように，現在のJRは，三公社改革以前は国鉄という一種の公社（政府が出資・経営する会社）だった。ところで，民営化前の国鉄の投資額および収支率の推移を見ると，1970年過ぎから投資額が急激に増加し，それと反比例して収支率が急激に悪化していることが分かる。これは同時期，決して採算的とはいえない鉄道敷設が全国各地で盛んになされ，それによって国鉄全体の経営が目に見えて悪化していったことを示している（図5-2）。

　なぜこのような無理な経営がまかり通ったのか。1970年過ぎといえば，高度経済成長期に相対的に拡大した地域格差を埋めるべく，田中角栄が「日本列島改造論」（1972年）を打ち出した頃にあたる。この頃，国鉄の投資額は政治家による盛んな地元鉄道敷設合戦（いわゆる我田引鉄）の対象となって急激に増加した。公社のような形態の経営はときの政権や政治家の影響を受けやすい。こうして，国鉄は毎年大幅な赤字を生み出すようになり，1980年代に小さな政府路線の一環として民営化されたのである（藤井 1998：59-61）。

　以上をまとめると，財の供給を政府と市場のどちらにも100％任せられないことが分かる。政府の役割を重視する大きな政府と，市場の役割を重視する小さな政府のどちらにも，それぞれメリットとデメリットがあるからだ。政治と

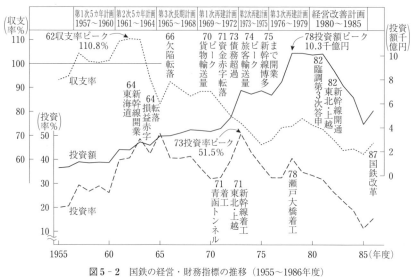

図5-2　国鉄の経営・財務指標の推移（1955〜1986年度）

（注）　収支率＝営業収入／営業経費，投資率＝投資額／営業収入。
（資料）　国鉄監査委員会〔1956-1985〕および運輸省編〔1964-1985〕により作成。
（出典）　藤井（1998：57）。

経済のあいだでどこに線引きをするかは，国によって，また時代によってまちまちである。ともあれ，ひとつ確実なことは，私たちはどこまでいっても政治を全面的に放棄するわけにはいかないということだ。だからこそ，政治そのものの質や問題点を問い直し，改善していくための政治学もまた，必要であり続けるに違いないのである。

5　政治学の方法

　前節で触れた大きな政府／小さな政府の区別，すなわち官民関係のあり方という論点は，政治学が対象とする論点のただひとつにすぎない。論点はほかにも幾多ある。そもそも国家と国民の関係はどうあるべきなのか。どのような統治形態が望ましいのか。その他，政官関係，選挙制度，政策過程などなど。わたしたちの政治が完璧ではなく，改善の余地がある限り，その問題点を分析し，改善策を提示する政治学者の仕事が減ることはないだろう。本節では最後に，

図5-3 三段階の法則

（出典） 筆者作成。

こうした諸々の政治学的問いに取り組むにあたり，政治学者がどのような方法によってきたかを概観してみたい。

三段階の法則

ここでやや唐突だが，次章以下の導入も兼ねて，19世紀フランスの社会学者A. コント（Auguste Comte : 1798-1857）が提示した三段階の法則を紹介しよう（コントについては第8章で再度取り上げる）。コントは，自然科学・社会科学に通底する，人間精神の発達過程であると同時に，人間の世界認識の方法として位置づけられる三段階を歴史的に区別した。すなわち，①近代以前に支配的であった神学的＝虚構的段階，②近代前半に支配的となる形而上学的＝抽象的段階，そして（コント自身が生きる）③近代後半にはじめて登場する実証的＝科学的段階である（図5-3）。

コントは以上の三段階をへることで，人間の世界認識が徐々に発展してきたと考える。まず①神学的＝虚構的段階では，人間の世界認識は神との関係を通じて把握される。世界の出来事は，最終的に超自然的存在である神の意志や行為に帰せられるのである。続く②形而上学的＝抽象的段階では，人間固有の能力である理性を通じて，世界の仕組みを解き明かすことが目指される。ちなみに「形而上学（メタフィジクス）」とは，存在・時間・自由など，世界の物理的（フィジカル）対象を超えた対象を主題とする人文学の一分野である。

最後に，人間も含めた世界が観察や実験の対象となる③実証的＝科学的段階が訪れる。そこでは，「べき」（価値）と「である」（事実）が峻別され，後者に関する経験的知識のみが人々に有益な知識を提供する。コントはこれらの三段階をへて，すでに自然科学では人間の世界認識が最終段階に至ったと考えた。

そこで社会科学もまた，それに先立つ自然科学の発展と成功を範例として，神学や形而上学の段階を脱して，科学の段階に向かうべきなのである。

政治学の歴史的変遷

　以上の図式を政治学に当てはめると，その歴史的発展は次のように整理できる。はじめに，政治学における①神学的＝虚構的段階とは，（今でいう政治学をその時期に探るとすれば）中世期に当たる。先述したアウグスティヌスの神の国と地の国の区別，教皇ゲラシウス1世が唱えた両剣論に始まり，中世において神の権威は，現世政治のあり方やその良し悪しを考えるうえでの参照点となってきた。近世絶対王政期に，国王の権威づけとして一世を風靡した王権神授説にも，神学的＝虚構的段階の残り香を感じることができる。

　次に，近代に入って政治学における②形而上学的＝抽象的段階が始まる。ここでは人間理性を武器として，世界の秩序を合理的に読み替え，また作り変えていくことに主眼が置かれる。現今の政治秩序を個人の次元までいったん仮想的に解体し，自然状態から政治社会の成立までを改めて演繹的に論証する社会契約説は，こうした世界認識の産物だと見なすことができるだろう。また，これらの政治思想から生まれた近代自然法・自然権思想は，18世紀において現実社会を変革する革命的原動力になったことも指摘できる。

　最後に，政治学における③実証的＝科学的段階が始まる。すなわち，観察や実験を基礎として，一般理論を構築する科学的手法により，政治の世界のありのままの姿を実証的に認識しようとする段階である。こうした段階は，社会契約説の虚構性を批判し，未開社会から文明社会への発展段階を描き出した18世紀の D. ヒュームなど，イギリス経験論の系譜に属する著作においてすでに萌芽的に見られる。ただし，やはり中心的に展開するのは，他の学問分野と同様に19世紀の実証主義の登場以降ということになろう。

　このように，一口に政治学といっても歴史的に見れば一様ではない。その多様性は，新しければ新しいほどよいということではなく，各々の歴史的文脈の中で，世界を，社会を，そして政治をどのように理解し，できれば改善してい

─── *Column* ⑥　政治学はどこで学べるか ───

　本論中で述べた通り，そもそも現在の日本には，経済学や社会学とは異なり，政治学の名前を冠した学部は存在しない。それでは，今の大学における学部・組織構成において，政治学をどこで専門的に学べるだろうか。第1に，法学とセットになって，法学部内の1学科・1専攻に位置づけられる場合がある。比較的国立大学に多い形態で，統治の学として法律と政治を包含するドイツ国家学の影響を受けていると考えられる。第2に，経済学とセットになって，政治経済学部を構成する場合がある。こちらは比較的私立大学に多い形態で，イギリスの政治経済学の伝統に棹差し，市場や民間部門と政府の機能的関係などを学びやすい構成になっている。第3に，国際系学部や政策系学部など，学際・新領域的な学部の一部に設置される場合がある。こうした学部では，社会科学の諸分野のみならず，場合によっては人文学・自然科学の諸分野とも連動して政治学を学べるというメリットがある。ほかにも，教育学部や情報系学部に政治学教員が配置される場合も多いので，実はその門は多様に開かれているといえよう。

くかという，その時々の真摯な学問的取り組みを反映しているのである。それゆえ，政治学の歴史を振り返るとは，その政治学が誕生し，発展した当時の時代背景を振り返ることにほかならない。次章以下では早速，政治学の学説史的変遷を近代成立前後にさかのぼって紹介していくことにしよう。

参考文献

アレント，ハンナ，志水速雄訳『人間の条件』ちくま学芸文庫，1994年。
ヴェーバー，マックス，清水幾太郎訳『社会学の根本概念』岩波文庫，1972年。
ウェーバー，マックス，濱嶋朗訳『権力と支配』講談社学術文庫，2012年。
川崎修・杉田敦編『現代政治理論』（新版）有斐閣アルマ，2012年。
キケロー，岡道男訳『キケロー選集　哲学Ⅰ』第8巻　岩波書店，1999年。
北山俊哉・久米郁男・真渕勝『はじめて出会う政治学──構造改革の向こうに』（第3版）有斐閣アルマ，2009年。
久米郁男・川出良枝・古城佳子・田中愛治・真渕勝『政治学』（補訂版）有斐閣，2011年。

佐々木毅『政治学講義』（第2版）東京大学出版会，2012年。

スミス，アダム，水田洋監訳，杉山忠平訳『国富論』第1〜4巻，岩波文庫，2000〜2001年。

ダウンズ，アンソニー，古田精司監訳『民主主義の経済理論』成文堂，1980年。

富永健一『社会学講義——人と社会の学』中公新書，1995年。

ハーバーマス，ユルゲン，細谷貞雄・山田正行訳『公共性の構造転換——市民社会の一カテゴリーについての探究　第2版』未來社，1994年。

早川誠「権力」古賀敬太編『政治概念の歴史的展開』第1巻，晃洋書房，2004年，149〜170頁。

藤井秀樹「国鉄長期債務の処理問題とその経済的含意に関する一考察」『会計検査研究』第17号，1998年，51〜67頁。

森川輝一「公共性」古賀敬太編『政治概念の歴史的展開』第1巻，晃洋書房，2004年，127〜148頁。

今後の学習のための本

北山俊哉・久米郁男・真渕勝『はじめて出会う政治学——構造改革の向こうに　第3版』有斐閣アルマ，2009年。

＊身近な話題から政治の本質，そして政治学の問いに引き込まれる，初学者向けに書かれたテキスト。まずはここから政治学の楽しさを味わってみよう。

古賀敬太編『政治概念の歴史的展開』晃洋書房，2004〜2017年。

＊「自由」「人権」「国家」「権力」など，政治学の重要概念を全10巻の中に網羅する。読み物としても，事典的に用いる場合でも非常に有益である。

練習問題

問題1

集合的意思決定としての政治はどこに，またどのように生じうるか。国家以外の集団単位を挙げて答えなさい。

問題2

「市場の失敗」とは何のことか，具体例を挙げながら説明しなさい。

問題3

「政府の失敗」とは何のことか，具体例を挙げながら説明しなさい。

（松元雅和）

第6章

近代政治学の萌芽

本章のねらい

　中世は，ギリシア・ローマ以来の古代世界の終わりを告げる時代であり，今日のデモクラシーの原型を形づくった近代を準備した時代でもあった。また，中世は，「ヨーロッパ」という地域的な枠組みが形成された時代でもある。そのため西洋の政治史や政治思想史において，この時代を扱う意味は大きい。そこで，この章では，中世から近代初頭にかけてのヨーロッパの政治・社会状況を紹介するとともに，その中で展開された政治思想について考えていきたい。

1　ヨーロッパ中世社会の政治秩序

　はじめに取り上げるのは，ヨーロッパ中世社会を特徴づける二大要素である封建制とカトリック教会である。この当時，封建領主たちとカトリック教会との関係は複雑だった。彼らはあるときは支え合い，また別のあるときは激しく対立した。ここでは，彼らの複雑な関係を眺めながら，中世社会の政治状況について理解していきたい。

世俗的秩序としての封建制

　封建制は，土地を媒介とした，契約に基づく支配服従関係である。この制度は，領主が一定の軍役や労役の代償として臣下に土地の権利を与える恩貸地制と，男性の自由人（奴隷ではない人間）が保護を受ける代償として主君に奉仕する従士制が結び付いて，8世紀から9世紀にかけて成立した制度だと考えられ

ている。

　封建制の根幹は，主従間の保護と服従の関係にあった。中小の領主たちは自分の領地を守るためにより強力な領主に仕え，他方で大領主は臣下の中小領主を保護する責任を負っていた。この主従関係は，契約によって規定されていた。もし契約に反して，主君が臣下の保護義務を果たさないことがあれば，臣下は服従の義務から解放された。反対に，臣下が定められた義務を果たさなければ，主君も臣下を保護する必要はなかった。また，臣下は複数の主君に仕えることもできた。

　基本的に，それぞれの領主は独立していた。彼らは，主君による領地経営への介入や課税を拒否できる不輸不入権をもっており，領内の治安・司法に関する領主裁判権も有していた。各領主の独立性はきわめて高かった。確かに，王は封建制秩序の最上位にあったが，その地位は支配服従契約の上端に位置しているということ以上の意味はもたなかった。そのため，封建制は，割り切った支配服従関係だったといえる。

　封建制がこのような性格をもつことになった最大の原因は，そこでの主従関係が契約によって結ばれていたことに求められる。封建制での主従契約は，対等な当事者が共に義務の履行の責任を負う双務契約であった。主君も，臣下も，自身の利益のために関係を結んでいるだけで，情緒的に支配・服従しているわけではない。そのため，臣下は，表面的には服従していても，強い独立精神を保ち続けていた。日本における主従関係を表現するとき，「滅私奉公」という言葉がよく用いられるが，西洋の封建制ではそのような性格は基本的に薄かった。

　貨幣経済の発達や農奴解放，ペスト（黒死病）の流行などによって，14世紀から15世紀に「封建制の危機」と呼ばれる時代が訪れる。それまでの700年から800年の長期間にわたり，封建制は持続した。長い時間の中で，さまざまな封建的権利は世襲されるようになり，契約に基づいた淡泊な主従関係も次第に情緒的な結びつきを見せるようになる。しかし，それでも封建制において，貴族たちがたびたび王に対して反乱を起こしていた背景には，彼らが保持していた強い独立心の存在があった。そして，この精神が，後に生まれる自由主義の

源流の 1 つとなったことは記憶しておきたい。

キリスト教社会としてのヨーロッパとローマ・カトリック教会

　西ヨーロッパ全域にキリスト教がもっとも浸透した時代は，中世であった。もともとはパレスチナに誕生した一宗教にすぎなかったキリスト教は，313年のコンスタンティヌス帝の「ミラノ勅令」による公認化，392年のテオドシウス帝の国教化によって，ローマの支配地域全体に拡大していくきっかけをつかむ。ローマ世界だけでなく，外来民族であったゲルマン人の支配領域も含むヨーロッパ全域にキリスト教が根づいていったのは，中世以降のことであった。そして，キリスト教は，封建制をはじめとする中世の社会秩序と密接に関連しながら，ヨーロッパの人々と社会の間に浸透していくことになる。

　ローマ・カトリック教会は，「ヒエラルヒー」（ヒエラルキー）と呼ばれるピラミッド型の階層制度を採用している。初代教皇（法王）は使徒ペテロとされているが，その根拠はイエスからペテロにかけられた「天の国の鍵を授ける」（『マタイによる福音書』第16章第19節）という言葉にあった。そのため，教皇の権威は，神に直接的に由来していた。カトリック教会は，このような教皇を頂点として，その下に枢機卿・（大）司教・修道院長・司祭らが連なる上意下達の階層制度を築いた。教皇から発せられた命令は，ヒエラルヒーを経由して，西ヨーロッパ全域にいる末端の司祭にまで届けられた。また，教会内の人事も，この階層制度の内部で決定されていた。

　「カトリック」（ギリシア語：katholikē）という言葉には，「普遍的」という意味がある。つまり，カトリック教会は，自身が，時代や地域を超越して，人間世界において神の教えを実現している存在だと主張していることになる。そのため，その内部には，自らの宗教的権威を根拠とした，王や貴族などの世俗の権力者への対抗意識が存在していた。これが，教会と世俗の君主たちとの対立を引き起こす要因となる。

　中世ヨーロッパにおいて教会と世俗権力の関係を規定していたのは，「両剣論」という理論であった。キリスト教の国教化以降，ローマ帝国では，皇帝が

世俗の権力と宗教上の権威の両方を握る「皇帝教皇主義（Caesaropapism）」が採用されてきた。これに対して，5世紀の教皇ゲラシウス1世は，教皇権（Sacerdotium）と皇帝権（Imperium）との相互の補完と協力を前提としながらも，皇帝権に対する教皇権の優位を主張した。この考え方が両剣論の原型となる。そして，800年に行われた，教皇レオ3世によるカール（シャルルマーニュ）のローマ帝位戴冠は，コンスタンティノープルを中心とする東方正教会からのローマ・カトリック教会の独立を明らかにしたというだけでなく，カトリックが皇帝教皇主義を否定し，両剣論に基づく秩序体系を確立した事件であった。

　両剣論は，この当時の皇帝にとっても，教皇にとっても，都合のよい理論であった。封建領主の独立性が高かったこともあり，それほど強力ではなかった中世の皇帝にとって，神の代理人である教皇による承認は，統治のための最強の後ろだてになった。教皇にとっても，巨大化した教会を運営していくために，世俗君主の経済的・軍事的支援は不可欠だった。このように，中世社会は，世俗の君主と教会が相互に補完することによって秩序を維持していた，聖俗融合的な社会であったということができる。

　その一方で，中世の多くの時期において，君主と教会は対立を繰り返していた。とりわけ，その対立は，聖職叙任権，すなわち高位聖職者の人事権をめぐって繰り広げられた。

　すでに説明したように，カトリック教会の人事は，他の外部権力から独立して，そのヒエラルヒーの内部で行われることが原則であった。とりわけ，司教や修道院長といった高位聖職者の人事は，どの地域であってもローマの教皇庁の判断で行われる。教会側の理屈では，神から直接的に権威を授けられた教会内の人事に，君主や領主の承認は不要だった。

　これに対して，領主たちは，中世に多く見られた教会設置の経緯から，聖職者の人事に介入しようとした。中世期のカトリックの拡大の一因は，領主たちが自身の邸内などに礼拝堂を建設したことにあった。その礼拝堂の司祭は，それを設置した領主によって任命されていた。そして，領主たちの勢力が増大するにつれて，彼らは自らの礼拝堂の司祭だけでなく，地域の司祭を統括する司

教の人事にまで介入するようになっていた。このような領主たちの意向と教会の理論が衝突して発生したのが，聖職叙任権闘争であった。

　10世紀から11世紀にかけて，皇帝権と教皇権の対立は激化することになる。その激しい対立を象徴する事件が，1077年に発生した「カノッサの屈辱」であった。これは，教皇グレゴリウス7世が，聖職者人事を独断で決定したハインリヒ4世（後の神聖ローマ皇帝）を破門したことに端を発した事件であった。カトリックの信者であることが人間の条件のように考えられていたこの時代，教会からの破門は，政治指導者として不適格であるという烙印を押されたことと同じであった。追い詰められたハインリヒは，カノッサ城にいた教皇グレゴリウスに赦しを請い，雪が降る中，城門の前で3日間断食を続けた。そうして，ようやく，グレゴリウスによる破門は解かれた。

　カノッサの屈辱は，この時代のカトリック教会とローマ教皇の権威の高さと強さを示すものとなった。だが，強力な教皇権も，封建制の崩壊や貨幣経済の進展，そして1378年から1417年にかけて発生したカトリック教会の内部分裂（教会大分裂・「大シスマ」）などにより，徐々に弱体化していく。そして，ルネサンスと宗教改革は，その流れを決定づけるものとなった。

2　人間性の追求を目指したルネサンス

　ここでは，特に14世紀から16世紀頃にかけて，北イタリアを中心に見られたルネサンスという現象について取り上げる。一般に，文化運動として考えられているルネサンスだが，これは現実の政治や政治思想にも大きな影響を与えた。ヨーロッパに新たな時代をもたらすきっかけとなったルネサンスとは，どのような時代だったのだろうか。

古典古代の再生

　かつて，中世は，文化の暗黒時代のように考えられていた。そのような考え方を広めたのが，19世紀のスイスの歴史家ヤーコプ・ブルクハルトである。彼

によると，ルネサンスは，キリスト教的価値観による精神的束縛が強力であった中世から，個人としての人間を解放した時代であった。研究が進んだ現在，中世においても豊かな文化が花開いていたことが明らかになっており，ブルクハルトの歴史観は見直されている。そうはいうものの，ルネサンスが，多彩で華やかな文化を生みだし，政治思想に新たな価値観をもたらした時代であったことは否定できない。

　ルネサンス（Renaissance）という言葉は，「再生」を意味している。では，一体，何が再生されたのだろうか。そこで再生させられたのは，古代ギリシアやローマの文化や思想であった。カトリック教会が強力であった中世において，異教世界であった古代ギリシアやローマの文化や哲学は，異端視される傾向にあった。むしろ，この頃，これらの古代文化を保存し，発展させたのは，中東のイスラム世界であった。かつての東ローマ帝国の支配地域を次々と手に入れていったイスラム勢力は，占領地域に存在していたギリシア文化を摂取していった。たとえば，哲学分野では，イブン・ルシュド（アヴェロエス）らによって，アリストテレスの研究が進められた。それらの研究成果は，11世紀から複数回にわたって行われた十字軍や東西交易を通して，ヨーロッパに逆輸入された。これに加えて，1453年にオスマン帝国によってコンスタンティノープルが陥落すると，多くの学者や知識人が，ビザンツ帝国からイタリア半島に渡来した。いってみれば，古代ギリシア文化は，イスラム世界での発展を経て，故郷であるヨーロッパに逆輸入されたことになる。

　古代ギリシア・ローマの文化の大きな特徴は，人間性の尊重に求められるだろう。ギリシア神話に登場する神々は，怒り，嘆き，闘い，愛に励んだ。古代の市民たちは，そのような神々が登場する悲劇や喜劇に拍手喝采を送った。また，ギリシア文明を伝えている彫刻の数々が裸体像であることからもうかがえるように，古代の人々は肉体の価値を重視した。中世のキリスト教的価値観では，極端な欲求の追求は否定されており，肉体の価値は精神よりも下に置かれた。ルネサンスは，古代文化・哲学の見直しを通して，キリスト教の影響を受けた中世的価値観を転換させた。

新たな政治文化の誕生──共和主義

　文化においてギリシア・ローマが憧れの対象であったのと同様に，ルネサンスの人々にとっての理想の政治体制は，古代の地中海世界で多く見られた都市国家であった。古代ギリシアのポリスやイタリア半島のキヴィタスといった都市国家では，すべての市民の自由と平等が前提とされていた。彼らは，誰かに服従することも，また何かを強制されることも嫌った。市民の第1の責務は，議論を通して，自分たちが所属している都市国家を維持・運営することであった。第2の責務は，他国からの攻撃に対抗して戦うことであった。ルネサンスの人々は，再注目されるようになった古典古代の文献などを通して，かつての都市国家の姿を知り，そしてそれを理想化していった。

　ルネサンスに盛んに行われた古典古代の文化研究は，「人文主義（humanism）」と表現される。とりわけ，政治思想に関する研究は，「政治的人文主義（civic humanism）」と呼ばれている。この研究を通して，「共和主義（republicanism）」という政治思想が，理論化されていくことになる。それは，自由で平等，そして独立心と公共心に富んだ市民が主体的に政治を行い，自身の属する共同体を運営していくことを目指す政治思想である。共和主義は，イタリア半島を移動していた知識人らや彼らの著作などによって，次第に各地に浸透していった。

　共和主義が，特にイタリア半島において受け入れられたのには，環境的な要因があった。イタリアでは，単一の国王を中心とした統一国家の形成が遅れていたため，古代と同様の都市共和国（コムーネ）が，北部を中心に多く存在していた。これらは，神聖ローマ皇帝との取り決めによって自治権を獲得していた自治都市であり，主として商人や職人の組合の有力商人らによる合議制によって運営されていた。しかしながら，14世紀から15世紀にかけて一部の実力者が台頭するようになり，事実上の独裁政治（シニョーリア制）が行われるようになる。フィレンツェの大商人で，ルネサンス文化の支援者として有名なメディチ家も，その1つと考えることができる。そのような状況の中で，古代都市国家を理想とする共和主義は，独裁者に対抗して，自治都市としての本来の姿を

取り戻すことを主張する思想として理解されていた。

　では，共和主義は，後の政治学や政治思想にどのような影響を与えたのだろうか。第1に，共和主義は，古代ギリシア・ローマへの憧れを生んだ。西洋社会では，置かれている状況がまったく異なっていたとしても，事あるごとに古代の共同体が理想化された。18世紀末のフランス革命はその典型的な例だ。第2に，古代の都市国家が自由で平等な市民による共同体だったことから，それを理想モデルとする共和主義は，市民の自由と平等を主張し，階級社会を批判する理論としての性格をもつことになった。いわば，共和主義は，デモクラシーの理想型を提示する政治思想であった。

　ルネサンスという時代の興味深い点は，古いものを再生させたことによって，新たな価値観を生みだしたところにある。

　まず，古典古代の研究という活動自体が，この当時の知的レベルの向上につながった。物事を合理的かつ批判的に観察・分析する姿勢は，あらゆる学問研究で共通して要求される条件である。ルネサンスの知識人たちは，古代の文献を詳細に分析することによって，古代の様子を明らかにしただけでなく，結果的に客観的な学問研究の方法論を確立していった。そのため，ルネサンスでは，人文学的な研究だけでなく，自然科学研究も盛んに行われるようになり，コペルニクスやガリレオ，ケプラーといった科学者が輩出されることになった。

　次に，ルネサンスは，人間性を尊重することによって，従来のキリスト教的な価値観に基づく道徳的秩序を一変させた。人間の罪人としての側面を強調するキリスト教に対して，古代ギリシア・ローマ的価値観は，欲求も含めて，人間性の発揮を肯定した。ルネサンスにおいて，人間は，ただ人間であるというだけでその価値が肯定されるということを知ったのである。

　そして，ルネサンスは，ローマ・カトリック教会の権威の絶対性を破壊した。文献研究の対象はギリシア・ローマの古典から聖書へと広がり，聖書は主観的に「信じるもの」から客観的に「分析されるもの」へと変わった。また，各人の人間性の尊重は，個性の尊重に直結し，人間の独自性やさらには地域性の尊重へとつながった。その結果，カトリック教会が自負してきた普遍性は，徐々

に有名無実化していった。

　共和主義が広がっていったのは，このような時代の流れの中であった。人間性を発揮することや人間の活動を抑圧するような道徳や組織，制度は，弱体化が始まっていた。人間性重視の観点に立ち，市民の実践を重視する共和主義は，そのような時代にもっとも適した政治思想だった。マキアヴェリという政治思想家があらわれたのは，そのような時代であった。

3　マキアヴェリが成した人間の学としての政治学

　一般的に，マキアヴェリには，権力のためには手段を選ばない，冷酷非道な政治思想家というイメージがあるようだ。本当に，彼の政治思想は，悪の政治思想だったのだろうか。

　まず，何よりも，マキアヴェリは，ルネサンスの人間であった。そのため，彼の考えも，ルネサンスの雰囲気を色濃く反映したものになっている。ここでは，時代背景を踏まえながら，マキアヴェリの人生について概説したうえで，彼の政治思想について考察していく。マキアヴェリの思想のどこかが新しく，どのような点で独特だったのか，そして彼は本当に悪の思想家だったのか，考えてみたい。

実務家・マキアヴェリ

　ニコロ・マキアヴェリ（Niccolò Machiavelli：1469-1527）は，1469年に，イタリア中部のフィレンツェで生まれた。彼の家族は，古くから続く家系ではあったが，裕福ではなかった。しかし，教育熱心な彼の父親は，幼い頃から息子をラテン語教室などに通わせていた。マキアヴェリは，家族の経済状況のためなのか，大学には進学しなかったが，個人的には学問研究を続けた。特に，彼が興味を示したのが，ローマ帝国の歴史や政治であった。幼少の頃から養われたラテン語の知識と古代ローマの政治に対する関心は，マキアヴェリの人生と思想形成に大きな影響を与えることになる。

図6-1　ニッコロ・マキアヴェリ

1498年，マキアヴェリは，フィレンツェ共和国政府の第二書記局の官僚に採用される。この部局は内政や軍事を担当していたため，彼はここでの仕事を通して現実の政治を知ることになる。その中でマキアヴェリが関心を示したのは，教皇アレクサンデル6世の子であるチェーザレ・ボルジアであった。チェーザレは，聖職者の身分にありながら，自ら教皇軍を率いて，イタリア半島の統一を目指していた。冷酷でありながら，快活で，決断力を備えた彼は，典型的なルネサンス人であった。マキアヴェリは，官僚としての仕事を通してチェーザレと知り合い，後に『君主論』で彼を取り上げている。この人物を「一条の光」と呼んでいることからも（マキアヴェリ 1995：149），彼に対するマキアヴェリの評価の高さをうかがい知ることができる。

マキアヴェリの官僚時代にはフィレンツェから追放されていたメディチ家は，1512年に再び政権を掌握する。翌年，メディチ家に対する反乱が企てられたが，それは失敗に終わる。マキアヴェリはこの反乱への参加を疑われて，逮捕され，公職から追放されてしまう。拘留中には，拷問も受けたといわれている。その後，マキアヴェリは，フィレンツェ郊外にあった自身の山荘に転居し，再び公職に返り咲くことを望みながら残りの人生を送った。しかし，彼が再び官僚として活躍することはなく，1527年に人生を終える。

マキアヴェリの主要著作である『君主論』と『ディスコルシ』は，公職追放後の隠棲生活で書かれたものである。

さて，15世紀後半から16世紀の前半にかけてのイタリアは，ローマ教皇領・ヴェネツィア共和国・フィレンツェ共和国・ミラノ公国・ナポリ王国という五大国の他，多くの中小の国家に分裂していた。これに対して，フランスではヴァロワ朝が，ドイツ（神聖ローマ帝国）ではハプスブルク家が，統一的な王権を

確立する過程にあった。強大化したこれらの勢力は，分裂状態のイタリアに侵入を繰り返していた。単独での生き残りが難しいイタリアの諸国家は，これらの侵入の度に，どの側につくのか，それとも中立なのか，右往左往していた。また，この当時，イタリアの諸国家の軍事は，傭兵によって担われていた。傭兵たちは契約条件の良い側に容易に寝返ってしまうため，各国間の軍事バランスは頻繁に変化した。そのため，イタリア半島は，地中海経済とルネサンス文化の先進地域であったにもかかわらず，政治的・軍事的にはきわめて不安定な状態が続いていた。チェーザレが軍事的にイタリア統一を試みた背景には，このような状況があった。

　官僚としてのマキアヴェリの任務は，このようなイタリアの政治・軍事状況の中でフィレンツェの生き残りを図ることにあった。とりわけ，彼が問題視したのが，傭兵中心の軍事であった。フィレンツェの軍事を所管していた第二書記局に所属していたマキアヴェリは，ローマ帝国の軍制に注目して，軍制改革を試みた。ローマ帝国では，ローマの軍人になる権利が市民権の1つとして考えられていたため，市民権と国防の任務は一体化していた。ローマ帝国は，貴族と平民との階級対立をはじめとするさまざまな対立を国内に抱えていた。だが，ローマは，多くの摩擦を抱えながらも，大帝国への成長を実現した。これが可能になったのは，国内対立のエネルギーを対外進出の力へと変換することに成功したからである。それに貢献したのが，自国の市民によって構成された軍制であった。このようなローマの事例を把握していたマキアヴェリは，傭兵に頼らない，フィレンツェ市民による軍を構想するが，結果的にこの計画は失敗に終わる。

　それ以外にマキアヴェリが取り組んだ仕事といえば，何より外交を挙げなければならない。彼が業務に従事する中で痛感したことは，外交の場面における信義や誠実さの意味のなさであった。あらゆる国々が自国の利益のみを考えて行動し，嘘や謀略も平気で用いられる。それは，聖職者の組織であるはずのローマ教皇庁も変わらなかった。そのような状況の中で，フィレンツェを守るためには，政治や外交の領域から道徳性を排除するしかない。マキアヴェリの政

治学は，自身の官僚経験から生みだされた，冷酷な現実を乗り越えるための政治学であった。

生き残りのための政治学

マキアヴェリの政治学は，「stato の技法（arte dello stato)」と呼ばれることがある。

まず，技法とは，いわゆるテクニックのことである。アリストテレスが『政治学』を著して以来，西洋の政治学は道徳性の追求という性格を持ち続けてきた。マキアヴェリが政治学を stato の技法として再定義したことは，政治学は人間の完成を目指すような道徳ではなく，物を作ったりするための技術と同じテクニックにすぎないという考えを示している。マキアヴェリは，政治学を技法と定義することで，まずは手法の点で政治学から道徳性を排除した。

次いで，stato という言葉の意味を考えてみよう。stato は，英語の state に該当する。しかし，「国家」という意味は希薄だ。むしろ，それは，優れた指導者すなわち君主（principe）によって行使される権力と理解するべきだろう。要するに，マキアヴェリは，優れた君主が，自身の力を最大限に活用して，自らの勢力を確立するためのテクニックとして，政治学を定義した。

マキアヴェリの政治学の第1のテーマは，君主が国内における強力な支配を確立するために必要なことは何かということである。マキアヴェリの人間観は厳しい。彼の政治思想の中には，人間に対する不信感が存在している。彼はいう。「そもそも人間は，恩知らずで，むら気で，猫かぶりの偽善者で，身の危険を振り払おうとし，欲得には目がない」（マキアヴェリ 1995：98）。そのような民衆を支配するためには，君主は民衆から恐れられなければならない。恩恵を施したときは従うかもしれないが，民衆はそれに恩義を感じることなどない。それよりも，君主が時々残酷な姿を見せた方が，民衆は恐怖心から君主に素直に従うことだろう。そのため，マキアヴェリは，強力な支配を確立するための条件として，君主に対して冷酷であることを求める。

マキアヴェリの政治学の第2のテーマは，どのように外国勢力に対して国家

を防衛するべきなのかということである。このテーマは，彼が官僚時代に取り組んだものであった。マキアヴェリは，国防こそ，「為政者が本来携わる唯一の職責」（マキアヴェリ 1995：86）と明言する。「自らの武力を持っていなければ，どんな君主国であっても安泰ではない。いやむしろ，ひとたび逆境ともなれば，自信をもって国を守っていく力がないから，何事につけ運命任せになる」（マキアヴェリ 1995：85）。不安定なイタリア情勢のただ中で外交に携わっていた彼の目には，軍事力をもたない国家や君主の無力さは明らかだった。もちろん，マキアヴェリが必要と考えているのは，傭兵ではなく，自国市民による軍隊である。このように，マキアヴェリの考えでは，軍事力とは，君主のstato を有効化し，その効力を最大化するのために不可欠な手段であった。

君主の資質とは何か

　マキアヴェリは，『君主論』の中で stato の政治学を具体的に示している。とりわけ，彼が重視したのは，君主自体の資質であった。マキアヴェリによれば，君主は，「狐とライオンに学ぶようにしなければならない」（マキアヴェリ1995：103）。つまり，狐のもつずる賢さとライオンの力を合わせもっていなければ，優秀な君主になることはできない。なぜなら，その資質が，状況への素早い対応と冷酷な措置を可能にするからである。

　マキアヴェリが理想的君主のモデルと考えていたのは，前にも紹介したチェーザレ・ボルジアであった。チェーザレは，「思慮があり手腕のある男としてとるべき策をことごとく使って，自ら力の限りをつくした」（マキアヴェリ1995：42）。彼はさまざまな謀略を用い，積極的な軍事戦略を採用して，短期間にイタリア半島中部を制圧した。しかし，1503年，最大の後ろ盾であった父親の教皇アレクサンデル 6 世が急死し，チェーザレ自身も病に倒れると，彼の状況は暗転する。チェーザレは後継教皇の裏切りにあい，捕縛される。彼はいったんは脱走に成功するが，最終的には戦いで命を落とす。1507年のことであった。理想の君主と考えていたチェーザレの最期を知っていたからだろうか，マキアヴェリは君主の「運命（fortuna）」と「力量（virtù）」に注目する。

　運命とは何か。それは，人生やその人の境遇を気まぐれに左右するものである。マキアヴェリの言葉を借りれば，運命は気の向くままに振る舞う女神のようなものだ。人間は，そんな女神の運命のいたずらから逃れることはできない。だから，君主には，女神を「打ちのめし，突きとばす」（マキアヴェリ 1995：147）力が求められる。

　この運命を組み伏せる力が，力量である。英語の virtue にあたる virtù には，「徳」という意味がある。一般に，徳という言葉は誠実な精神性や高潔な心を指して用いられる。だが，古代ギリシアでは，徳とは，知性や体力，その他の技能における優秀さ，つまり「卓越性」を指す言葉であった。マキアヴェリの virtù の理解もこれに近い。つまり，彼にとっての virtù は，気まぐれな運命に直面しながらも，それと向き合って自らの意志を着実に実現していく能力と資質のことであった。

　これらのことから，マキアヴェリが理想とした君主の姿が浮かび上がってくる。君主とは，優れた知性と軍事的な能力をもち，必要に応じて冷酷な手段をとることをためらわず，過酷な運命に直面することがあったとしても，それに抵抗して自らの意志を貫徹し，自身の勢力を維持し拡大する力量をもった人物のことであった。

　マキアヴェリの政治学は，混乱状態にあったイタリアの現状への対応から求められた現実的な「技法」だったということができるだろう。だが，政治学の歴史の中にマキアヴェリの指導者論を位置付けてみると，それが従来とは一線を画す，エポック・メイキングなものであったことがわかる。プラトンやアリストテレスの政治学も，そしてキリスト教の道徳観の影響を受けた中世の政治思想も，君主が守るべきものは何よりも道徳であった。しかし，マキアヴェリの『君主論』には，それへの配慮はほとんど見られない。そこで追求されているのは，君主の stato の強大化である。stato を強化して，生き残る。マキアヴェリの政治学は明快だ。マキアヴェリは，古代以来の政治学の性格を完全に一変させた。

マキアヴェリのもうひとつの顔

ここまで紹介してきたマキアヴェリの政治思想は，主に『君主論』の内容に基づいている。それ以外に，彼には，『ディスコルシ』（『ローマ史論』『リヴィウス論』）という著作がある。一般的には，『君主論』の方がよく知られている。しかし，実は，質的にも量的にも，『ディスコルシ』はそれをはるかに上回るものとなっている。そして，その中で，マキアヴェリは，『君主論』とは少し異なる姿を見せている。

文字通り，『君主論』が君主のために書かれたものであるのに対して，『ディスコルシ』は国家のあり方全体を論じる内容になっている。わたしたちを混乱させるのは，マキアヴェリが，『君主論』の内容とは正反対に，『ディスコルシ』では君主よりも民衆を評価している点である。

マキアヴェリは，民衆が，君主よりも慎重さや判断力において優れており，善意や名誉を重んじる存在だと述べている（マキアヴェリ 2011：255-257）。そして，「君主よりはむしろ人民の中に，偉大な力量を発揮できる能力が具わっているのではないか」（マキアヴェリ 2011：258）とまで評価している。『君主論』の中では民衆に対する性悪説的な見方をしていたマキアヴェリが，ここでは民衆の力量を賞賛し，君主の条件とされた力量の担い手として彼らに期待をかけている。このような点から，『ディスコルシ』は，マキアヴェリが共和主義者であった根拠とされている。

はたして，『君主論』と『ディスコルシ』では，どちらが本当のマキアヴェリの考えなのだろうか。これは，政治思想史の研究者を長く悩ませてきた問題である。私見としては，これらはいずれも，マキアヴェリの本心であったのではないかと考えている。彼は，市民による共和政を理想としていた。しかし，その一方で，優れた政治体制も容易に腐敗してしまうとも考えていた。マキアヴェリは，現実の中で思索し，行動した政治思想家である。彼は，首尾一貫した政治思想を打ち立てることなど，考えていなかっただろう。理想と現実を明確に区別し，その時々や状況に即応して考える。そのようなマキアヴェリにとって，『君主論』と『ディスコルシ』の間に見られる違いは大した問題ではな

── *Column* ⑦　『プロテスタンティズムの倫理と資本主義の精神』 ──

　19世紀のドイツの社会学者マックス・ウェーバーは，『プロテスタンティズムの倫理と資本主義の精神』の中で，プロテスタント信仰が人々の職業や労働に対して強い影響を与えて，それによって資本主義経済が発展していったことを説明している。

　カルヴァンの予定説は，信者に対して，自身の救済の確証を得るために労働に励むことを求めた。また労働が聖なる活動となったことによって，人々の労働意欲は著しく高まった。そして，その結果，人々は財産を蓄え，それを金融機関に預ける。金融機関は，それを元手に融資を行う。こうして，資本主義は急速に拡大していった。

　キリスト教の中でも，カルヴァン派は，一般の信者に対する禁欲の要求がもっとも強い宗派である。そこから，現代でも成長が続いている資本主義経済が生み出されたことは興味深い。

かったのかもしれない。

　優れた思想家にとって，矛盾する考え方が共存していることは，決してマイナスとはいえない。むしろ，対立し合うような考え方が1人の中に存在しているからこそ，その緊張が新たな思想を生みだす源になる。マキアヴェリに見られる2つの顔は，その典型的な例だといえる。

4　宗教改革がもたらしたもの

　現代人の感覚では，宗教は縁遠いものかもしれない。しかし，神の存在を疑わず，信仰心の篤い人も多かった中世から近代の初頭にかけての時期において，宗教は人々の価値観を強く支配していた。社会に対する影響を考えた場合，一部の知識人の中で展開されていたルネサンスのような文化運動よりも，君主や貴族から一般の民衆にまで及んだ宗教改革の方が，社会的・歴史的な影響力は強かったといえるだろう。ここでは，マルティン・ルターとジャン・カルヴァンの宗教改革運動と，それが政治に与えた影響について取り上げていく。

ルターによる信仰の内面化

　ルター（Martin Luther：1483-1546）の宗
教改革運動のきっかけは，当時カトリック
教会による贖宥状（免罪符）の発行であ
った。16世紀，メディチ家出身の教皇レオ10
世は，カトリックの総本山サン＝ピエトロ
大聖堂の完成を目指していた。彼は，ミケラ
ンジェロやラファエロといった芸術家を保
護した，ルネサンス芸術の最大の支援者の
１人であった。だが，このような芸術振興に
は多額の費用がかかる。そこでレオ10世が

図6-2　マルティン・ルター

考えたのが，贖宥状であった。カトリック教会は，これを購入することで，死後の
救済が約束されると宣伝した。これに対して，明確な反対を示したのが，ヴィッ
テンベルク大学の神学教授で，アウグスティヌス修道会の修道士であったルタ
ーである。彼は，1517年に，ヴィッテンベルク城内の教会の扉に「九十五カ条の
論題」と呼ばれる意見書を掲示して，教皇庁の方針に対して明確な反対を示した。
　ルターの信仰の根本を占めるのは，人間が負っている罪の徹底的な認識と罪
人としての自覚である。カトリック教会が贖宥状を教義的に肯定した根拠は，
人間の善行は救いの材料になるという考えであった。しかし，ルターの考えで
は，人間の罪は多少の善行で消えるものではない。人間が救済されるためには，
まずひとり１人が自分の罪深さを十分に認識して，神の恩寵（恵み）を信頼
する以外にない。そのため，本当の信仰とは，１人の人間が誠実に神に向き合
うことにある。それによって初めて，人間は救済に値する存在とされる。この
ような，きわめて内面的な信仰観を，信仰義認説という。
　信仰義認説は，人間の精神のあり方に新たな考え方をもたらした。信仰をも
った人間にとって，もっとも大切なことは，精神において神と直接的に向き合
うことである。その結果，現実社会での関係性といったものの意味は，自ずと
低下する。要するに，教会内での外面的な人間関係や世俗社会での主従関係よ

りも，個人の内面が重視されることになる。そのため，信仰義認説は，個人と
しての人間の内面性の絶対化と個人の精神の自由の確立に大きく寄与すること
になった。

　また，ルターは，カトリック教会やローマ教皇の権威を否定した。カトリッ
ク教会には，「教会の外に救いなし」という考え方が存在していた。だからこ
そ，かつて，ハインリヒ４世は屈辱に耐えて，カノッサで教皇に謝罪しなけれ
ばならなかった。だが，信仰義認説を採用すれば，カトリックのような教会制
度は不要になる。カトリック教会は神の代理人である教皇を頂点としたヒエラ
ルヒーを採用しており，それを構成する各教会の司祭たちも一般の信者とは区
別される特別な存在である。しかし，信仰義認説では，聖職者と信徒との間に
本質的な差はない。すべての信者は聖書を通して，直接的に神と結ばれる。こ
のような考え方を，万人祭司主義という。

　信仰義認説や万人祭司主義を説いたルターに対して，カトリックやその側に
立った君主は圧力をかけた。これらの勢力にとって，ルターの考えは，自身の
権威と権力の基盤を揺るがすものだったからである。1521年，神聖ローマ皇帝
カール５世は，ヴォルムス帝国議会にルターを召喚して，自説の撤回を迫った。
ルターはそれを拒否し，法律による保護を受ける権利を剥奪される処分を受け
る。しかし，実は，ドイツの諸侯の中には，ルターを支持する人々が多く存在
した。彼らもまた，カトリック教会の方針にも，神聖ローマ皇帝の圧力にも不
満を抱いていたからである。そこで有力諸侯の１人であるザクセン選帝侯フリ
ードリヒは，ルターを自らの城にかくまった。ルターは，そこで大きな文化的
業績を残すことになる。

　ルターは，ザクセン滞在中に聖書のドイツ語翻訳を行った。当時のカトリッ
ク教会が公式に採用していたのは，ラテン語聖書であった。だが，一般の民衆
にとって，学術用言語となっていたラテン語で書かれた聖書を理解することは
不可能といってよかった。このことは信仰の形骸化の原因になっていたし，何
よりルターが主張した，聖書を通した信仰義認の妨げにもなっていた。そのた
め，ルターは，自らの理念を実現するためにも，聖書のドイツ語翻訳に取り組

む必要があった。この翻訳は，宗教的な意味だけでなく，ドイツの文化全体にも大きな意味をもたらした。このときに用いられた言語表現が近代以降のドイツ語のモデルとなり，それがドイツ地域に住む人の中に「ドイツ人」としての意識を芽生えさせることになったからである。

カルヴァンの純粋さがもたらしたもの

ルターと並ぶ宗教改革の指導者であるカルヴァン（Jean Calvin：1509-1564）は，1509年，フランス北部に生まれた。彼が教育を受けたのはパリ大学である。この頃にはフランスにもルネサンスの文化が入ってきていたため，学生時代の彼も人文主義の影響を受け，寛容に関する著作も著している。しかし，彼は，1533年，にわかに回心して，それ以後は宗教改革の旗手としての生涯を送ることになる。とりわけ，1541年，スイスのジュネーヴに滞在していたカルヴァンは，同市から市政と宗教の改革を依頼され，この後30年にわたって自身の宗教的信念に基づいた政治を行っていった。このような特定の宗教的信念や価値観に基づいた政治を，神政政治（神権政治）という。カルヴァンの神政政治は，きわめて厳格なものであった。ぜいたくを禁止し，過度に禁欲的な生活を人々に強制した。また，キリスト教の教義に反するとして，人文学者ミシェル・セルヴェを火刑に処するなど，人文主義への弾圧も行った。

カルヴァンの宗教思想の根幹は，予定説である。これは，人間の救済は神の意志に完全に委ねられているという考え方である。カトリックが認めるような善行はもちろん，ルターが主張したような罪の徹底的な認識も，救済には何の関係もない。その人間が救済されるかどうかは，神の意志による。ここでは，人間に対する神の絶対的立場が明らかである。

では，予定説に従ったとき，人間はどのように生きるべきなのだろうか。まず，人間は，神の教え，すなわち聖書に従って生活することが求められる。カルヴァンがジュネーヴの人々に禁欲的な生活を強制したのは，そのためであった。続いて，人間は，自分の仕事に励むことを要求される。何事も神の意志によって定められているということは，自分が携わっている仕事もまた，神の意

志によって定められたものだということになる。そのため，人間は自分の仕事に励み，そこで成果を上げることによって，神の救いを確証することができる。神の絶対性を強調する予定説によって，かつては道徳的な評価の対象にはならなかった労働に，道徳的・宗教的な意義が見出されることになったのである。このことは，資本主義の正当性を主張する根拠の1つとなっていく。

　さて，カルヴァン派では，長老制と呼ばれる教会制度が採用された。カトリック教会のヒエラルヒーに対して，長老制では，信者の中から有力な信者や信仰心の篤い者が長老という立場に選出され，彼らの決定に基づいて教会は運営される。その点では，カルヴァン派教会は，カトリック教会よりも民主的な制度を採用していたということはできるだろう。また，神への服従を誓った信者が選ぶ長老によって運営されるカルヴァン派教会には，神の意志を現実に反映させることを目指す信者の共同体としての性格がある。そのため，教会は，信仰面での改革だけでなく，神の意志に基づいて政治や社会の健全化を図ろうとする人々にとっての拠点にもなった。結果的に，カルヴァン派教会は，既存の社会体制や権力者と対立し，彼らに抵抗する存在としての性格をもつようになっていく。

　カルヴァンの影響は多様な分野に及んだ。経済の領域では，彼の考えによって，神から課せられた苦役のように考えられてきた労働に対する見方は一変した。そして，勤労と倹約の奨励は，資本の蓄積を促進して，資本主義が発展していくきっかけを作った。そして，政治においては，カルヴァンの思想は，絶対王政に対する抵抗理論としての役割を果たし，市民革命を道徳的に支援することになる。

宗教改革の政治思想的意義

　ルターも，カルヴァンも共に，信仰が個人的なものであることを強調した。ルターにおける信仰の核心は，個人の内面と神とが向き合うことにあった。カルヴァンにおいては，神に選ばれたことを自覚した者が取るべき態度が重視された。これらはいずれも，個人を，道徳的・宗教的な基本単位として考えてい

る。宗教改革がもたらしたこのような見解は，階級という属性によって人間の
キャラクターを規定していた中世までの社会秩序を根本から問い直す契機とな
った。

　宗教改革以降，個人は単独で社会と向き合うことを迫られるようになる。そ
の中から，政治をめぐる新たな考え方が生まれる。それは，単独の存在となっ
た個人が，自分の意志に基づいて，社会を構成するという考えである。そして，
次章で詳しく論じるように，それが市民革命を準備することになる。

5　「主権」概念の確立

　現在，わたしたちは，「主権」国家で暮らしている。では，いったい，主権
とは何なのだろうか。その起源は，宗教改革のあおりを受けて対立と混乱が続
いていた16世紀のフランスにあった。ここでは，その当時の時代状況からの要
請によって主権という概念が誕生したことについて概説する。

コンフェッショナリズム──宗派対立の時代

　宗教改革の後，ルターやカルヴァンの教えは，西ヨーロッパ全体に浸透して
いった。だが，それによって，カトリックとルター派やカルヴァン派との宗派
対立が各地で発生するようになった。中でも，激しい対立が発生したのがフラ
ンスであった。

　フランスでは，キリスト教の宗派対立と以前から存在していた貴族同士の対
立が結びついたことで，対立に拍車がかかってしまった。当時のフランス王家
であったヴァロワ朝やギーズ公をはじめとする多くの貴族は，カトリック派で
あった。これに対して，コンデ公やコリニー提督，そしてフランス南西部のナ
ヴァル王国を支配していたブルボン家のアンリなどは，カルヴァン派を信仰し
ていた。これらの王族や貴族たちは，そもそも王位争いや勢力争いを繰り返し
ていた。そして，宗教改革以後，そこに新旧のキリスト教の宗派対立が重なっ
てしまう。このような，政治上の対立と宗教上の対立が結びついた状態を，コ

ンフェッショナリズム（confessionalism）という。中世ヨーロッパでは，政治的正統性は宗教によって担保されるところが大きかった。そのため，宗教的な対立は，政治的な対立に直結することになったわけである。

　この状況の中で，カトリック派は，「リーグ（Ligue）」と称するグループを形成した。彼らは，強硬にユグノー（カルヴァン派信者）を弾圧し，1572年にはサン＝バルテルミの虐殺という大量のユグノー殺害事件を引き起こす。これに対して，カルヴァン派も王権やカトリックに対する抵抗を試みた。その際に根拠とされたのが，暴君放伐論（monarchomachi）である。彼らは，ゲルマン以来の貴族の独立の精神とカルヴァン派的な抵抗の精神を組み合わせて根拠として，抑圧的な王政を打破しても構わないと主張した。だが，これらの立場が互いに自分の意見を主張し，相手を攻撃し続ける限り，フランスに安定は訪れない。そこで，さらに別の立場が生まれる。

　「ポリティーク（Politiques）」は，宗教よりも政治（politique）を優先することで，国内の混乱を収拾しようとした人々のことをいう。具体的には，対立し合う大貴族たちのうえに君臨する王権と，新旧のキリスト教の両方を受け容れる宗教寛容政策によって，国内対立を克服しようとした人々とその考え方を指している。ポリティークは，理想主義的に寛容を説いたわけではない。彼らは，国内統一を図るという現実主義的な目的のために，両宗派の共存を認めたのである。このポリティークを代表する政治思想家が，ジャン・ボダンであった。

「主権」の政治思想家ボダン

　法律家であったボダン（Jean Bodin：1530-1596）は，1576年に『国家論』という著作を発表した。ここで取り上げられているのが，「主権（souveraineté）」である。ボダンは，主権を，「国家の絶対的で永続的な権力」と定義している（杉田・川崎（ボダン）2014：70）。彼は，立法権や外交権，司法権から課税権，そして貨幣鋳造権といったあらゆる政治的権限を，単一の主権に集中させることを求めた。中世社会の特徴は，さまざまな権限が貴族や教会，修道院などに分散している多元性にあった。だが，それはコンフェッショナリズムに代表さ

れる混乱の原因でもあった。それぞれの勢力がほぼ同じ程度の権力や権威，財産をもっている状況下では，いったん摩擦が発生すると，誰も事態を収めることができなくなってしまう。秩序の安定には，諸勢力がもっている権限を集中的に統制し，それらのうえに立って全体を統治する存在が必要になる。ボダンの主権概念は，そのような認識の中から成立したものであった。

　主権というものの特徴は，対内的な絶対性と対外的な独立性にある。国内には，主権者を上回る権威と権力の存在は認められない。すべての権限は単独の主権者によって掌握されており，主権者の意志が国家全体を支配する。対外的には，国外勢力による国内への干渉は認められない。もちろん，軍事的な侵入も受けつけない。このような性格をもった主権概念の確立によって，中世的な政治観は一掃されることになる。主権概念は中世社会の多元性を否定した。そして，それは，国外から王権の権威を脅かしてきたカトリック教会の権威も認めなかった。こうして，中世社会を規定していた封建的多元社会とカトリック教会・ローマ教皇の権威は，政治の領域から姿を消すことになった。

　1589年，ナヴァル王のアンリが，フランスの王位につく。アンリは，サン＝バルテルミの虐殺という事件にも遭遇したユグノーだったが，自分の身を守るために新旧キリスト教それぞれへの改宗を数度繰り返し，フランス国王に即位した後にはカトリックになった。アンリは，ポリティーク的な政策を採用して，国内の統一を図る。その代表例が，ユグノーの信仰の自由と権利を認める，1598年の「ナントの王令（勅令）」であった。この後，アンリは，シュリー公を登用し，中央集権的な政策を推進して，フランス国家の再興を試みた。その際，王権のリーダーシップを保障する理論となったのが，ボダンの主権概念であった。あらゆる権限を国王という主権者に集約することを主張する主権概念は，王権主導の国家統合を推進するには最適だった。アンリは1610年に狂信的なカトリック教徒に暗殺されるが，彼によって創始されたブルボン朝は絶対王政の確立に成功する。しかし，それは，絶対的であるがために，自由を求めるようになった人々の不満を買うことになるのである。

参考文献

有賀弘『宗教改革とドイツ政治思想』東京大学出版会，1966年。

岩下壮一『カトリックの信仰』ちくま学芸文庫，2015年。

大塚久雄『欧州経済史』岩波現代文庫，2001年。

カルヴァン，ジャン，渡辺信夫訳『キリスト教綱要　改訳版』全2篇，新教出版社，2007年。

佐々木毅『マキアヴェッリと『君主論』』講談社学術文庫，1993年。

杉田敦・川崎修編著『西洋政治思想史資料集』法政大学出版局，2014年。

ブルクハルト，ヤーコプ，柴田治三郎訳『イタリア・ルネサンスの文化』上・下，中公文庫，1974年。

ブロック，マルク，新村猛他訳『封建社会』全2巻，みすず書房，1973年。

マキアヴェリ，ニッコロ，池田廉訳『新訳　君主論』中公文庫，2002年。

マキアヴェリ，ニッコロ，永井三明訳『ディスコルシ「ローマ史」論』ちくま学芸文庫，2011年。

ルター，マルティン，石原謙訳『キリスト者の自由・聖書への序言』岩波文庫，1955年。

＊本章の引用は，参考文献に依拠している。なお引用にあたっては，用語や表記の統一を図るために，変更を加えている場合がある。

今後の学習のための本

大塚久雄『欧州経済史』岩波現代文庫，2001年。

＊日本の経済史研究を確立した著者による本だが，経済領域だけでなく，西洋社会の成り立ちを根本から解き明かしてくれている。

杉田敦・川崎修編著『西洋政治思想史資料集』法政大学出版局，2014年。

＊古代から現代に至る政治思想家の著作を，実際にその文章を紹介しながら，説明してくれている。

練習問題

問題1

中世のヨーロッパにおける君主と教会との関係について説明しなさい。

問題2

ルネサンスが，ヨーロッパの政治や社会にどのような影響を与えたのか，説明しなさい。

問題 3

マキアヴェリの「運命」と「力量」について，説明しなさい。

（杉本竜也）

第7章

近代政治学の発展としての社会契約説

─ 本章のねらい ─

　本章では，近代政治思想の中核であり，現代においても民主主義国家の成立
原理として理解されている社会契約説を取り上げる。具体的には，トマス・ホ
ッブズ，ジョン・ロック，ジャン・ジャック・ルソーという，代表的な3人の
社会契約論者を紹介していく。その際，注目してもらいたいのは，「自然状態」
「自然権」「自然法」という言葉である。最初に，これらを簡単に説明しておく
と，「自然」という言葉には，「人為」「作為」とは正反対の意味がある。つま
り，政治思想における自然という言葉には，人間の行動や考えの作用が加わっ
ていないという意味がある。簡単にいえば，人間の営みである政治が存在して
いない状態ということである。そのため，自然状態は政府のような統治機構や
法制度が存在していない状態，自然権や自然法は政府や法がなくても存在する
と考えられる権利や法を意味することになる。これらの言葉は多くの社会契約
論者が用いているが，その意味やそれに対する評価は異なっており，そのこと
が彼らの政治思想の違いにつながっている。その相違点に注目しながら，読み
進めてもらいたい。

1　ホッブズによる生き延びるための政治学

　社会契約論者の1人目として紹介するのは，トマス・ホッブズ（Thomas
Hobbes：1588-1679）である。彼は，時代と政治状況に翻弄された人生を送った。
ホッブズの政治思想は，その波乱の人生の中で組み立てられたものである。そ
のため，彼の思想を考える場合，当時の時代状況に触れないわけにはいかない。
そこで，この節では，17世紀前半のイングランドの状況について概説したうえ

で，その中でホッブズがどのような政治思想を展開したのか説明していく。

動乱の時代に生きたホッブズ

　1603年，未婚で子どものいなかった女王エリザベス1世が没すると，スコットランドよりジェームズ1世がイングランドにやって来て，その王位を継承した。こうして始まったステュアート朝による絶対王政が，その後のイギリスの混乱のきっかけとなる。

　ホッブズが生まれたのは，1588年のことであった。イングランド国教会の牧師の子として生まれたホッブズは，幼い頃から頭脳に優れ，14歳でオックスフォード大学に入学する。1608年，大学を卒業した彼は，キャベンディッシュ家（後のデボンシャー公爵家）の家庭教師となる。この当時の貴族の家庭教師は，子弟の勉強のサポートだけでなく，その人格的な成長を支えるメンターの役割も担っていた。さらに，家庭教師は，家族全体の知的アドバイザーとしての役割も期待されていた。そのため，大学卒業と同時に名門貴族の家庭教師の職についたことは，ホッブズの知性や人格に対する評価の高さを示したものだということができる。彼は，この後の人生の多くの時間をキャベンディッシュ家と共に過ごし，その最期もその居館で迎えることになる。

　キャベンディッシュ家での経験は，ホッブズの思想形成に大きな影響を与えた。当時，貴族の子弟は一定年齢を迎えると，「グランド・ツアー」と呼ばれるヨーロッパ旅行に出かけることが多かった。彼らは，自身の家庭教師らの指導を受けながら，ヨーロッパ各地をめぐって，歴史遺産や芸術作品を鑑賞・視察したり，各国の政治家や貴族たちと交流することを通して，指導者としての資質を磨いた。一方で，付き添いの家庭教師たちにとっても，グランド・ツアーは意義あるものであった。なぜなら，この当時，まだ中進国にすぎなかったイングランドに対して，イタリアやフランスは文化と学問の先進地域だったためである。実際，ホッブズも，3度にわたるグランド・ツアーの中で，哲学者ルネ・デカルトや天文学者ガリレオ・ガリレイらとの知的交流を実現した。しかし，イングランドの情勢は，次第に不穏なものへと変化していく。

　1640年代に入ると，スコットランド遠征
の費用を調達するための課税をめぐって，
国王と議会は対立するようになった。そし
て，1642年，イングランドは，ついに国王
派と議会派との内戦に突入する。1644年の
ネイズビーの戦いで国王派に勝利した議会
派は，1649年に国王チャールズ1世を処刑
し，王政を廃止して共和政を開始する。こ
の一連のプロセスが，ピューリタン革命
（清教徒革命）である。

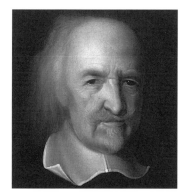

図7-1　トマス・ホッブズ

　このような時代の動きの中で，ホッブズは，1640年にはフランスへの亡命を
果たしている。というのも，ホッブズの書いた著作の中に，絶対君主を肯定し
ていると受け取られかねない記述があったためであった。この後，11年間にわ
たり，ホッブズは亡命生活を送り，1646年には同じく亡命中の皇太子（後のチ
ャールズ2世）の家庭教師も務める。しかし，王党派との関係も円満なものだ
ったわけではない。ホッブズは，従来からの主張が無神論的であるという理由
で，カトリック色が強かった王党派からも警戒されていた。1652年，共和政政
府に従うことを決めたホッブズは，イングランドに帰国した。その後は，彼は
キャベンディッシュ家の保護を受けて生きていく。ちなみに，1660年にはかつ
ての教え子であったチャールズ2世が帰国して，イングランドでは王政が復活
している。

　ホッブズの主著である『リヴァイアサン』は，その間，1651年に発表された
ものであった。では，その内容を紹介していきたい。

ホッブズの方法論

　ホッブズの思索は，きわめて徹底されたものであった。彼は，習慣や伝統と
いったものの介入を許さず，合理的で論理的な思考に徹した。世間的な配慮も
しない。ホッブズが，その時々の体制派だけでなく，さまざまな立場の人々か

ら警戒されたのは，そのような徹底した思索が原因であった。

　ホッブズが採用した方法論は，物理学と幾何学であった。それまでの自然科学は，アリストテレスの自然学を源流としていた。それは，万物には存在する目的があるという前提に立った，客観性に欠けたものであった。これに対して，ホッブズは，デカルトといった当時の一流の自然科学者との交流や彼らの研究を通して，現代にも通用する自然科学的な研究方法論を学び，それを政治や社会の分析に応用していった。自然科学的な考えに立てば，観察の対象という点において，人間と動物の間に大きな違いはない。ホッブズは，まるで動物の行動を観察するように，人間の行動について考察を行い，それに基づいて自身の政治学を構想した。

人間の本性から生じる「万人の万人に対する闘争」

　ホッブズが，人間の本質と考えたものは，「感覚（sense）」と「情念（passion）」であった。何かを見たり，聞いたりすれば，感覚を通して，人間の中にはそれらが印象となって残る。この蓄積が経験であり，さらにそれが人間の思考へと成長する。つまり，人間の思考というものは，感覚から生じていることになる。そして，情念は，そのような感覚の反応の結果として，その人間の内面に生じるものである。情念の中で，ホッブズの政治思想においてもっとも重要な意味をもつものが，「恐怖（fear）」であった。ホッブズは，この恐怖について，「対象による害という意見を伴った嫌悪」（ホッブズ 1992：第1巻，103）と説明している。人間は，他者と出会ったとき，その他人から傷つけられるのではないかという不信感を抱き，恐怖を覚える。では，なぜ人間は，そのような不信感を他人に抱いてしまうのだろうか。

　ホッブズの考えでは，人間が第1に求めるものは「保存（conservation, preservation）」である。これが不信感の原因となる。「生き残ること」は，すべての人間がいちばんに求めているものである。これは，人間が生物である以上，逃れることができない感情である。そのため，基本的に，人間は常時自らの生存を望んで，恐怖に脅える存在ということになる。そのような人間の目には，

他人は自分の生存を危うくする危険な存在以外の何者でもない。

さらに，人間が平等であることも，他者に対する不信感を強める原因となっている。ホッブズは，肉体的にも精神的にも，人間は本質的に平等であると明言している（ホッブズ 1992：第 1 巻，207-208）。例えば，肉体的に貧弱な人間は，たくましい人間よりも弱いと考えられがちである。しかし，貧弱な人間も策略などを巧みに用いることができれば，肉体的に優っている人間を倒すことも十分に可能である。それを考えれば，人間の能力差というものは，本質的には決して大きくない。

この平等感が，人々のあいだに「希望の平等（equality of hope）」をもたらす（ホッブズ 1992：第 1 巻，208-209）。これが意味するのは，人間は誰でも同じように希望をもつことができるということである。では，人間がもっとも強く求める希望とは何か。もちろん，それは生存である。つまり，人間は本質的に平等であり，さらにどの人間の希望も平等であるからこそ，すべての人々が自分の生存のために相争う危険性が生じてしまうことになる。

ホッブズは，この状態を，「各人の各人に対する戦争」や「万人の万人に対する闘争（bellum omnium contra omnes）」（ホッブズ 1992：第 1 巻，210）と表現している。だが，注意しなければならないのは，ここで実際に戦闘が発生しているわけではないということである。彼がここで戦争状態と考えているのは，人間どうしが互いに不信感を抱きながら，つねに闘いに備えているような状態のことである。しかし，実際の戦闘がないからといって，このような状態が人間にとって幸福であるはずがない。そこでは，経済的な繁栄を望むことはできず，文化的な発展も難しい。人間は，何よりも生存を求めながらも，そのためにかえって不幸に陥ってしまう。ホッブズの取り組みは，このジレンマを解決することにあった。

自然権と自然状態

ホッブズは，人間が自身の生存のために自由に判断し行動できることを「自然権（jus naturale, right of nature）」と呼んでいる。彼の言葉を引用すれば，そ

れは「各人が，彼自身の自然すなわち彼自身の生命を維持するために，彼自身の意志するとおりに，彼自身の力を使用することについて，各人がもっている自由であり，したがって，彼自身の判断力と理性において，彼がそれに対する最適の手段と考えるような，どんなことでも行う自由」のことである（ホッブズ 1992：第1巻，216）。要するに，人間は，自分が生き延びるためなら，何をしてもよいのである。ホッブズは，これを自然「権」という言葉で表現しているが，それよりも人間の自然的本性という方がわかりやすいだろう。

　しかし，同じ程度の精神的・肉体的能力をもっている人間たちが，自らの生存のために互いに警戒を続けたとしたら，そこには極度の緊張状態が継続することになる。ここには，緊張状態にある人々の生存を保障して，相互の緊張を調停する存在はない。政治学では，緊張や摩擦を調停・解決できる国家や政府などが存在していない状態を，「自然状態」と呼んでいる。つまり，ホッブズの考えた自然状態とは，すなわち万人の万人に対する闘争のことであった。

『リヴァイアサン』の登場

　ホッブズは，生存をめぐる緊張状態を打開するための要件として，「自然法（lex naturalis, law of nature）」と「契約（contract）」を挙げている。

　ホッブズは，3種類の自然法を提示している。第1の自然法は，「平和を求め，それに従え」である（ホッブズ 1992：第1巻，217）。繰り返しになるが，人間が何よりも望んでいるのは自己保存である。だが，それが必然的にもたらすものが万人の闘争状態である。いわば，ホッブズは，第1の自然法において，人間の本性に反するような「不自然」な要求をしているわけである。

　続く，第2の自然法は，次のようなものである。「人は，平和と自己防衛のために彼が必要だと思う限り，他の人々もまたそうである場合には，全てのものに対するこの権利を，すすんで捨てるべきであり，他の人々に対しては，彼らが彼自身に対してもつことを彼が許すであろうのと同じ大きさの，自由を持つことで満足すべきである」（ホッブズ 1992：第1巻，218）。注目するべきは，「他の人々もまたそうである場合」という個所である。自然権の放棄は生存を

目的としているのに，もし一部の人間だけそれを持ち続けようとしたら，放棄した人間は自身の身を危険にさらすことになる。それでは，自然権を捨てた意味がない。そのため，自然権の放棄は，全員が一斉に行わなければならない。

　そして，ホッブズは，「人々は，結ばれた信約を履行すべきだ」という第3の自然法を示す（ホッブズ 1992：第1巻，236）。彼は，この自然法を「正義（justice）」と呼んでいる。ホッブズの社会契約説の中で，多少でも道徳的な要求されているのはこの程度である。だが，この自然法も，元をたどれば，自己の保存が目的となっている。ここでも，ホッブズの意図はまったくぶれていない。

図7-2　『リヴァイアサン』

　これらの自然法の内容を確実なものにするのが，「契約」（contract）である。これは，「権利の相互的な譲渡」（ホッブズ 1992：第1巻，221）を明らかにするものである。だが，ホッブズは，契約だけでは不十分だと考える。彼は，契約が有効性をもつためには，約束を破棄することによって生じる恐怖か，破棄しないことへの誇りが必要だと考える。人間に対する不信感を払拭できないホッブズが特に重視したのは，もちろん前者である。つまり，自然権が放棄された状態を実現し，維持していくためには，圧倒的な力をもつ存在が必要になる。

　そのための存在が，国家すなわち「コモン＝ウェルス（Common-wealth）」である。コモン＝ウェルスは，「すべての権力と強さとを，1人の人間に与え，または，多数意見によってすべての意志をひとつの意志とすることができるような，人々の1つの合議体に与えること」を契約の中で含むことによって成立する（ホッブズ 1992：第2巻，33）。このコモン＝ウェルスが，自然権を譲渡す

る契約を有効なものにし，人々の生存を確実にする唯一の存在となる。考えてみれば，これは当然のことだろう。人々に対する不信感が問題の発端である以上，約束程度で人々が大事な自然権を放棄するわけがない。人々の本性に反するような「不自然」なことを強制するには，強力な力が不可欠である。そのため，自然権の放棄は，「人々にそれを守ることを強制するのに十分な，政治権力の設立と共にのみ」可能となる（ホッブズ 1992：第 1 巻，237）。

　あらゆる力と権限を握るということは，コモン＝ウェルスこそがその国家における「主権者（sovereignty）」であることを意味する。国内における対立の調停や外国勢力からの攻撃に対応するための権限など，その国家内のあらゆる権限が，主権者であるコモン＝ウェルスに集中する。しかし，それでは，コモン＝ウェルスが個々の人々の生命や権利を侵害する事態が発生したら，どうなるのだろうか。

　この問題に関して，ホッブズは，個々人の抵抗権を認めないという形で答えを出している。主権者であるコモン＝ウェルスに対して，人々は「臣民（subject）」でしかない。人々は，コモン＝ウェルスに服従することを求められている。だが，コモン＝ウェルスは人々自身が作ったものなので，それへの服従は人々にとって自分自身に服従するのと同じである。そのため，ホッブズの考えでは，コモン＝ウェルスに対する抵抗権は成立しようがないのである。

　　すなわち，技術によって，コモン＝ウェルスあるいは国家（ラテン語ではキウィタス）とよばれる，あの偉大なリヴァイアサンが，創造されるのであり，それは人工的人間にほかならない。ただし，それは，自然人よりも形がおおきくて力がつよいのであって，自然人をそれが保護し，防衛するようにと，意図されている（ホッブズ 1992：第 1 巻，37）。

　ホッブズは，コモン＝ウェルスを「人工的人間（artificial man）」と表現している。ここで，『リヴァイアサン』の初版本の表紙を見てもらいたい（図 7 - 2）。剣と杖をもった大男こそ，この人工的人間すなわち国家である。よく見

ると，この大男は，無数の人間で構成されている。この絵が伝えたいことは，国家が個々の人間によって構成されているということである。国家は，宗教的な権威や伝統によって成立しているのではなく，個々の人間の意志によって成立している人為的な存在なのである。そして，大男を構成する 1 人ひとりは，臣民でもある。人々は，自らが国家を形成し，その国家に従う。これが自分自身への服従ということである。ここでは，支配者と被支配者の区別は，理論上は存在しない。

　しかし，そうはいうものの，実際には誰が主権を行使するのだろうか。すでに紹介したように，ホッブズは，「1 人の人間」もしくは「人々の 1 つの合議体」を主権者として想定していた。現実的に考えた場合，当時のイギリスでこれらに該当するのは，国王と議会である。このとき，国王と議会は争っていたわけなので，対立するこれらの存在を並べているということは，ホッブズにとって，主権者が誰なのかという問題はそれほど重要ではなかったということだろう。やはり，彼がもっとも重要視したのは何よりも人間の保存・生存だと考えるのが妥当である。

　ただ，ホッブズが，リヴァイアサン（レビヤタン）を自著のタイトルに決めたことは気にかかる。リヴァイアサンとは，『旧約聖書』の「ヨブ記」第41章に登場する海の怪物のことであり，そこでは人間の意志の通りにならないものの例えとして紹介されているからである。

2　安定と自由の思想家としてのロック

　続いて紹介するのは，ジョン・ロック（John Locke：1632-1704）である。彼は，ホッブズと同じ，イギリス（イングランド）の政治思想家である。彼らは同じ社会契約論者でありながら，その思想には根本的な相違が見られる。なぜホッブズとロックの間に違いが生じたのか。その違いはどのようなものなのか。この節では，その相違点に注意を払いながら，ロックの政治思想の特色とその意味について考えてもらいたい。

図7-3　ジョン・ロック

ロックの思想形成と政治との関わり

　ロックは，1632年，イングランド南西部のサマセット州に生まれた。父は敬虔なピューリタンだったが，狂信的な信仰の持ち主ではなかった。1652年，ロックはオックスフォード大学に入学し，道徳哲学と医学を修める。その後，彼はオックスフォードに残って研究生活を送るが，偶然この地に滞在していた，有力な議会政治家であるアンソニー・アシュリー＝クーパー（シャフツベリー伯）と運命的な出会いを経験する。

ロックの学識を評価したアシュリー＝クーパーは，自家の家庭教師として，侍医として，そして政治的な相談役として彼を迎えた。

　当時のイギリスは，王政復古によってフランスから帰国したステュアート朝と議会との間，そして議会内の王権に近い派と議会の権限を主張する派との間でも対立が激化していた。1660年，フランスで亡命生活を送っていたステュアート家のチャールズが，帰国して王位に就く。ホッブズの教育を受けていた，あのチャールズ2世である。彼は，ルイ14世が治めるカトリック国フランスに滞在していたこともあり，イギリスにおいても絶対王政を行い，カトリックの復活を図ろうとしていた。これに対して，議会は，ピューリタン革命から共和政時代にかけて整備してきた議会中心の政治体制と国教会制度を確立しようと努めていた。つまり，当時のイギリスには，絶対王政とカトリック復活を求める国王側と，議会政治と国教会制度を主張する議会側との対立が存在していた。さらに，議会内部では，国王の意向を実現しようとするトーリー（Tory）と議会派のホイッグ（Whig）の二大党派が対立していた。アシュリー＝クーパーは，ホイッグの有力政治家であった。彼のブレーンになっていたロックは，彼と行動を共にすることになる。1672年には，シャフツベリー伯に引き上げられたアシュリー＝クーパーだが，彼らと国王との対立はますます激しくなっていった。

この頃，国王と議会が対立した最大の原因は，王位継承問題であった。子どもがいなかったチャールズ 2 世は，弟のヨーク公に王位を継がせようとしていた。しかし，ヨーク公はカトリックとして知られており，絶対王政の信奉者でもあった。議会派の支配者であったシャフツベリーは，国王の方針に反対し，最終的に反乱を企てる。しかし，事前にその計画は明るみになり，反逆罪を問われたシャフツベリーは，1682年にオランダのアムステルダムに亡命した。ロックも，この亡命に同行した。

その後，ヨーク公は，ジェームズ 2 世として即位する。だが，強引な専制政治のため，彼は1688年に議会によって追放される。名誉革命である。シャフツベリーは早くも1683年にはアムステルダムで客死していたが，ロックは彼の死後もオランダに滞在していた。だが，1689年になると，ロックもイギリスに帰国を果たし，盛んに著作を発表するようになる。この節で取り上げる『統治二論』も，その時期に発表されたものである。

帰国後のロックは，平穏な暮らしを送ったといっていいだろう。彼は，名誉革命以後のイギリス議会政治を理論的に支えるイデオローグとして評価され，政府の要職にも就いた。死去したのは，1704年のことである。

自然法に基づく安定状態としての自然状態

ホッブズは，生存のためには何でも可能な自然権から考えを始めた。これに対して，ロックは，自然法から議論を進める。ロックの考える自然法は，人間の都合で決められたルールではなく，神の意志を示したものである。そのため，自然法は，人間の世界に一定の道徳的な秩序をもたらす。

人間は，経験を通して，この自然法を認識していくことが可能である。伝統的なアリストテレス的認識論でも，またこの当時ヨーロッパ大陸で流行していたデカルト的な認識論においても，物事を正しく認識するためにはその本質を理解する必要があると考えられていた。これに対して，ロックは，経験とそれによって養われる理性の重要性を主張する。人間の心は元々白紙状態（table rasa）であり，そこに外部からさまざまな刺激がもたらされることによって，

人間は認識能力を身に付けていく。物事には不変的な本質などというものは存在せず，人間は理性と経験を通して初めて正しい認識が可能になる。自然法も，そのような過程をへることによって認識することができるようになる。

　この自然法が存在しているため，ロックの考える自然状態は基本的に平穏である。統治機構や法が存在しなくても，自然法が，「全人類に対して，すべての人間は平等で独立しているのだから，何人も他人の生命，健康，自由，あるいは所有物を侵害すべきではないということを教える」(ロック 2010：298)。そのため，自然状態は，「自然法の範囲内で，自分の行動を律し，自らが適当と思うままに自分の所有物や自分の身体を処理することができる完全に自由な状態」であり，「平等な状態」であるが，決して「放縦の状態ではない」(ロック 2010：296-298)。ここでは，自分の身体や所有物について，人間は完全な自由を有している。だが，この自由は他の人間にも同様に認められていることなので，いくら自由だといっても他の人間の生命や財産を侵害することはできない。その結果，ロックの自然状態では，一定の平和が保たれることになる。

　また，ロックの考える自然状態では，そこにいるすべての人が自然法の執行者としての資格をもっている。つまり，自然状態で統治機構は存在していないため，実際に自然法を執行する権利はすべての人々によって行使されることになる。ホッブズはそれが「万人の万人に対する闘争」の原因になると警戒したが，ロックの場合は自然法の存在が前提とされているため，戦争状態に突入する心配はない。

　このように，ホッブズとロックの思想的相違は，自然状態を論じる際，ホッブズが自然権に注目したのに対して，ロックが自然法に目を向けたことに原因があると考えられる。

「プロパティ」とは何か

　ロックが自身の政治理論の根本に置いた権利概念は，「プロパティ (property)」である。この語には，「所有権」という訳語が当てられることが多い。しかし，ロックは，それに加えて，人間の生命や自由に関する権利といったも

のも，この概念の中に盛り込んでいる。また，彼は，政府などの存在の有無に
かかわらず，すべての人間がもっている自然権として，プロパティを理解して
いる。

　たとえ，大地と，すべての下級の被造物とが万人の共有物であったとして
も，人は誰でも，自分自身の身体に対するプロパティをもつ。これについて
は，本人以外の誰もいかなる権利をももたない。彼の身体の労働と手の働き
とは，彼に固有のものであると言ってよい。従って，自然が供給し，自然が
残しておいたものから彼が取りだすものは何であれ，彼はそれに自分の労働
を混合し，それに彼自身のものである何ものかを加えたのであって，そのこ
とにより，それを彼自身の所有物とするのである（ロック 2010：326）。

ホッブズの自然権と比較した場合，ロックのプロパティ概念の最大の特徴は，
彼がこの概念の要件として「労働（labour）」という要素を与えたことにある。
ロックは，まず自分の肉体の所有者が自分であることを確認する。そして，自
分が自らの肉体を使って労働を行い，その結果収穫が得られたとしたら，それ
はその人間の所有物だと考える。要するに，ロックの思想では，最終的に所有
を確定するのは労働である。そして，彼の中では人間としての基本的権利とプ
ロパティが事実上一体化しているため，労働こそが人間の条件ということにな
る。

　ロックは，プロパティをこのように定義することによって，人間に対して
「個人」という新たな性格を与えることに成功した。というのも，彼は，「人間
は（彼自身の主であり，また，自分の身体およびその活動や労働の所有者であることに
よって）自らのうちにプロパティの偉大な基礎をもって」いることを明らかに
したからである（ロック 2010：345）。人間の権利の根拠は，伝統でも習慣でも
なく，個人としての人間自身である。そのため，その人間が個人として行った
判断と行動は，最大限尊重されなければならない。個人という存在が権利の主
体として明確に認識されたことによって，政治秩序の根拠は伝統や宗教的権威

ではなく，個人に求められるという理論が可能になった。このことから，プロパティの理論は，人間の権利を主張する根拠ということだけでなく，当時の絶対王政に対する批判理論としての性格ももつことになった。

労働と貨幣

ところで，西洋社会では，労働を苦しみと考える傾向が伝統的に強いといわれている。『旧約聖書』の「創世記」で紹介されているエピソードは，西洋の労働観を象徴するものだろう。そこでは，神のいいつけを破ったアダムに対して，神は罰として労働を課している。そのような労働観が色濃いヨーロッパにおいて，ロックが人間の権利の基礎として労働を積極的に評価したことは注目に値する。

ロックの自然状態が平穏なものになっている理由の1つには，実はこの労働の存在があった。例えば，ここにリンゴが1つあるとする。ホッブズの自然状態であれば，複数の人間がこの1つのリンゴをめぐって争うことになる。これに対して，ロックの場合，リンゴの種を植えて育てるという労働を考慮に入れることができるので，リンゴの数を人間の数以上に増やして，それをめぐる争いを回避することが可能となる。要するに，労働という要素が加わることで，生存競争の危険性を取り除くことができるのである。

また，ロックは，自分の政治思想の中に，貨幣を導入している。貨幣は，「人間が腐らせることなしに保存できる何か耐久性のあるものであり，また，人々が，相互の同意によって，真に有用でありながら消滅する生活の必需品と交換に受けとるものである」（ロック 2010：348）。人間は労働の成果を現物のまま蓄えるだけでなく，それを貨幣として貯蓄することもできる。貨幣は腐ることがないため，それは蓄積されることになり，最後には私有財産となる。そして，この私有財産が資本主義経済の基礎となる。経済学の分野で資本主義の有効性を説いたのは，アダム・スミスであった。これに対して，政治学において資本主義の正当化に貢献したのはロックであった。

政治社会と政治権力

　ここまで紹介してきたように，ロックの考える自然状態では，人々がそれな
りに平穏な暮らしを送っている。だが，自然状態では，すべての人が自然法の
執行権をもったままである。そのため，自然状態がどれほど平穏であったとし
ても，プロパティが傷つけられる恐れが残ってしまう。そこで，ロックも政治
社会の構築を目指すことになる。

　ロックは，自然状態から脱するプロセスを，2 段階に分けて示している。そ
の第 1 が，「政治社会（political society, civil society）」の形成であり，第 2 が，
「政治権力（political power, civil power）」への権限の信託である。確認しておき
たいのは，これらを行う目的である。それはもちろん，「プロパティを保全す
ること」である（ロック 2010：391）。

　政治社会は，「相互に，1 つの共同体に入り，1 つの政治体を作ることに同
意し合う契約」によって形成される（ロック 2010：307-308）。これが社会契約
である。ロックは，この際にすべての人の支持を得ることを期待していない。
政治社会の形成は多数派の支持が獲得できれば可能であり，それに反対する少
数派も多数派の決定に従わなければならない。

　政治社会に加わる際に求められることは，自然法の執行者としての権利を放
棄することである。政治社会に加わる人間は，私的に自然法を執行する権利，
私的に他人を処罰する権利を捨てて，それを新たに作る政治社会に委ねなけれ
ばならない。この結果，自然法の執行者は政治社会だけとなる。

　ただ，政治社会を作っただけでは，自然法の執行とプロパティの保護を確実
にすることはできない。そのためには，それを実際に行使する存在が必要とな
る。これが政治権力である。ロックは，これを次のように説明している。

　政治権力とは，プロパティの調整と維持のために，死刑，従って，当然，そ
　れ以下のあらゆる刑罰を伴う法を作る権利であり，また，その法を執行し，
　外国の侵略から政治的共同体を防衛するために共同体の力を行使する権利で
　あって，しかも，すべて，公共善のためだけにそれを行う権利であると考え

るのである（ロック　2010：293）。

　政治権力は，実際の統治行為を行う。ただ，政治権力はプロパティの保護を求める政治社会からの「信託」（trust）に応えて，権限を行使しているにすぎない。ロックは，自らの政治構想を語る際，「主権」（sovereignty）や「主権者」（sovereign）という語は基本的に使用していない。けれども，政治社会が事実上の主権者であることは明らかである。

　この政治権力には，「立法権（legislative power）」，「執行権（executive power）」，「連合権（federative power）」の3種類がある（ロック　2010：468-487）。

　まず立法権は，「最高権力（supreme power）」であり，他の2つの権力はこれに従属している。立法権は，政治共同体全体の方針を決定し，自然法を具体化して現実に適用する権限をもっている。

　続いて，執行権は，立法権で決定された法の執行を担当する。立法権が法の制定のときだけ機能するのに対して，執行権はつねに設置されていることが求められている。また，立法権の解散権限は，執行権が保有している。

　最後に，連合権は，外交や戦争に関する権限であり，事実上執行権と一体のものとされている。ロックは，立法権と執行権が一体化することは禁止しているが，現実的な点から執行権と連合権は連携して執行されるべきだと考えていた。

　これらの権力はいずれも，プロパティの保全を求める政治社会の要請に応えるために設置されたものである。そのため，もしこれらが政治社会の信託に背くような事態が発生した場合，政治社会はこれらの権力に抵抗すること（抵抗権）が認められており，さらに必要があれば革命を起こすこと（革命権）も容認される。

　ただ，ロックが本当に肯定していたかといえば微妙だろう。彼は，革命権の行使を，「天に訴える（appeal to heaven）」という言葉で表現している（ロック　2010：588）。つまり，ロックは，革命権の行使は神のみぞ知ることだといっているわけである。それを考えると，彼は権利としては革命権を認めながらも，

実際の行使に関してはきわめて慎重だったと理解すべきだろう。

　ロックという思想家は，ホッブズやこの後で紹介するルソーと比較すると，あまり「おもしろくない」思想家である。しかし，だからこそ，彼の思想は，現実的な有効性を獲得することができた。彼の考えた政治体制は，現在実際に行われている議会政治とほぼ同じものである。ロックは，人間を過度に評価することも，また必要以上に不信の目で見ることもしない。また，普通の人間の日常生活には切り離すことのできない労働を，権利の根拠に置いた。このように，「おもしろくない」が，慎重で地に足の着いた思想だったからこそ，ロックの思想は21世紀の今日でも影響力を保ち続けているのではないだろうか。

3　一体性を求めた思想家・ルソー

　最後に紹介する社会契約論者は，ジャン・ジャック・ルソー（Jean Jacques Rousseau：1712-1778）である。ホッブズやロックが高い教育を受け，人文的な教養だけでなく，科学的な知識も身につけていたのに対して，ルソーは高等教育を受けた経験はなく，その思想も感情的な傾向が強い。そして，ルソーの政治思想もまた，そのような情感的な雰囲気をもったものになっている。ルソーのキャラクターを踏まえたうえで，彼の思想の評価すべき点と問題視すべき点について考えてほしい。

放浪者としての人生を送ったルソー

　ルソーは，1712年，スイスのジュネーヴに生まれた。彼の父親は時計職人であり，古代ギリシアやローマの共和主義に強い憧れを抱く人物であった。当時のジュネーヴでは，名目上は職人や商人による共和政が行われていたため，ルソーの父はジュネーヴ市民であることに誇りを感じていた。そのようなルソーの家には古典古代の著作が整えられており，中でも彼はプルタルコスの『対比列伝』（『英雄伝』）を好んで読んでいた。ただ，この父親は感情的な人物で，ルソーが10歳のときに決闘騒ぎを起こして，わが子を残してジュネーヴから出奔してしまう。その後，ルソーは親戚のもとで育てられた。

図7-4　ジャン・ジャック・ルソー

1728年3月のある日，当時彫金師に弟子入りしていたルソーは，友人たちと郊外に遊びに出かけた。しかし，市の出入口の門限に間に合わなかった彼は，それを機に，父と同じようにジュネーヴを出奔してしまう。実は，ルソーは粗暴な彫金師の親方にうんざりしていた。門限に間に合わなかったことが，彼のジュネーヴ脱出の背中を押した。ここから，彼の放浪人生が始まる。

ルソーは，まず貴族のヴァランス夫人と知り合い，その愛人となる。彼女との暮らしの中で，彼は聖歌隊に入ったり，音楽家と称して指揮者を務めたり，エルサレムへの旅を試みたりと，さまざまなことに手を出している。

ヴァランス夫人との関係が破綻すると，ルソーはパリに出た。ここで，彼は，ディドロやダランベールといった啓蒙思想家と知り合う。思想家としてのルソーの人生が始まるのは，この頃からである。彼は，ディドロたちが発刊した『百科全書』の執筆に関わり，複数のアカデミーの懸賞論文にも応募した。そのような中から生まれたのが，『人間不平等起原論』や『社会契約論』といった著作であった。だが，これらの著作は当時のフランス絶対王政やフランス社会への批判を含んでいたため，ルソーは次第に思想統制の対象とされていく。

ところで，ルソーは，人間的にはかなり問題のある人物であった。それがもっともあらわれているのが，事実上の妻テレーズ・ルヴァスールと彼女との間に生まれた子どもたちに対する態度である。ルソーは，滞在していたホテルのウェイトレスであった彼女との間に複数の子どもをもうけたが，そのいずれも孤児院に入れてしまう。また，テレーズという妻が存在しながら，他の女性に好意を寄せたこともあった。しかし，1778年のルソーの最期を看取ったのは，このテレーズであった。

　ルソーに対する評価が大きく変化したのは，死後のことであった。1789年にフランス革命が発生すると，彼は革命思想家としてにわかに持ち上げられるようになる。最期の地であったピカルディのエルムノンヴィルに葬られていたルソーの遺体は，英雄を祀るパリのパンテオンに移送された。彼の遺体は，19世紀にブルボン朝が復活した際に一時的にパンテオンから移されたが，その後戻され，現在は再びパンテオンで眠っている。

文明の進歩に対する批判

　18世紀のフランスの哲学と思想をリードしたのは，啓蒙思想であった。啓蒙には，人間のもつ理性を適切に育てることによって，人間の知的・精神的成長を実現するという意味がある。そのような人間の可能性を追求したのが，啓蒙思想であった。

　啓蒙思想が前提としていたのは，直線的な歴史観であった。人間の歴史は直線的に進んでおり，その中で人類は多くのことを学んでいく。そのため，歴史が進むほど，人間は知的に向上していく。この成長が「進歩」（progress）であり，進歩の結果，形づくられるのが「文明」（civilization）である。そのため，ディドロやダランベールに代表される啓蒙思想家たちは進歩を肯定的に捉えた。

　さて，ルソーは，ディドロらによって発刊されていた『百科全書』の執筆にも参加していたが，進歩を評価することはなかった。それどころか，彼は進歩を批判した。

　ルソーは，1749年と1754年の2度，ディジョンの学術アカデミーの懸賞論文に応募している。1回目のテーマは「学問や芸術の復興は，習俗の純化に寄与したか」というものであり，2回目は「人間の不平等の起原は何か，それは自然法によって認められるか」というものであった。そして，ルソーは，これらのテーマに対して，学問や芸術の進歩はかえって人間の堕落を招き，不平等の原因となったという回答を提示した。

　ルソーも自然状態から議論を始める。ただ，ルソー考える自然状態は，ホッブズやロックのそれとは完全に異なっている。

森の中をさまよい，器用さもなく，言語もなく，住居もなく，戦争も同盟も
なく，少しも同胞を必要ともしないばかりでなく彼らを害しようとも少しも
望まず，おそらくは彼らの誰をも個人的に見覚えることさえ決してなく，未
開人はごくわずかな情念にしか支配されず，自分1人で用が足せたので，こ
の状態に固有の感情と知識しか持っていなかった。……教育も進歩もなかっ
た。世代はいたずらに重なっていった。そして各々の世代はつねに同じ点か
ら出発するので，幾世紀もが初期のまったく粗野な状態のうちに経過した。
種はすでに老いているのに，人間はいつまでも子どものままであった（ルソ
ー　1972：80）。

　ルソーのいう自然状態で特徴的な点は，そこでは人間は個別に生きており，
他人という存在が意識されていないということである。人間は，森の中を1匹
で生きているオオカミのような存在である。他の人間と出会うこともあるが，
人間は基本的に1人であり，人と交流する機会も必要もない。その結果として，
自然状態の人間の知性は低いままで，啓蒙状態にはほど遠いが，他人と争いが
発生する危険もない。
　自然状態の下で，人間は，自己保存への関心である「自愛心（amour de soi-
même）」と，同類である人間が苦しんでいる状況に対して感情移入する「憐憫
の情（pitié）」を抱いている。本質的に人間同士のつながりのない自然状態で
一定の道徳性が維持されているのは，この憐憫の情のためである（ルソー
1972：74-75）。
　しかし，人間は，周囲にあるさまざまな資源を材料として，自分の力を高め
てしまう能力をもっている。ルソーは，これを，「自己改善能力（perfectibi-
lité）」と呼び，「人間を彼自身と自然とに対する暴君」にしてしまうものだと
嘆いている（ルソー　1972：53）。自己改善能力が生み出したものの中で，人間に
とってもっともマイナスだったものは，冶金（金属を精製・加工すること）と農
業であった（ルソー　1972：97）。冶金や農業にはかなりの知識と先見の明，さ
まざまな技術が必要となるが，そのような能力の持ち主は限られている。そのた

め，中には成功して財産を築く人もいるかもしれないが，わずかな成果しか上げられない人や損をする人も出てくる。この結果，不平等が生じる。

　そのような中で，人間の意識にも変化があらわれる。初めは，自愛心だったものが，他人と比較し，他人に優ることを求める虚栄心である「利己心（amour propre）」へと変化していく。他人との比較の中で重視されるのは，見た目であり，本質ではない。そのため，ここでは，「"あること" と "見えること" がまったく違った 2 つのもの」になってしまう（ルソー 1972：101）。そして，政治という現象は，そのような世界で姿をあらわす。

　ルソーはいう。「ある土地に囲いをして『これはおれのものだ』と宣言することを思いつき，それをそのまま信じるほどおめでたい人々を見つけた最初の者が，政治社会の真の創立者であった」（ルソー 1972：85）。ルソーは，進歩による人間の精神的堕落と経済的不平等に，政治の起原を見出している。ルソーの中で，政治の問題点と経済（私有財産制）の問題点は，密接に結びつけられている。この当時のフランスは絶対王政の末期に該当する。そこには，税が免除されていた貴族階級と，日々の食事にも困る多くの民衆が存在していた。ルソーの文明批判は，絶対王政が行われ，不平等がはびこっていた，当時のフランスの政治・社会状況に対する批判でもあった。

一般意志とは何か

　ルソーの政治論は，悲観的に始まる。彼は，『社会契約論』の第 1 章を，「人間は自由な者として生まれた，しかも至るところで鎖につながれている」という言葉から始めている（ルソー 1954：15）。人間の自己改善能力が不平等を生み出してしまうため，人間は政治的に抑圧される存在として生きることを余儀なくされている。そして，手をこまねいていれば，「これはおれのものだ」と最初に宣言した人間によって，政治は左右されてしまう。

　この事態に対処するためのルソーの構想は，社会契約によって共同体を形成することを通して，人民の一体化を目指すというものであった。ルソーの考える社会契約の目的は，「集合することによって，抵抗に打ち勝ちうる力の総和

を，自分たちが作り出し，それをただ1つの原動力で働かせ，一致した動きを
させること」である（ルソー 1954：29）。進歩と文明は不平等という分断状態を
必然的につくり出してしまうため，これを克服するには人々を意識的に一体化
することが必要となる。

　この社会契約によって結ばれる人間関係は，「自分」と「自分」の関係であ
る（ルソー 1954：33）。各個人が契約の対象としている人民の中には，その人間
も含まれている。一方，全体としての人民から見ても，そこで向き合っている
人間は，自身を構成している1人の人間である。わかりやすくいえば，各人は，
自分も含む人民全体と社会契約を結ぶのである。そして，契約によって形成さ
れた全体としての人民は，社会という名の共同体の「主権者（souverain）」と
なる。

　ルソーは，この主権者の意志を，「一般意志（volonté générale）」と呼んだ。
国家は，この一般意志によって運営される。この一般意志は間違いを犯さない。
共同体の中に自分たちの利益だけを主張する分派などが存在せず，すべての市
民が公共性の観点から自分の考えを表明することができれば，そこから導き出
される意志は同じ方向性を指し示すだろうし，また誤ることもないだろう。ル
ソーは，そのような期待を一般意志にかけた。

　　「われわれの各々は，身体とすべての力を共同のものとして一般意志の最
　　高の指導の下におく。そしてわれわれは各構成員を，全体の不可分の一部と
　　して，ひとまとめに受けとるのだ。」

　この結合行為は，直ちに，各契約者の特殊な自己に代わって，1つの精神
的で集合的な団体をつくり出す。その団体は集会における投票者と同数の構
成員からなる。それは，この同じ行為から，その統一，その共同の自我，そ
の生命およびその意志を受けとる。このように，すべての人々の結合によっ
て形成されるこの公的な人格は，かつては都市国家という名前をもっていた
が，今では共和国（République）または政治体（Corps politique）という名前
をもっている。それは，受動的には，構成員から国家（État）と呼ばれ，能

動的には主権者（Souverain），同種のものと比べる時は国（Puissance）と呼ばれる。構成員についていえば，集合的には人民（Peuple）という名をもつが，個々には，主権に参加するものとしては市民（Citoyens），国家の法律に服従するものとしては臣民（Sujets）と呼ばれる（ルソー 1954：31）。

ここでは，都市国家・共和国・政治体・国家・主権者・国・人民・市民・臣民がすべて，一体のものとして定義されている。これらの名称は，1つのものをさまざまな方向から見て言い換えているにすぎない。これらは単一の共同的な精神と指導原理で結ばれており，一般意志によって指導される。すなわち，これらのものはすべて，一般意志に包摂される。

ルソーがここまで一体化にこだわったのは，彼が隷属を問題視していたからだった。隷属とは，自分の自由を譲り渡してしまうことを意味する。ルソーは，それを「人間たる資格，人類の権利ならびに義務をさえ放棄すること」だといっている（ルソー 1954：22）。彼は，自由を奪う側もさることながら，自由を放棄してしまう側にも厳しい。なぜなら，ルソーは，自由というものを道徳的に考えていたためである。彼は，社会を構成する条件に，わずかでも隷属的な要素が加わることを認めなかった。そのため，ルソーが求めた共同体では，主従や上下の非対称的な関係が完全に排除されている。これが，一体的な社会に対する彼の思い入れへとつながった。

だが，ルソーが考えたような国家は成立可能だろうか。結論からいえば，それはきわめて難しいだろうし，その点はルソー自身も認識している。政治には「指導」や「統治」という行為が伴うため，どうしても「指導者」や「統治者」が必要である。そうなると，支配する側と支配される側という関係が発生してしまうことは避けられない。

また，ルソーの目指した共同体がもつ，全体主義的な性格にも注意が必要である。ルソーは共同体が一体であることを求め，一般意志が分割されることを容認しない。そのような一般意志の下で，個人の精神の自由は維持できるのだろうか。ルソーに影響を受けた人々によって主導されたフランス革命が残酷な

─── *Column* ⑧　「絶対王政」───

　一般的なイメージとは異なり，絶対王政は，民衆を抑圧していただけの政治体制だったわけではない。例えば，絶対王政は，急速に成長していたブルジョワジーにとって，都合のよい存在であった。

　中世までは，各地方や各都市ごとに，さまざまな商習慣やルールに違いが存在していた。また，多くの都市では，同業者の組合が存在していたため，外部の人間が自由に商業活動を行うことは困難であった。これに対して，絶対王政期，強い権限や権威をもった君主は，国内の経済環境を整えることを通して，商業経済の発展を支援した。そのため，ブルジョワジーも，絶対王政をそれなりに支持していた。

　しかし，ブルジョワジーが大きく成長すると，彼らは絶対王政の抑圧的な体制に対して不満を募らせるようになる。こうして，かつては絶対王政を支えたブルジョワジーは，その打倒を目指す先導者へと変わっていった。

暴力の行使に至ったのは，彼の思想に一因があったことは否定できない。

　しかし，ルソーの徹底した一体性志向が，デモクラシー理論の発展に貢献したことは間違いない。というのも，デモクラシーが適正に成り立つのは，平等すなわち上下間の分断が存在しない状態だけだからである。現実の国家のほとんどは，間接民主制を採用している。だが，この制度は，どうしても為政者と一般の市民との間に意識のズレを生じさせてしまう。わたしたちは現実的な問題で間接民主制以外の選択肢をもつことはできないが，その弊害はつねに認識しておかなければならないだろう。そのようなわたしたちに，ルソーの思想は示唆を与えてくれる。

　だが，それ以上の功績は，ルソーの政治思想が，フランス革命の頃から現代に至るまで，数世紀にわたってデモクラシーのために闘ってきた多くの人々の思想的・精神的な支柱になってきたことなのかもしれない。

4　社会契約説がもたらしたもの

　ここまで，ホッブズ，ロック，ルソーという3人の社会契約論者の政治思想

を見てきた。最後に，社会契約説に共通する特徴やその意義，また問題点について考えてみたい。

社会契約説とは①──「個人」を基本とする政治学

どの社会契約論者も述べていることは，政治社会が自由で平等な「個人」の自発的な意志に基づいて形成されるべきだと考えていることである。

社会契約説が前提にしている人間観は，「個人」である。これは，中世以前の政治思想とは大きく異なる特徴である。中世では，人間は，どの階級に属しているのかという視点から認識されていた。政治的権利も，その人間が所属する階級に由来していた。これに対して，社会契約説が前提としたのは，階級や宗教などの権威とは完全に区別された1人の人間，つまり個人であった。

個人は，自分で考える力と行動する力をもっている。社会契約説が考える個人は，自立している。世俗の権威がどれほど強力であったとしても，個人の思考や行動に介入することは認められない。個人には十分な力が備わっているため，その判断は適切である。このような人間観に立っているからこそ，社会契約説は，伝統的な政治思想に対して自らの理論の正当性を主張することが可能になった。

社会契約説とは②──「人為」「作為」の政治学

個人が基本単位とされたことによって，政治社会の性格は変化することになる。政治社会は，伝統や慣習に基づくものでもなければ，宗教に由来するものでもない。それは，個人としての人間の営み，つまり「人為」「作為」によって形成されるものである。

この考え方によって，政治権力と個人との関係は，完全に逆転することになる。従来，個人に対して権力は優位にあり，個人には権力に従属することが求められた。しかし，社会契約説の登場によって，権力は個人に従属するもの，もしくはその個人と一体のものという認識が生まれる。ここでは，個人は政治社会や権力に対して優位にある。むしろ，個人には，政治社会を主体的に運営

していくことが求められるようになる。そのため，社会契約説は，デモクラシーを支える理論としての性格をもつのである。

社会契約説とは③──フィクションに基づく政治学

　社会契約説は，フィクション（擬制），要するに作り話に基づいている。社会契約説について考える際に，誰もが疑問に感じることは，「自然状態は存在したのか」「いつ社会契約を結んだのか」ということだと思う。程度の差はあっても，社会契約論者自身も，そのような疑問が寄せられることは想定していたようだ。論者によって差はあるが，自然状態や社会契約といったものは，やはりフィクションとしての性格が強い。だが社会契約説は，フィクションに基づいていたからこそ，大きな影響力をもつことができたということができる。

　冒頭で作り話という言葉を使ったが，言い換えればこれは仮説ということである。つまり，社会契約説とは，一切の政府や権力，法が存在しないという状態を仮説とすることで，ゼロから政治や政治体制を考え直すことに挑戦した政治理論であった。

社会契約説とは④──批判のための政治学

　フィクションの利用は，政治のあり方を根本的に問い直すことを可能にした。そして，これは，既存の体制に対する批判も意味していた。もし現状に問題がなければ，ゼロから考え直す必要はない。また，どんな政治体制でも完全ではない以上，フィクションに基づく仮説を使って検証されたら，何らかの問題は見つかってしまうものである。つまり，フィクションに基づいて構想された社会契約説は，既存の政治権力や政治体制に対する批判を本質的に含んでいる。

社会契約説と政治思想のアクチュアリティ

　社会契約説は，まさに近代のデモクラシーを実現した中心理論である。自由で平等な個人が自発的に参加することで形成される政治社会が現実のものになったのは，ここまで紹介してきた社会契約説が存在したからであった。この理

論が登場してから，400年の時間が経過している。その間，多くの人々がデモクラシーの実現に努力してきた。革命などで命を落とした人も少なくない。これらの人々を支えてきたのが，この社会契約説であった。

　「政治思想は古くさい」「現実の役に立たない」と思う人は多い。実際に政治学の中で教えられる多くの政治思想は古く，また抽象的で空想的なものも少なくない。しかし，だからこそ，政治思想は強い力をもっている。古いということは，長い間にわたって多くの人から評価を受け，支持されてきた証拠だ。空想的ということは，高い理想を語っていることを意味している。社会契約説は，まさにそのような政治思想の典型ということができるだろう。

参考文献

ウォーリン，シェルドン・S.，尾形典男他訳『政治とビジョン』福村書店，2007年。

飯島昇藏『社会契約』東京大学出版会，2001年。

重田園江『社会契約論――ホッブズ，ヒューム，ルソー，ロールズ』ちくま新書，2013年。

加藤節『ジョン・ロック――神と人間との間』岩波書店，2018年。

國分功一郎『近代政治哲学――自然・主権・行政』ちくま新書，2015年。

シュトラウス，レオ，塚崎智訳『自然権と歴史』ちくま学芸文庫，2013年。

スタロバンスキー，ジャン，山路昭訳『ルソー――透明と障害 新装版』みすず書房，2015年。

田中浩『ホッブズ――リヴァイアサンの哲学者』岩波新書，2016年。

ダン，ジョン，加藤節訳『ジョン・ロック――信仰・哲学・政治』岩波書店，1987年。

福田歓一『近代政治原理成立史序説』東京大学出版会，1971年。

福田歓一『ルソー』岩波現代文庫，2012年。

ホッブズ，トマス，水田洋訳『リヴァイアサン』全4巻，岩波文庫，1982～1992年。

永見文雄『ジャン＝ジャック・ルソー論――自己充足の哲学』勁草書房，2012年。

ロック，ジョン，加藤節訳『完訳 統治二論』岩波文庫，2010年。

ルソー，ジャン・ジャック，本田喜代治他訳『人間不平等起原論』岩波文庫，1972年。

ルソー，ジャン・ジャック，桑原武夫他訳『社会契約論』岩波文庫，1954年。

＊本章の引用は，参考文献に依拠している。なお，引用にあたっては，用語や表記の統一を図るために，変更を加えている場合がある。

今後の学習のための本

ウォーリン，シェルドン・S.，尾形典男他訳『政治とビジョン』福村書店，2007年。
　＊「組織化」という切り口で，政治思想の歴史を解説している。
國分功一郎『近代政治哲学——自然・主権・行政』ちくま新書，2015年。
　＊本書でも紹介した政治思想家らを再検討することで，著者独自の視点で近代政治の意義を評価すると共に，その問題点を指摘している。

練習問題

問題1
ホッブズの考える「自然状態」について説明しなさい。

問題2
ロックの政治思想の基本概念である「プロパティ」について説明しなさい。

問題3
ルソーのいう「一般意志」について説明しなさい。

　　　　　　　　　　　　　　　　　　　　　　　　　　　　　　　（杉本竜也）

第8章
政治学における実証主義

── 本章のねらい ──

　前章まで概観したように，近代政治学は，ルネサンス，宗教改革，市民革命
など，歴史的に変遷する近代政治から影響を受け，またそれに影響を与えなが
ら，発展してきた。ところで，近代政治のハイライトであるといえるフランス
革命（1789年）以後，社会科学の世界では別種の一大革命が起きていた。すな
わち，観察や実験を基礎とする実証主義の台頭である。本章では，こうした社
会科学内部の動向と呼応しながら，さらに変貌を遂げる19, 20世紀の政治学を
見ていこう。

1　実証主義の成立背景

　政治学を含む社会科学では，ヨーロッパにおける社会・産業・技術の転換を
受けて，19世紀に一大革命が生じた。すなわちそれは，主観的思弁を避け，客
観的事実のみに基づいて世界を把握しようとする考え，（第5章でも若干触れた）
「実証主義」である。その思想運動は，革命の余波が続くフランスで始まり，
次いでイギリス等他国に伝播していった。本節では，この根本的に新しい学問
傾向が，なぜ，またどのように生じたのかを，当時の歴史的文脈と重ね合わせ
ながら確認してみたい。

自然科学の発展

　実証主義が登場する下地となったのが，近代における自然科学の発展とその

成功，いわゆる科学革命である。その先駆けとして，古典古代に起源をもつ天文学は中世末期から近世にかけて急激に進展し，地動説の確立に至った。続いて，R. デカルト，B. パスカル，I. ニュートンらによる17世紀の数学的自然科学の発達は，万物の現象を力学的作用の結果と見なす機械論的自然観を推し進めた。科学の役割は，自然という「壮大な書物」（ガリレオ・ガリレイ）を，神の意志や行為に丸ごと委ねるのではなく，人間理性の側から解き明かすことであったのだ。

　こうした自然科学の発展と成功は，世界の諸力を人間生活の改善のために役立てようとする実用志向とも不可分に結びついてきた。近代初期の哲学者 F. ベーコンが述べたように，科学的知識を累積的に蓄え，それを使いこなすことによって，「人間の知識と力はひとつに合一する」のである（ベーコン 1978：70）。理論と実践をこうして総合しようとする努力は，18世紀フランスの啓蒙思想家が編纂した『百科全書』（1751〜1780年）の副題が，「科学・技芸・手工業の解説辞典」と名づけられていることにも表れている。

　この意味で科学革命は，自然科学の進歩が，同時に人間の進歩をももたらすという楽観主義を内包していた。人間は，古典古代から近代をへるにつれて，科学的知識の発展とともに，現在もっとも完成されつつあり，また将来一層完成されるだろう。こうした認識のもと，──無論ヨーロッパがその先陣を切っているということだが──文明に共通して古代から近代へと歩みを辿るという発展段階説が一世を風靡した。以上の自然科学を媒介にした技術・人間・社会の累積的進歩という自己認識は，フランスの啓蒙思想家コンドルセの次の言葉に集約されている。

　何故に真理のみが永遠の勝利を確保しなければならぬか。如何なる連鎖によって，自然は知識の進歩と，自由の進歩，道徳の進歩，人間の自然権尊重の進歩とをゆるぎなく結合しているのか。（コンドルセ 1951：30）

実証主義の登場

　近代における自然科学の成功裏の発展は，当然ながら社会科学者の心にも火をつけた。いち早くその問題提起を行ったのは，19世紀フランスの社会主義者サン・シモンで，「科学における最も有益な歩みは，常に，なされた最後の歩みのすぐ後に続く歩みである」と宣言し（サン・シモン　1987：6），社会科学が自然科学のあとに続くべきことを主張している。それを総合的な学問体系として確立したのが，その秘書・弟子で

図8-1　オーギュスト・コント

「社会学の父」と呼ばれる A. コント（Auguste Comte：1798-1857）である。

　第5章で触れたように，コントは，人間精神の発達過程であると同時に，人間の世界認識の方法として位置づけられる三段階を，①神学的＝虚構的段階，②形而上学的＝抽象的段階，③実証的＝科学的段階に区別した。政治学を含む社会科学は，近代市民革命期に至って①神学的＝虚構的段階から脱し，代わって②形而上学的＝抽象的段階に移行する。しかしその理論は，例えば社会契約説のごとく，人間理性によって仮説的に想像された産物である以上，現実を批判する力にはなりえても構築する力にはなりえない。市民革命期をくぐり抜けた今こそ，社会科学は最後の③実証的＝科学的段階に移行しなければならない。

　コントが唱えた三段階の法則は，ただの学問論ではなく，フランス革命ののちに続く政治・社会的動揺という歴史的背景に根差していた。コントは一方で国王の絶対的権威を主張する国王派と，他方で既存社会秩序の根本的批判に徹する人民派をともに批判し，「国王には時代逆行的方向を捨てさせ，人民には批判的方向を捨てさせることができるただ1つの理論たる建設的理論を作り上げ」ることを目標とする（コント　1980：60）。それがまさに，社会科学の基礎として，神学でも形而上学でもなく科学を据える実証主義に結実するのだ。

　その後実証主義思想は，コントをイギリスに紹介した J. S. ミルによってさ

らに精緻化される。コントは三段階の法則に見られるように，個別的経験の中に，歴史を動かす一般法則を見出すことを重視したが，その一般法則が一体どのように——それ自体思弁的ではなく経験的に！——得られるかについては解き明かさなかった。イギリス経験論の系譜に立つミルは，この間隙を埋め，観察や実験から一般法則を形成する帰納論理を明らかにすることで，社会科学の実証科学化に向けてさらなる地歩を固めたのである。

　さらに実証主義は，20世紀に入ると論理学の急速な発展と連結して，論理実証主義という科学哲学運動に帰着する。この運動を先導したのは，1920年代のウィーン大学に集まった科学者・哲学者たち（ウィーン学団）である。かれらは，「科学的世界把握」を錦の御旗に掲げ，確実な人間的知識は，論理と経験によってのみ得られる，逆にこれら2つの基礎をもたない知識は単なる憶測や思い込みにしかすぎないと主張した（クラーフト 1990）。ユダヤ系が多かったウィーン学団の面々は，その後ナチス・ドイツの迫害を逃れてアメリカに亡命し，実証主義の精神を海を越えて伝達することになる。

2　実証主義の特徴と反動

　このように，19世紀ヨーロッパでは，科学的先進国であり，かつ政治的にも市民革命を経験したフランス・イギリスを中心として，社会科学の実証科学化が進められた。それは市民革命以降の急激な社会変動を背景にして，政治・経済・社会を人間自ら変革するための有益な学問的知見を生み出すという実践的問題関心とも重なっていたのだ。しかしながら，こうした現実的変革と結びついた実証主義運動は，一方で強い異論にも見舞われる。その異論は，突き詰めれば，「自然科学に追いつき追い越せ」という方向性が果たして正しいものかという，社会科学の存在理由に関わるものであった。

実証主義の特徴

　はじめに，実証主義の学問的特徴をおさらいしておこう。その第1の特徴は，

自然科学と社会科学を同類の学問と見なす科学一元論である。自然科学は人間の世界認識を改め，文明の進歩に貢献した。同様に，社会についても自然科学的手法を取り入れることで，有益な知識が得られるに違いない。19世紀以降の社会科学で始まった，進歩史観を伴う科学信奉は，近代経済学の知見とヘーゲル流の弁証法を接合したK.マルクスの科学的社会主義や，生物学との類推から社会全体を成長する有機体として捉えたH.スペンサーの社会進化論にも反映されている。

　第2の特徴は，事実と価値を分離し，科学的知識を事実のみに基づけようとする自然主義である。法律や政治や経済など，とかく社会の成り立ちや仕組みを論じようとすると，「である」という事実認識と，「べき」という価値認識が混同されやすい。社会を科学的に認識するとは，一旦その良し悪しの価値判断を脇に置くということであり，「現象を讃美したり非難したりすることは，どんな実証的科学においても，等しく厳にいましめられるべきである」（コント1980：118）。

　第3の特徴は，人間的知識は思弁ではなく経験によって得られるとする経験主義である。客観的知識の真偽は，あくまでも現実世界との照合によって経験的に直接確かめられるものでなければならない——これを，ア・プリオリ（先験的）な知識と区別してア・ポステリオリ（後験的）な知識と呼ぶ。ゆえに，存在・時間・自由など，物理的対象を超えた対象を主題とする形而上学は，擬似科学として忌避される。知識の累積的発見は，同一の条件下では誰もが同一の結果に達するという，現実世界に根差した経験によってこそ得られるのである。

反実証主義思想

　このように，実証主義には概して，自然科学の成功を模範とし，社会科学を自然科学のもとに引き寄せようとする志向性がある。ところで，18，19世紀当時，いまだ領邦国家に分断され，君主制が強固で政治的に後進国であったドイツでは，隣国フランス・イギリスの学問動向に対抗すべく，社会科学の別の筋

道が生まれていた。その口火を切ったのが，D. ヒュームの透徹した形而上学批判によって「独断論の微睡」から目覚め（カント 1977：20），人間理性によるア・プリオリ（先験的）な知識の限界を探ろうとした哲学者の I. カントである。

　カント哲学を継承しつつ，それを法律や政治を包含した壮大な社会哲学へと昇華させたのが，同じくドイツが生んだ大哲学者 G. W. F. ヘーゲルである。ヘーゲルは自然に還元されない人間理性の働きを見定めようとするカントに共鳴しつつ，それは現実社会においても実現されうるのだと考えた。「理性的であるものこそ現実的であり，現実的であるものこそ理性的である」（ヘーゲル2001：24）。ヘーゲル以降の19世紀ドイツは，実証主義に対する反発から，以下のような独自の思想運動を生み出していくことになる（丸山 1985）。

　例えば，歴史家の J. ドロイゼンは自然科学の目的である「説明」と歴史学の目的である「理解」を区別した。歴史学は哲学や神学のような形而上学的＝抽象的段階を脱して，経験的基礎の上に建てられるべきだが，歴史を作るのは自然ではなく人間である以上，その手法は決して自然科学と同一ではない。すなわち，歴史学は科学的説明とは根本的に異なる，意味や意図を理解（フェアシュテーエン）するという作業が不可欠なのである。W. ディルタイはこの区別を敷衍して，一般的に理解を目的とする学問分野を，自然科学と区別して「精神科学」と名づけた。

　また，自然科学の発展と成功を正面から見据えつつ，なおそれとは異なる哲学の固有性と存在意義を再定位しようとする新カント派もあらわれた。その代表的人物 W. ヴィンデルバントは自然科学と「歴史科学」を区別しているし，弟子の H. リッケルトは自然科学と「文化科学」を区別している。これらの，総じて「自然科学ではない何ものか」の学問的自立性を擁護する試みは，哲学や歴史学等の人文学において中心的に生じたが，新古典派と歴史学派の間で争われた19世紀経済学の方法論争や，行為の主観的意味を重視する M. ウェーバーの理解社会学など，社会諸科学にも影響を与えている。

3　政治学における実証主義

　こうして，さまざまな異論反論に見舞われつつも，19世紀ヨーロッパで始まった実証主義は社会科学の各分野に波及していった。その経済学および社会学における展開についてはその方面の記述に委ねることにしよう。政治学の場合，その中心となったのは，実はヨーロッパではなく，大西洋を隔てた20世紀のアメリカである。本章では以下，場所をヨーロッパからアメリカに移して，政治学の実証科学化の展開を見ていこう（もちろんこれは，アメリカ以外の政治学が重要でないという意味ではない）。

アメリカ政治学の「アメリカ化」

　ところで，そもそもアメリカ政治学は，ドイツ出身やドイツ思想の研究者によって19世紀に制度化され，その影響下で，国家を有機的全体として捉えるドイツ国家学を範としていた。「国家学」とは，「国家を1つのそれ自身のうちで理性的なものとして概念において把握し，かつあらわそうとするこころみ」というヘーゲルの言葉が示唆するように（ヘーゲル 2001：27），絶対主義期の国王を支える官僚を養成する官房学の流れを汲み，政治学のみならず，国家に関連する法学・行政学・財政学等も教授する総合的な学問分野であった。

　翻って，世紀の変わり目のアメリカの社会的・学問的動向を振り返ると，そこでは南北戦争以降，「金ぴか時代」と呼ばれる急速な産業化と経済発展の時期をへて，積極的な国外展開を目指すなど，大国・強国意識が生まれていった。こうした時代背景の下，アメリカ政治学の中に力点の変化があらわれる。その封切りとして，1903年に現在まで世界最大規模を誇るアメリカ政治学会が創設された。実証主義を手がかりに，国外輸入から始まった政治学の「アメリカ化」が始まるのである。

ベントリーの政治過程論

　政治学の「アメリカ化」の先陣を切ったのが，A. ベントリーの『統治過程論』（1908年）である。ベントリーは，社会学の影響を受け，政治を国家との関連ではなく社会との関連から分析する視座を切り開いた。すなわち政治とは，さまざまな社会的諸集団が自分の個別利益を争う，利益集団の多元的な交渉と均衡の過程として理解されたのである。実証的手法としてはまだ精緻化されていないものの，国家よりも社会を，そして制度よりも過程を重視する点で，のちのアメリカ政治学を導く画期となる著作であった。

　ちなみに現在の政治学でも，制度論と過程論の区別は一般的である。この区別を明確化するため，政治を野球やサッカーのようなゲームの一種として捉えてみよう。ゲームの総体を理解するためには，はじめにそのゲームが依って立つルールを知る必要がある。しかし，ルールがゲームのすべてを形づくるわけではない。なぜならそこには，ルールに従いつつ行為する個々のプレーヤーがいるからだ。同様に，政治の総体を理解するためには，それを形づくるルール＝制度とプレイ＝過程の両面を見る必要がある。その力点の置き方によって，政治学は制度論に傾いたり過程論に傾いたりするわけだ。

　「統治制度の最も外面的な特徴の形式的研究」を「死せる政治学」と一刀両断し，「〈国家〉それ自体は，われわれの研究における何の要素でもない」（ベントリー 1994：207, 329）といい切るベントリー流の政治過程論は，刊行当時まだほとんど異端であった。ところが第1次世界大戦以降，敵国ドイツの国家学が忌避され，代わってよりアメリカ的な政治的伝統に根差した政治学の構想が迫られるようになる。アメリカ政治には従来，利益集団が活発に影響を及ぼす多元主義的伝統がある。そうした伝統に立脚する政治学として，第2次世界大戦後，ようやくベントリーが再発見・再評価されるのである。

メリアムとその遺産

　ベントリーより少し後に，政治学内部で実証科学化を先導したのが，シカゴ学派の礎を築いたC. メリアム（Charles Merriam：1874-1953）である。彼は，

世紀の変わり目以降の社会的・学問的動向，とりわけ社会学や心理学の急速な発達を横目に，政治学における学問的方法論の立ち遅れを強く実感し，政治学の刷新に取り組むようになる。すなわち，自然科学を範とし，研究の焦点を過去から現在へ，思弁から現実へ，そして文字資料から数量データへと移すことで，その方法論的強化をはかろうとしたのだ。

図 8 - 2　チャールズ・メリアム

　具体的にメリアムは，近代政治学の進展を 4 つの局面に区別した（メリアム 1996：44-51）。①1850年頃までの，自然権・自然法論などア・プリオリ（先験的）な演繹的論証を主流とする段階，②1900年頃までの，歴史的・比較的アプローチが支配的となる段階，③1920年代に至る，観察，調査，測定に関心が向けられ始める段階，④将来的に期待される，政治の心理学的考察の段階である。このように見ると，政治学では概ね，①②と③④の間に何らかの実証主義的転換があったことが分かる。

　加えて，1920年代にヨーロッパで論理実証主義を発展させたウィーン学団の面々が，戦間・戦中期にナチス・ドイツの迫害を逃れて大西洋を渡り，シカゴ大学を根城としてアメリカに広範な影響を与えた。特に心理学では，内面的・主観的意識ではなく外面的・客観的行動を分析対象とする行動主義心理学が発展し，自然科学化への志向を強めた。さらには，統計学の学問的発達と連動して，大量データ処理技術が実用化されだしたことも，政治学の実証科学化を後押ししたといってよい。

4　行動論革命とその批判

　メリアムの問題提起は，その後シカゴ大学に集まった彼の多くの教え子によ

って着実に引き継がれていった。こうして質量ともに層を厚くしていった実証政治学は，第2次世界大戦後に社会科学の他分野と連動しながら，いわゆる行動論革命を引き起こしていく。ちなみに，アメリカの大学では，政治学を「政治科学（ポリティカル・サイエンス）」と呼ぶが，こうした学問的特徴を決定づけたのがこの時期であるといえよう。本節では，政治学における実証主義の到達点である行動論革命と，それに向けられた批判について見てみよう。

行動論革命

　革命を先導した目標は，論理実証主義以来の統一科学の理想である。「社会科学」よりも幅広い含意をもつ「行動科学」という言葉が選ばれた背景には，同一のデータや同一の理論を通じて，隣接諸科学との区画がいずれ消えていくであろうという希望も込められていた。はじめに政治学，経済学，社会学など，社会諸科学の統一が，その行く末には，自然科学と社会科学との統一が，目指されることになった。政治学以外にも，社会学者 T. パーソンズによる統一社会科学運動など，同時期に並行する試みがあったことを付記しておきたい。

　行動論革命の学術的方向性は，大体以下の8点にまとめられる（イーストン 1968：17-18）。①規則性——説明や予測に役立つ理論的一般化を行うこと，②立証性——理論が行動の観点で検証可能であること，③技術——データの収集・解釈方法が厳密であること，④数量化——データの正確を期すために計量化を行うこと，⑤価値——価値命題と経験命題を明確に区別すること，⑥体系化——理論が知識の秩序と統一を目指すこと，⑦純粋科学——理解と説明が知識の応用に先行すること，⑧統合——政治学的知見と隣接諸科学の知見を架橋すること。

　行動論革命が政治学にもたらした第1の影響は，「べき」（価値）の研究を放逐し，「である」（事実）の研究に専心するということである。メリアムの後継者 D. イーストン（David Easton：1917-2014）がいうように，「われわれは，事実にかかわっている側面については，それが真理であるか，あるいは誤りであるかを語ることはできるけれども，同じやり方で，命題の価値的側面を特徴づけようとする

のは無意味なのである」(イーストン 1976：227)。実際のところ，行動論革命は，自称するほど事実と価値の分離を徹底していたわけではないのだが(松元 2014)，ともかく規範的関心が正面から論じられることは避けられるようになった。

　第2の影響は，利益集団などの国家外の政治アクターに注目するということである。ドイツ国家学からの離脱以降，アメリカ政治学は，国家よりも社会を，そして制度よりも過程を重視する方向性に舵を切っていた。行動論革命は，社会学における社会調査法といったデータ収集・分析の技術的発展と連動しながら，こうした方向性を後押ししたのである。例えばイェール大学の R. ダールは，著書『統治するのは誰か』(1961年)で，地元の地方政治を分析事例として，アメリカ政治に根づく権力分散的な政治構造を実証した（ダール 1988)。

脱行動論革命

　こうして戦後本格的に開始された行動論革命は，ダールやイーストンを若き旗手として，豊富な学術的成果を蓄積しながら，続く十数年のあいだ順調に発展していった。しかしこの学問動向は，1960年代に至って新たな転機を迎えることになる。当時のアメリカ社会では，公民権運動，女性解放運動（ウーマンリブ），ベトナム反戦運動，都市暴動など，重大な政治課題が国内全土を揺るがしていた。こうした「政治の季節」の只中にあって，アメリカ政治学界内外では，事実と価値を峻別し，科学的厳密性に固執する行動論の学問的限界が指摘されるようになったのである。

　脱行動論革命の予兆は，すでにさまざまな場所で始まっていた。同時期に書かれた行動論批判の論文が編著『非政治的政治学——行動主義批判』(1967年)としてまとめられ，大きな反響を呼ぶと，その秋のアメリカ政治学会年次大会では，約300人の会員が総会内で，当時会長であったダールをはじめとする学会の体制派に反旗を翻し，新組織を立ち上げたのである。反体制派は，アメリカ政治学が人種問題や外交問題など喫緊の政治課題に対して積極的・批判的な貢献をなしえていないと主張し，政治学界の内部改革を訴えた。

　同様の問題提起は，行動論革命を牽引した当事者からも発せられた。脱行動

───── *Column* ⑨　亡命知識人とアメリカ政治学 ─────

　1960年代に始まる脱行動論革命に先立ち，実はその問題意識をはやくから先取りし，行動論に対して繰り返し違和感を表明してきた思想家集団がいる。すなわち，戦間・戦中期に，迫害を逃れてヨーロッパより移住してきた亡命知識人たちである。ナチス・ドイツなどファシズム政権の台頭を受け，ヨーロッパを離れてアメリカに新たな居住の地を求めた彼らは，その多くがすでに国際的な名声を博していたこともあり，おおむねすぐに大学等の学術機関に迎えられ，アメリカの学問動向に見逃せないアクセントを加えていった。こうして亡命知識人たちは，政治的安住の地としてアメリカに迎え入れられながらも，実証主義の精神に基づいて「アメリカ化」にひた走る戦後アメリカ政治学の端々で，かなり異質なヨーロッパ的飛び地を形成していくことになる。特に政治学に関連しては，L.シュトラウス，E.フェーゲリン，H.モーゲンソー，H.アーレントなどがよく知られている。

論革命宣言として驚きをもって迎えられたアメリカ政治学会の会長就任講演「政治学における新しい革命」（1969年）の中で，イーストンは戦後の政治学が方法論の精緻化に多大な成果を上げたことを確認しながらも，それが新たな研究課題の着手を阻害する可能性を懸念している。さらに彼は，行動論が経験的保守主義を隠していると指摘し，政治学者がその時代の闘争を避けることはできないと主張している。

　2度の世界大戦に勝利し，西側諸国を牽引する超大国になったアメリカにとって，1960年代は国内外で新たな政治課題に直面する挫折と試練の時期であった。にもかかわらず，1958年からの10年間でアメリカ政治学会の学会誌に掲載された論文のトピックを取り上げると，都市危機について2本，人種的紛争について4本，貧困について1本，市民的不服従について2本，国内の暴力について2本が掲載されたにすぎない（イーストン 1976：347）。行動論革命の功罪はいまや明らかである。こうして，続く1970年代以降のアメリカ政治学は多様化の道を進み始めるのだ。

5　脱行動論革命以降の政治学

　以上見たように，世界に先駆けて研究手法の実証科学化を精力的に推し進め
ていたアメリカ政治学は，その後足元からの異論反論に直面することになった。
ここから政治学者は，自省的再検討とともに，改善案や代替案を探っていくこ
とになる。とはいえもちろん，実証政治学それ自体が廃れたということではな
く，行動論革命によって取りこぼされてきた問題や手法が反省的に取り戻され，
政治学の多様化につながったという方が正しい。本節では最後に，ここ数十年
の政治学の動向を見定めながら，脱行動論革命以降の幾つかの方向性を示して
みたい。

政治哲学の復権

　その一端が，「政治哲学の復権」とも呼ばれる規範的政治学の復興である。
アメリカの哲学者 J. ロールズは，『正義論』（1971年）の中で「正義の二原理」
を提唱し，自由主義や福祉国家主義の理論的基盤を提供するとともに，市民的
不服従など当時の政治課題にも言及している（ロールズ 2010）。こうした規範
的関心は，その後「ロールズ産業」とまで呼ばれるほどの豊富な研究成果を生
み出す土壌となり，現在にまで至る政治哲学の潮流を形作った。その研究方法
は，20世紀前半のイギリスに始まり，論証や概念分析の手法を得意とする分析
哲学の伝統に棹差すものである（松元 2015：第3章）。

　また，実証政治学に対する代替案は，別ルートからも進められていった。カ
ナダの哲学者 C. テイラーは，処女作『行動の説明』（1964年）においてすでに
アメリカ流の行動論的政治学とは根本的に異なる人間像を模索し，ディルタイ
にさかのぼる解釈学的方法を手がかりとしながら，個人と社会，自由と共同体
の関わりを解き明かそうとする。こうした問題意識のもと，テイラーはヘーゲ
ル研究に向かい，またのちには近代化そのものを批判的に捉え直す社会哲学を
描き出していくことになる（テイラー 2000）。

　これらの潮流は，事実と価値を峻別し，前者の研究に特化する実証主義に対する代替案になっている。政治学の課題は，現在ある政治社会を経験的に観察することのみならず，今後あるべき政治社会を批判的に構想することも含まれるのではないか。これは決して，事実の研究に専心する実証政治学の意義を貶めるものではない。規範的含意を伴わない実証研究が不十分であるのと同様に，実証的知見を伴わない規範研究も不十分である。むしろ政治学においては，両者が互いの研究を補い合う生産的な協働関係が模索される必要がある。

国家論・制度論の再建

　1970年代以降のもう1つの潮流は，20世紀初頭以来，アメリカ政治学では総じて等閑視されていた，国家論・制度論研究への回帰である。私的な利益集団を政治の中心的アクターと見なす「国家なき政治学」が，当時のアメリカ政治批判と連動して再考の対象となり，国家よりも社会を，そして制度よりも過程を重視するアメリカ政治学の偏重を見直そうという試みが始まった。またこれは，経済学において規則や機構といった市場外の要素に注目する新制度派経済学（組織の経済学）など，隣接する社会諸科学の動向とも平行していると見ることができる。

　新国家論は，官僚などの行政機構によって形成され，社会から自律して影響力を及ぼす「強い国家」像を提示する。これは，利益集団の多様な個別利益が交差するアリーナとして，風見鶏のようにその都度向きを変える従来の「弱い国家」像とはまったく異なるものであった。また，文化大革命，プラハの春といった1960年代の世界史的事件や，「アジアの奇跡」と呼ばれる発展途上国の急激な経済発展は，国家のあり方やその多様性をあらためて政治学者の意識に植えつけ，政治体制論や体制変動論などの豊富な比較政治学研究に繋がっていった。

　1980年代半ばからは，国家それ自体の研究と並んで，有権者や政党など，個々の政治アクターの政治行動に対する制度的影響に関する研究が進んだ。すなわち政治制度を，政治過程から影響を受ける説明対象（従属変数）と同時に，

政治過程に影響を与える説明要因（独立変数）として位置づけるということである。今日の新制度論は，制度の国際比較や歴史的経緯を分析する歴史的制度論，合理性を追求するアクターの政治行動に対して制度が及ぼす影響を分析する経済学的制度論，アクターの行動の前提となる認識枠組みに対して制度が及ぼす影響を分析する社会学的制度論などに分類され，多面的な発展を遂げている（ピータース 2007）。

社会科学の方法論争

　1990年代に入ると，『社会科学のリサーチ・デザイン』（1994年）──共著者の名前の頭文字をとって KKV と呼ばれる──の刊行をきっかけとして，実証政治学の内部でも大きな論争が巻き起こった。実証政治学の方法は大別して定量研究と定性研究に区別される。前者の「定量研究」は数多くのサンプルを集め，数量的・統計的に処理しながら一般的知見を得ようとするのに対して，後者の「定性研究」は比較的少数のサンプルに注目し，事例研究や過程追跡によって個別的知見を得ようとする。KKV は定性研究においても，定量研究の科学的厳密性を模範とし，その手法を転用すべきだと主張した（キング・コヘイン・ヴァーバ 2004）。

　これは科学一元論のような遠大な主張ではなく，実証政治学内部における控え目な方法一元論の主張であったが，それでも異論反論が巻き起こった。政治学者は必ずしも，定量研究が採用する数量的・統計的手法を見習わなければならないわけではない。例えば，定性研究が採用する事例研究や過程追跡は，定量研究が見落としてしまうような，概念の形成や変数の発見，仮説の形成に役立つかもしれないし，そうした長所は定量研究の手法を転用することによって逆に失われてしまうかもしれない（ブレイディ・コリアー 2008）。こうした方法論争は，行動論革命以来，定量研究の伝統が根強いアメリカの文脈だからこそ生じたともいえる。

　実際，アメリカ政治学会では，2000年に学会誌編集者宛てに「ペレストロイカ氏」と名乗る匿名のメールが発信されるという事件があった。論点は複数あ

Column ⑩　日本政治学の実証科学化

　1980年代半ば，日本の政治学界で実証科学化に向けた一大変革運動が起きた。それは，政治史，政治思想史研究の陰に隠れていた日本政治分析の台頭であり，学界内における「一種の世代交代的様相」を示すものだった。変革の目的は，「歴史や思想史あるいは外国研究の片手間に，評論的，印象主義的に日本政治を扱うという従来のあり方」を批判し，アメリカ政治学に由来する分析手法を導入し，仮説の提示，活発な批判と反批判を通じた累積的な知識体系の構築を目指すことである（『レヴァイアサン』発刊趣意）。こうして，1987年に学術誌『レヴァイアサン』が創刊され，数量データや統計的分析に依拠する，科学的に厳密な実証政治学を志向する研究者のための結集地となったのである。この運動に共鳴・参加する研究者は，創刊時の編集同人猪口孝，大嶽秀夫，村松岐夫を中心にレヴァイアサン・グループと呼ばれ，日本政治学のその後の発展に大きく寄与している。

るが，そのひとつが，学会誌に掲載される論文を始めとして，学会全体の傾向が定量研究に偏重し，その他の研究手法を軽んじているとの告発である。これは学会をあげての大騒動に発展し，組織構成の再編から，定性研究をより重視する新しい学会誌の刊行にまで至る内部改革をもたらした。政治学がいかにあるべきかという問いは，決して結論済みの問題ではなく，今なお個々の研究者が直面している現実的な問題なのである。

政治学の現在

　こうして政治学は，さまざまな変遷を辿りながら現在に至っており，その方法や内容たるや百花繚乱のごとくである。実証政治学を見るだけでも，「事例研究」「計量分析」「フォーマル・モデリング」「実験の方法」といった複数の方法がそれぞれ発展しており（加藤・境家・山本 2014），その多くは経済学や社会学といった社会科学の他分野と研究手法を共有している。このように，一方で，実証主義の素朴な科学一元論はこれまでさまざまな批判を呼び覚ましてきたが，他方で，実証科学化を通じて，今日の政治学が分野横断的・分野融合的な洗練化を着々と遂げつつあることも事実である。

　しかし同時に，政治学が他の学問分野に吸収されたり，独自性を失ったりすることはないだろう。なぜなら，第5章で強調した通り，政治というユニークな営みは，わたしたちの社会にとって依然として切っても切り離せないからである。わたしたちは政治に対して希望を抱き，だからこそまた失望もする。しかしこれまでも，そして恐らくこれからも，政治なき社会を想像することは決してできないだろう。そうである以上，望ましい政治のあり方を探求する政治学もまた，決してその独自の存在意義を失うことはないのである。

参考文献

イーストン，デイヴィッド，岡村忠夫訳『政治分析の基礎』みすず書房，1968年。

イーストン，デイヴィッド，山川雄巳訳『政治体系——政治学の状態への探求』（第2版）ぺりかん社，1976年。

加藤淳子・境家史郎・山本健太郎編『政治学の方法』有斐閣，2014年。

カント，イマヌエル，篠田英雄訳『プロレゴメナ』岩波文庫，1977年。

キング，ギャリー，ロバート・コヘイン，シドニー・ヴァーバ，真渕勝監訳『社会科学のリサーチ・デザイン——定性的研究における科学的推論』勁草書房，2004年。

クラーフト，ヴィクトル，寺中平治訳『ウィーン学団——論理実証主義の起源・現代哲学史への一章』勁草書房，1990年。

コント，オーギュスト，霧生和夫訳「社会再組織に必要な科学的作業のプラン」『世界の名著　第46巻　コント，スペンサー』中央公論社，1980年，47～139頁。

コンドルセ，渡辺誠訳『人間精神進歩史』（第1部）岩波文庫，1951年。

サン・シモン，森博編訳『サン・シモン著作集』第2巻，恒星社厚生閣，1987年。

ダール，ロバート，川村望・高橋和宏監訳『統治するのはだれか——アメリカの一都市における民主主義と権力』行人社，1988年。

テイラー，チャールズ，渡辺義雄訳『ヘーゲルと近代社会』岩波書店，2000年。

富永健一『現代の社会科学者——現代社会科学における実証主義と理念主義』講談社学術文庫，1993年。

ピータース，B・ガイ，土屋光芳訳『新制度論』芦書房，2007年。

ブレイディ，ヘンリー，デイヴィッド・コリアー編，泉川泰博・宮下明聡訳『社会科学の方法論争——多様な分析道具と共通の基準』勁草書房，2008年。

ヘーゲル，ゲオルグ，藤野渉・赤沢正敏訳『法の哲学』第1巻，中央公論新社，

2001年。

ベーコン，フランシス，桂寿一訳『ノヴム・オルガヌム（新機関）』岩波文庫，1978年。

ベントリー，アーサー，喜多靖郎・上林良一訳『統治過程論──社会圧力の研究』法律文化社，1994年。

松元雅和「政治理論の歴史」井上彰・田村哲樹編『政治理論とは何か』風行社，2014年，127〜50頁。

松元雅和『応用政治哲学──方法論の探究』風行社，2015年。

丸山高司『人間科学の方法論争』勁草書房，1985年。

メリアム，チャールズ，中谷義和監訳『政治学の新局面』三嶺書房，1996年。

ロールズ，ジョン，川本隆史・福間聡・神島裕子訳『正義論　改訂版』紀伊國屋書店，2010年。

今後の学習のための本

富永健一『現代の社会科学者──現代社会科学における実証主義と理念主義』講談社学術文庫，1993年。

＊経済学・社会学的内容に比べて，政治学的内容の占める余地はそれほど多くはないが，社会科学一般における実証主義の展開を概観するうえでは必読の重要文献である。

丸山高司『人間科学の方法論争』勁草書房，1985年。

＊本書では詳しく触れることができなかった，反実証主義思想における「自然科学ではない何ものか」が，人文・社会科学分野でどのように展開されたかを丹念に跡づけている。

練習問題

問題1
コントが唱えた実証主義の特徴を3点挙げて説明しなさい。

問題2
実証主義思想が19世紀以降フランスやイギリスで普及した理由を，先立つ17，18世紀の歴史的背景も交えながら答えなさい。

問題3
政治学における制度論と過程論の違いについて説明しなさい。

（松元雅和）

第Ⅲ部

社会学で捉える

第9章

社会学とは何か

―― **本章のねらい** ――――――――――――――――――――――

　社会学の特徴を理解する。社会学の学問的特徴は，①関係を重視して考え，②「観察」を重視して社会を捉えようという2点にある。社会学が何を研究するのかをより詳しく知るために，14の研究領域を取り出して，それらが関わる集団の大きさの順番に並べて説明する。さらにコント・デュルケーム・ウェーバーという3人の社会学者が提案した「社会学」の定義を取り上げて，その学問的な広がりを知る。

――――――――――――――――――――――――――――――――――

1　「社会学」の対象とするもの

社会学の特色

　社会学は，「人と人との関わりのしくみやはたらきについて，観察を重視して研究する学問」である。しかしこれだけでは，例えば経済学や政治学など，ほかの学問領域と社会学との違いはあまりよくわからない。経済学も政治学も，そして社会心理学など「社会科学」に含まれる学問領域はみな「人と人との関わりのしくみやはたらき」（つまり，広い意味での「社会」）を対象にしている。

　社会学は「社会」という，漠然とした広いものを対象にしているので，どうしても，ほかの学問領域との違いを明らかにするのが難しい。「生物を研究するのが生物学である」とか，「星を研究するのが天文学である」といった調子で「社会を研究するのが社会学である」というかたちで定義してもばくぜんとしすぎてしまうのだ。

— *Column* ⑪　「社会科」と「社会学」の違い —

　高校生に「社会学」を説明するとき，必ずといってよいほど聞かれるのが「社会学は高校の社会科とどう違うのですか？」という質問である。もっとも高校には「社会」という科目はなく，「日本史」「世界史」「地理」などの「地歴」と，「現代社会」「政治・経済」「倫理」などの「公民」（2022年度から科目名等は変更される予定）があるだけだが，ここではそれらをまとめて「社会科」と呼んでおこう。

　結論をいうと，「社会科」と「社会学」とは別のものである。高校時代に学ぶ「社会科」は，特に社会学だけと関係が深いわけではない。「社会科」は高等教育の一般的な基礎であり，経済学・政治学・社会学など大学で学ぶ専門化された社会科学の素材を提供する役割を果たしている。それに対して「社会学」はさまざまな知識を科学的に整理して考えていく，特別な１つの考え方を指すのである。

　それでは社会学はほかの学問領域とどこが違うのか。社会学とほかの学問との違いは，黒と白ではっきりと区切られるようなものではなく，灰色のグラデーションのようにあいまいである。例えば，経済学や心理学などと社会学との違いは，どの程度まで「人のあいだの関わり」を重視してものごとを見るかという程度の違いにある。社会学は，経済学や政治学，あるいは社会心理学などと比べて「人と人との関わりのしくみとはたらき」を非常に重視する程度が大きい学問である。

　同じように「人と人との関わり」を重視する社会思想や社会哲学と比べると，これもまた，黒白はっきり境界線が引けるわけではない。「観察」を重視する度合いが強いのが社会学で，その度合いが弱いのが思想や哲学というように，これもまた程度の違いの問題なのである。このように社会学とほかの領域との境界線は，どんな場合でも「程度の違い」であって，明確に一本の線が引けるようなかたちにはならない。

　このため，社会科学の専門領域と社会学のあいだには経済社会学や政治社会学，法社会学，教育社会学というように「○○社会学」と呼ばれる境界領域がいろいろと存在する（それらのうち特に経済学との関連が深い経済社会学と産業社会

学の概略を次章で説明する）。

活動のあいだの関わり

「人と人との関わり」に対する研究を中心におくという社会学の特色は、「人と人」のあいだだけでなく、経済や政治などさまざまな領域のあいだの関わりにも結びつく。つまり、社会学の「人と人との関わり」を重視するという特色は、社会現象と社会現象との関わりの重視につながる。この点について以下に説明しよう。

現代社会は、人間のいろいろな活動が複雑に絡みあってできている。そのため、例えば「経済」と「政治」のように、もともとは別ものとして考えられてきたもの同士の関係が問題になることも多い。従来、経済については経済学が専門的に研究してきた。また、政治学は政治について専門的に研究してきた。それでは、経済と政治のあいだの関係はどうすれば研究できるだろうか。ここに社会学の出番がやってくる。

「関係」を考えるためには、それらを結ぶ共通点をみつける必要がある。経済と政治の共通点は何だろうか？　それは、「人と人の関わり」によって成り立つということである。経済的な現象は、人と人とが関わって、貨幣や財やサービスを交換することによって成り立っている。また、政治的な現象は、人と人とが関わって、権力や支配の関係をもつことによって成り立っている。従って、経済と政治の関係を知るためには、両者における「人と人の関わり」のしくみやはたらきがどのように違っているかを知ることが出発点になる。このように、それぞれの領域について専門的に深く研究するときにはそれほど目立っていなかった「人と人の関わりのしくみとはたらき」が、複数の領域の間の関係を考えるときには、有力な道具として表に浮かび出てくるのである。経済と政治に限らず、現代社会の複雑な状況から生じる問題を考えるうえで、社会学の研究対象である「人と人との関わり」にまでさかのぼって解きあかしていく戦略が重要になってきている。

社会学は、さまざまな領域や現象のあいだの関わりについて研究する点に特

色がある。社会は，経済だけで，あるいは政治だけで成り立っているわけでも
ない。「社会」は，「経済」や「政治」――あるいは「教育」「法」「文化」など
そのほかのものも含めて――などのさまざまな領域や現象が関係し合ってでき
ている。従って，経済や政治に対する専門的な研究が必要なのと同じように，
それらがどのようなメカニズムで関わり合っているのかについての研究も必要
である。この，経済や政治，そしてそのほかのさまざまな領域や現象が絡みあ
う「関わり方」から社会を研究するのが社会学である。社会を研究するために
は，個別領域についての探求と，それらの個別領域の関わり方についての研究
との両方が必要である。社会学はこの後者を担う学問領域であり，第5章でも
述べているように，経済学や政治学などの他の社会科学とお互いに補い合う関
係にある。

2　社会学は何を研究するか

　社会学の研究対象は「社会」であるが，「社会」全体をまるごと一度に研究
するのは不可能であり，1つひとつの研究では「社会」の中の限られた一部分
を対象にする。書店の「社会学」の陳列棚をみれば，実にさまざまな対象を研
究した研究が「○○の社会学」という題名で並んでいるのがわかるだろう。実
際，社会に関わるありとあらゆる現象が社会学の対象になりうるので，そのす
べてを簡単に説明することはむずかしい。1つの参考資料として，日本の社会
学の学会が，大学教育で社会学を教育するときにカバーすべき領域を14の項目
にまとめたものがある。その資料自体はウェブで公開されているので誰でもみ
ることができる（社会学分野の参照基準検討分科会 2014：9-12）が，大学関係者
が大学のカリキュラムを考える場合などを想定してつくられたものなので，一
般の読者が読んで理解するのは少々むずかしいかもしれない。とはいうものの，
社会学が「何を」取り上げているのかについてバランスよく，ある程度イメー
ジをつかむのにもってこいの資料なので，そこに列挙された項目を以下に掲げ
ておく。

①相互行為と自我や意味の形成

②家族などの親密な関係性

③ジェンダーとセクシュアリティ

④労働・消費などの活動と企業・産業など

⑤人間と自然環境との関係や科学技術の影響

⑥医療・福祉・教育

⑦逸脱行動・社会病理あるいは社会問題

⑧階層・階級・社会的不平等

⑨都市・農村などの地域社会・コミュニティ

⑩グローバリゼーションとエスニシティ

⑪文化・表象・宗教

⑫メディア・情報・コミュニケーション

⑬社会運動，NPO・NGO など社会変革・改革の動き

⑭国家・政治・権力と政策提言

ここに並ぶことばは現代社会の研究にとって重要なものばかりなので，経済学や政治学など，社会学以外の分野でも研究されることが珍しくない。ただし，繰り返しになるが，この順番や項目の見出しは教える側のひとを想定してつくられたものなので，学生からみるとわかりにくい点もある。これらの項目を参考にしながら，以下，社会学が取り組んでいる領域をいくつかに分けて説明しよう。

まず 2 人から社会が始まる

2 人以上の人々が互いに関わりをもっているときそこには「集団」ができる。たとえ 2 人だけの集団でも，そこには小さな「社会」が存在する。むしろ，人と人との関わり方の研究では，一番基本となる最小の集団，つまり 2 人の人間のあいだの関わりが重要な出発点になるだろう。2 人の人が互いに相手に向けて行為するのが「相互行為」であり，それは社会の成り立ちを知るための基本

的な出発点になる。

　さらに，わたしたちは生まれてから家族や友だちなどとの相互行為を重ねながら成長して一人前の人間になってきた。「自分」がどのようにして出来上がるかを考えてみると，相互行為から受ける影響は非常に大きい。そのため，家族や友だちなどとの相互行為と自我の形成との関係は社会学の大きな研究テーマになっている。また，自分では相手のためになると思って行った行為が結果的に「ありがた迷惑」になってしまうというように，わたしたちの行為の「意味」は，行為を行う側の勝手な思い込みだけではなく，相手との相互行為の中できまってくる。このように，相互行為と自我と意味は密接な関係をもっている。

　これらの研究に基づいて，さらに行為を行い合う関係が2人から3人に増えたときにどういう変化があらわれるか，あるいは不特定の大人数にまで一般化していくとどういう違いが考えられるかなどの研究も発展した。

家族に関連する研究

家族などの親密な関係性　もう少し規模の大きな集団として「家族」が考えられる。家族は血縁関係や婚姻関係でむすばれた親族集団の中で，居住をともにして一緒に生活している集団である。しかし，この定義については実際に血縁関係がなくとも血縁関係と同等の関係とみなす場合があったり，あるいは遠く離れて暮らしていても「家族」として意識されている場合があったりして，実際にわたしたちが「家族」として，あるいは「家族のようなもの」として意識するものと完全にあわなくなることがある。そして社会の変化に応じて，「家族」のかたちもいろいろと変わってくるので，わたしたちが家族とみなすものを1つの厳密な定義でカバーするのはむずかしい。そこで，厳密な定義にあてはまらなくとも親密な人間関係を含めて家族（あるいは家族のようなもの）を研究するのが社会学の重要なテーマになっている。これに関しては，老人などの介護の問題，家庭内暴力の問題，児童虐待の問題なども現代的な課題として注目されている。

ジェンダーと
セクシュアリティ　家族の中での男性と女性の役割の違い，さらには社会一般での男性・女性の役割の違いなどは，「男らしさ」「女らしさ」についての伝統的な考え方から強い影響を受けている。そして「男だから○○しなければならない」あるいは「女だから○○しなければならない」という考え方は，社会の中でつくられている。「男」と「女」の違いについては平均身長や生殖に関する違いのように生物学的な違いもあるが，「男らしさ」「女らしさ」として考えられているものの多くは生物学的な違いというよりは，社会における人と人の関わりの中で形作られているものが多い。このような，社会的に形成される性差を「ジェンダー」と呼び，社会学の重要な研究領域の1つとなっている。

　また，特に同性愛者への社会的差別の問題などと関連して，性に関する自意識や欲望なども社会の中で形作られているという面に社会学では注目しており，この面については「セクシュアリティ」の問題として取り上げることが多くなってきている。

医療・福祉・教育　伝統的な社会では家族がケアすべきと考えられてきた医療や福祉や教育について，現代社会では家族がそれらをすべてカバーするのが困難になっている。医療は病院へ，福祉は福祉施設へ，教育は学校や塾へ，というようにそれぞれ家族以外の集団が担当するようになっているが，親密な家族集団以外のものでこれらのケアが行われる際にはさまざまな社会問題が生まれている。社会的弱者にあたる人のセーフティ・ネットをどう確保するか，いじめや非行の問題をどう解決するかなども広く注目されている研究テーマである。

組織や階層に関する研究

　組織については第11章であらためて説明するが，とりあえずは特定の目的を達成するために成り立っている集団として考えておこう。株式会社も，学校も，病院もみな組織であり，現代社会の中で組織は非常に重要な役割を果たしている。組織とならんで経済との関わりの深い集団として「階層」「階級」など，

資源の不平等配分に関連するものがある。

労働・消費などの活動と企業・産業など　わたしたちは生きるために労働を通じて収入を得て，消費を通じて必要なものやサービスを手に入れている。これらは経済学が扱う問題であるが，この労働・消費には人と人のあいだの関わりがいろいろな問題を生じている。また，企業や産業の中の組織のしくみやはたらきが社会の変化とどう関わっているかは社会学が中心になって研究する領域になっている。この領域の研究は「産業社会学」という1つの分野を形成しているが，そのあらましについては次章で詳しく説明する。

階層・階級・社会的不平等　労働や消費の問題は，社会の中の不平等や格差と強く結びついている。社会の中で資源が不平等になっている状態から「階層」あるいは「階級」の違いが問題になる。特に経済的な格差だけでなく，人間関係や教育機会の格差など，関わりに関連する不平等について社会学では総体的に捉えようとしている。「格差社会」ということばで大きな注目を受けるようになった問題について，社会学は早い時期から主要なテーマとして取り上げてきた（*Column* ⑰ を参照のこと）。

社会運動，NPO・NGO など社会変革・改革の動き　社会の中の格差などに関連してさまざまな社会問題が発生しているが，それらの解決にあたって従来型の組織による営みはさまざまな限界に直面している。新しいかたちの組織や新しいかたちの社会運動が求められており，特に従来の営利組織とは異なるNPO・NGO などの研究が重要になってきている。

「一緒に住む」集団を対象にした研究

都市・農村などの地域社会・コミュニティ　一緒に住んで暮らしている場所をなかだちにしたつながりは，どんな時代にも人間社会の基本を成してきた。特に現在は人間関係の希薄化や災害時のつながりなど，地域社会の問題が重要性を増してきている。東京一極集中化，地域活性化など，社会学からの貢献が期待されることが今もっとも大きな研究領域の1つである。

人間と自然環境との
関係や科学技術の影響
　居住して共同生活を営むとき，その自然環境との関連は人々の関わり方に大きな影響を及ぼす。特に環境汚染や自然保護などが重要な研究テーマになるが，それらは科学技術の発達と密接に関連していることが多い。これもまた公害問題，地球温暖化問題など，社会学的な研究の進展への期待が大きい分野である。

全体社会を対象にした研究

　第4節で詳しく説明するが，「日本社会」「アメリカ社会」など，国のレベルと同等の大きさで考えられる社会を「全体社会」と呼ぶ。

国家・政治・権力
と　政　策　提　言
　国家はどのようにして意思決定し，どのような行政過程をへてどのような権力をもっているのか。これらの問題を実態の観察に基づいて研究したうえで，問題解決に効果的な政策の提言を目指すことであり，公共性をもった市民を育成することも社会学のテーマとして考えられている。

逸脱行動・社会病理
あるいは社会問題
　犯罪や自殺など，あるいは貧困や差別など，社会からの逸脱（正常ではないこと）の原因を研究し，望ましくない問題についてはその解消を目指すことは社会学の誕生当時からずっと続いてきたテーマだった。このテーマに取り組むにあたっては社会にとって「正常」とはどういうことなのか，あるいは「逸脱」とはどういうことなのか，さらには「正常」か「逸脱」かという判断はどのようにしてつくられていくのかというメカニズムについての研究も欠かせないテーマである。

メディア・情報・
コミュニケーション
　人と人との関わりにおいてコミュニケーションは重要であるが，特に近年は情報を伝えるメディアの発達により，コミュニケーションの状況が大きく変わってきている。インターネットやソーシャルメディアの発達が人々のつながりにどういう影響を与えているのかは多くの人の注目を集める問題になっている。

文化・表象・宗教
　文化や芸術，それがかたちにあらわれたもの（表象），さらには宗教は，社会の中の人々の生活や人間関係を奥底の

225

深いところで支えている。普段は表にみえてこないこれらの深いところでのメカニズムが社会とどのように関わっているのかをみえるかたちにして研究することもまた，社会学が古くから関わってきたテーマの1つである。

グローバリゼーション　現代社会はグローバル化の進行によって，経済も政治も，
と エ ス ニ シ テ ィ　そして人々のコミュニケーションも，国を単位にして考えられる全体社会のレベルを超えてつながっている。このような動きは，全体社会を基準にして考えられてきたさまざまな社会のしくみにさまざまな見直しを迫っている。特に，グローバル化が進むと同時に人種間の差別や偏見，あるいは人種間の争いも深刻化していて，それらを解決してさまざまな文化が共生できる道を考えるのが社会学の現代的な課題になっている。

3　社会学のさまざまな定義

社会学の定義

　ここまで，社会学を「人と人との関わりのしくみやはたらきについて，観察を重視して研究する学問」と定義してきた。この定義は，はじめて社会学のことを知ろうとする人のために，社会学の厳密な用語を使わずに定義できるように筆者が考えたものである。とりあえずは，（この本を最後まで読み通すまでは）この定義で十分であるが，この節ではちょっと寄り道をして，これまでの社会学の歴史の中で「社会学とは何か」という定義の問題がどう考えられてきたかを簡単に振り返ってみたい。

　社会学の定義では，もっと厳密なことばを使い，長い文で定義されることのほうが多い。その理由は，ここまでの定義が用いたような「関わり」「しくみ」「はたらき」「観察」などのことばは，厳密に考えると意味があいまいになってくるからだ。社会をわたしたちが観察するとき，そこには「これがしくみです」「これがはたらきです」というような説明のラベルが貼られているわけではないから，それらを観察するためには必ず「関わりとは何か」や「しくみとは何か」や「はたらきとは何か」というふうにそれぞれのことばの意味につい

─── *Column* ⑫　2つの「社会学」 ─────────────────

　書店の「社会学」関係の棚や，図書館の開架に配置されている社会学関係の本は2つの種類に分けられる。

　1つは，具体的な研究対象が題名に入っておらず，「社会」あるいは「社会学」という言葉がそのまま題名の中心をなしているタイプの書物である。これは，「社会学理論」とよばれるグループにはいるもので，社会学の「考え方」をどんどんつきつめて厳密に考えていこうとしているが，専門外の学生にはおそらく読み進めるのがつらいだろう。

　2つ目は，「○○の社会学」というように具体的な研究対象が明示されているもので，他の分野を勉強する学生にも中身を想像しやすいタイプの書物である。だいたい社会学者は，社会学者以外の読者も想定して研究を書くことが多いので，専門的であってもちょっと我慢すればなんとか著者のいいたいことをつかめるはずである。本書では経済学を学ぶ学生が直接第2のグループの本に直接トライしても何とかなるような基本的な知識に触れているつもりなので，「○○の社会学」に興味を覚えることがあったら，ぜひ手に取ってみてほしい。

──────────────────────────────────

て深く考える必要が生じる。

　あるいは，そもそも「自然観察」ということばはあっても「社会観察」という言葉は普通使わない。普通のことばの使い方からすれば，社会は「経験」（「社会経験」）あるいは「見学」（「社会見学」）するものであって，「観察」するものとは考えないのが普通である。社会を「観察する」というときの「観察」の意味は，普通のわたしたちのことばの使い方とはかなり違っている。

　このように，社会学では，研究を進めながら「社会学とは何か」について反省をくりかえすという，行ったり来たりの進み方が必要になる。社会学は，定義を最初にしっかりと決めたら，あとは後ろを振り返らずにまっしぐらに研究を進めるという直線的な科学ではない。研究を進めながら同時に「社会とは何か」「社会を観察するとはどういうことか」などの定義に関わる問題に立ち返らざるを得ないのである。これが，社会学では定義の説明そのものがややこしくなってしまう大きな理由の1つである。

　定義をはっきりと決めたうえでまっすぐに進むのが科学のあるべき姿だとい

う考え方からすれば，社会学は異常な科学，あるいは遅れた科学だと評価されるだろう。しかし，社会学は，社会を研究するという行為そのものが，研究対象である「社会」の中に含まれてしまうという，ほかの科学にはない特徴をもっている。このため「研究する側」と「研究される側」を完全には分けられないというこれまた珍しい問題をかかえてしまう。うえに述べた「行ったり来たり」の考え方が必要なのは，社会学がもつ宿命のようなものといえる。

　とりあえず，本書の読者にはこの本を読み終えるまでは「人と人との関わりのしくみやはたらきについて，観察を重視して研究する学問」というざっくりした定義を基準においてもらうことにする。そのうえでここでは，「社会学」といってもいろいろあるのだ，そしてそれらもみな「人と人との関わりのしくみやはたらきについて，観察を重視して研究する学問」に含まれるのだ，ということを納得してもらうために，これまで社会学の定義についてどのようなことがいわれてきたのかについて説明したい。

　以下，社会学の歴史上大きな存在である3人の学者（コント，デュルケーム，マックス・ウェーバー）が考えた「社会学」について説明する。これらの定義はすべて，ゆるいかたちでは，うえに示した「人と人との関わりのしくみやはたらきについて観察を重視して研究する学問」という定義の中に含まれるものであるが，「社会」をどう捉えるか，そしてどのような方法で「観察」するのかなどの点でさまざまに異なっている。読者は，どれが一番「正しい」定義なのか，という姿勢で臨むのではなく，これらのさまざまな考え方を関連させながら社会を理解しようとするのが社会学なのだ，という考え方で読み進めていってほしい。

4　オーギュスト・コント──実証科学としての社会研究

社会学の創始者としてのコント

　第5章でも触れられたように，社会学の創始者として知られているのはフランス革命後の激動期に活動したオーギュスト・コント（Auguste Comte：1978-

1857）である。コントは「社会学」（フランス語
で sociologie：英語では sociology，ドイツ語で
Soziologie と表記する）の名付け親として有名で
ある。しかし彼は最初から積極的にこの名前を
使っていたわけではなく，『社会再組織のため
の科学的研究プラン』（コント 2013：160）では
「実証政治学」と呼んでおり，1839 年の『実証
哲学講義』第 4 部第46講でも物理学の延長上で
社会を研究する意味で「社会物理学」という表
題が用いられている（富永 2008：91）。このこ
とから考えれば，コントを社会学の創始者とす
る根拠は名称よりも実質的な研究内容にこそ求

図 9 - 1　『実証哲学講義』

めるべきだろう。特に初期の「実証政治学」という名称からもわかるように，
政治学と社会学は別個のものではなく，コントの体系の中では両者がわかちが
たく結び付いていた（そのため，コントは本書の中でも政治学と社会学の両方の領域
で重要な学者として言及されている）。また，このような用語法のため，コントに
関しては「社会学とは……である」という定義を直接の引用によって示しにく
い。そのため以下では彼の主張の概略をもって定義に代えることにする。

　コントが社会学の創始者と呼ばれる理由は「実証的方法」を社会研究に適用
し，科学としての社会学を提唱したところにある。第 8 章でも触れられている
ように，有名な「三段階の法則」では人間の精神の発展段階が神学的→形而上
学的→実証的という進歩の過程として定式化されている。この法則自体は現在
一般に考えられている「社会学」の枠をはるかに超えた射程の広いものである
が，コントの考えた「社会学」の意義を知るためにはこの法則に触れないわけ
にはいかない。

　「三段階の法則」によれば，最初期の段階では人間は，どんな現象も神の意
志によるものと理解していた。人間の意志がものごとを操作できるように，人
間よりもはるかに強大な力をもつ神はすべての物事を意志の下におくと考えた

のである。「人類は，あらゆる種類の現象を，人間自身の所産にかかるところの，それゆえにまた我々の直接直観によって認識されると考えられるところの現象と，つねに同一視していた」（コント　1942：28）。この段階では自然現象も社会現象も神の意志の下にあると考えられる。そのため，自然に関わることであろうが，人間の運命であろうが，人間の知恵をもって予見しようとしても意味がないと考えられた。未来を予見するための唯一合理的な方法は，神の啓示に基づく占いであった。

　しかしやがて人類のあいだには諸々の現象が神の意志というよりは「不変的諸法則」に従っているのだという感情が発達してきて，神学的段階から形而上学的段階へと人間の思考は発展してきた。形而上学的段階ではあらゆる事物の本源及び目的等を，超自然的な神のかわりに，例えば「自然」といったような人格化された抽象物（abstractions personifiees）によって説明しようとする。

　形而上学的段階では，神学的段階と同じように，人間はあらゆるものごとの究極的な原因をつきつめようとする。そして，その究極原因にあたるものが絶対に正しいという前提をおく。将来の予見についても，究極原因にふさわしい姿はどういうかたちなのかを考えることのほうが，現状を観察することよりも重視される。しかしそのような思考は，結局は否定や破壊を繰り返すことにしかならないとコントは主張した。フランス革命以後続いた破壊と混乱を繰り返す時代は，形而上学的な理想に支配された思考の産物にほかならないだろう。その状態から脱するには，世界の絶対的な究極的な原因を求めるのではなく，事物の観察から出発する実証的精神を重視する（「すべては相対的である」）よう主張した。そして彼は，天文学などの自然を対象とした諸科学が神や形而上学を離れて観察に基づく実証科学の段階に到達したのにならって，社会や政治現象についても実証科学を実現すべきだと主張した。

　　真の実証的精神なるものは，予見するために見る（voir pour prevoir）ことを，換言すれば，自然法則は不変であるという一般教理にしたがって，「将来いかになるか（ce qui sera）」を断定するために「現在いかにあるか（ce quir est）」を研究することをその特質とするものである（コント 1942：58）。

「社会」の力を知るにはどうすればよいのだろうか。神学的段階の人間は，社会の力も神により決められていると考えるだろう。形而上学的段階の人間であれば，絶対的な「真理」を知ってそれに従えばすべての問題が解決すると思うだろう。しかしコントは，知恵に限りのある人間が神の意志や絶対的真理のような，「絶対に正しいもの」に到達することは不可能であると考えた。わたしたちにできるのは，神の意志を完全に理解することでも絶対的真理に到達することでもなく，外界の観察を通じて当面の事実を確かめながら着実に進んでいくことだけなのだ。これが「実証的段階」の思考である。

「実証主義」と社会学

社会を実証的方法によって研究すべきだ，という主張によりコントは社会学の創始者とみなされている。しかしコント以後，「実証主義（positivism）」ということばはいろいろな意味を帯びていった。広い意味での「実証主義」が社会学の大きな柱として今日まで続いているという見方がある一方で，もっと厳密な狭い意味で「実証主義」を捉えるときには必ずしもすべての社会学者がそれを支持しているわけではない。例えば20世紀半ばには，論理実証主義に立つ科学哲学者のポパーと，反実証主義をとる社会学者のアドルノたちとの間で有名な「実証主義論争」が繰り広げられた。「経験的事実の観察を重視する」という広い意味での「実証主義」の考え方を科学に適用する場合は，現在では「実証科学」よりは「経験科学」の語が用いられることが多くなっている。哲学史的にはコントの「実証主義」とロックたちによる「経験論」は別の流れとして区別されるが，社会科学に及ぼした影響からみた場合，反形而上学という点で一致する（富永 1984：26）。

コントの提唱した社会学は，現代の科学観からみれば「社会科学」に相当するものをすべて総合したような広範囲なものにあたるので，本章で定義するような，「社会科学の中の一領域としての社会学」という位置付けとは異なって

いる。他方「どのように」研究するのか，という方法の面に注目するならば，それは反形而上学的な観察に基づく社会研究という大きな柱によって現代の社会学につながっている。

5　エミール・デュルケーム——社会的事実を考察する

個別科学としての社会学の確立者デュルケーム

　コントが没した翌年にバトンを受け継ぐかのように，同じくフランスにデュルケーム（Émile Durkheim：1858-1917）が誕生した。彼は，それまで在野の学問の傾向が強かった社会学の講座を最初期に大学に開設した先駆者の1人であり，科学の一領域としての社会学を認めさせるのに大きく貢献した。しかし彼は，経済学や政治学を包み込む総合的な社会学を構想したコントとは異なり，経済学や政治学などとは別個の1つの独立した研究領域としての社会学を確立する方向に向かった。コントが「形而上学的思考」を相手に闘ったのに対して，デュルケームが克服すべき相手は「個人功利主義的思考」だった。デュルケームは，社会現象を個人レベルの心理的要因や個人の効用最大化によって説明しようとする思考を批判し，個人的要因に還元できない「社会的事実」の存在を主張した。そして社会的事実を研究する科学として，社会学の定義を明確にしたのである。

　デュルケームが社会学固有の研究対象として考えた「社会的事実」は「行為，思考，および感覚の様式から成り，個人に外在して，自らを個人に課す強制力をそなえている」（デュルケーム　2018：53）。こういうと難しいもののようにみえるが，実は「社会的事実」はわたしたちのまわりにありふれてみられる。実は，わたしたちが普段「きまり」とか，「ルール」などと呼んでいるものがそれにあたる。

社会的事実とは何か

「社会的事実は個人にとって外在的である」——個人の外側にあるために，

個人の意志によって自由に変更することは
できない。普段わたしたちが「ルール」と
認めているものは、大抵このような意味で
の「外在」性を備えている。例えば今の日
本社会で広く行なわれている、急ぐ人のた
めにエスカレータの片側を空けておくとい
う「ルール」もまた、1つの社会的事実で
ある。1人の意志によってこのルールを変
更しようとしても難しい。試しに一度、前
の人の真横に立って通路を塞いで乗ってみ
よう。たちどころに「マナーを知らない
人」としての非難をこめた視線が周囲から

図9-2 エミール・デュルケーム

向けられ、あなたの後には相変わらず片側を空けた状態が続いていくだろう。
あなたはルールを「破る（＝逸脱する）」ことはできても、ルールを「変える」
ことはできない。かくて、誰も使わない空間が片側に無駄に延びているにもか
かわらず、エスカレータの乗り口付近にはひどい渋滞が生じてしまうのである。
　また、「社会的事実は拘束的である」──個人を意識的あるいは無意識的に
拘束してしまう。エスカレータの例でいうならば、現在は危険防止のために
「エスカレータの上を歩かないでください」という注意書きがいたるところに
掲示されており、エスカレータを管理する側にとってはそれが正しいルールに
なっている。もしも利用者の側にも「エスカレータの上を歩いてはならない」
という注意が受け入れられるのであれば、片側をわざわざ通路のために空ける
というルールは廃れていくだろう。しかし今までのところ「エスカレータの上
を歩いてはならない」というルールはほとんど空文化していて、片側一列に並
ぶというルールが根強く人々を拘束し続けている。空文化するルールと強力に
存続するルールの違いはどこにあるのだろうか。なぜ、渋滞が生じているにも
かかわらず人々は一列に並んで片側を空け続けるのだろうか。これらは「功利
主義的な」個人レベルの損得勘定では説明しにくい問題だろう。

　身近な例をあげたが、「社会的事実」の中には「インセスト・タブー（あまりに近い血縁者同士は結婚してはいけないという『ルール』）」から「終身雇用制（新卒採用された会社には定年まで勤続すべきだという『ルール』）」などまでさまざまなものが含まれる。そしてそれらはみな、うえにあげたような「外在性」「拘束性」を備えている。このような「社会的事実」こそが、社会学の固有の研究対象であるとデュルケームは主張した。彼は社会学の個性を強調するために「社会的事実」という特別な表現を用いたが、彼自身も述べているようにそれは（広い意味での）「制度」と呼ばれるものと同じ意味である。「制度」によって「社会的事実」をいい換えると、デュルケームが唱えた「社会学」は次のように定義される。

　社会学は制度の科学、すなわち制度の発生と機能の科学と定義されえよう（デュルケーム　2018：42）。

この定義は、「何を」については「制度」、「どこに注目して」については「発生と機能」というかたちで科学の中の個別領域としての社会学の特徴を明確に表現している。方法上の特色は上記の定義の中には明確に触れられていないが、別の箇所でデュルケームは「第一の、そして最も基本的な規準は、社会的事実を物のように考察することである」（デュルケーム　2018：66）という有名な主張を行っている。

「物のように」考察する

　いうまでもなく、社会的事実は「物」ではない。物ではないものを「物のように」観察せよというのはある意味では無茶な要求である。それにもかかわらず彼がこのような主張を持ち出した理由は、それが科学としての社会学の存在意義に関わるからである。もしも制度が人間の手によって自由に創造し機能させることができるならば、「物のように」観察する必要はない。しかし実際には人間は制度を自由に作り出すこともできなければ（制度を作ろうとしたり、変

更しようとすることはできるが，その結果が実際に「制度」としての働きをもつかどうかは別問題である），その機能も頭の中で完全に予測することはできない。

　デュルケームが否定したのは「制度は人間が作り出したものなのだから，頭の中で考えるだけで理解できる」というような考え方である。観察に先立つ真理や内観（＝頭の中だけで考えること）からではなく実証的な観察から出発するという主張は，形而上学的思考を否定して実証主義を標榜したコントの考えを受けつぐものである。例えばわたしたちは，何か社会的な問題が生じたときに，ルールの文言を変えれば解決可能であるかのように思いがちである。しかしことばだけを変更したルールやきまりが，実際にその通りに人間を拘束するとは限らない。うえにあげた例からいえば，「エスカレータの上を歩いてはいけません」という掲示を当局がいくらたくさん掲げても，片側を通路として空ける慣行が変わらないようなことはいたるところでみられる。社会的事実が人間の外側にある（＝外在性）以上，それはまず「物」として観察することからはじめなければならないというのが彼の主張であった。

　デュルケームの方法的主張をよく表わした研究として『自殺論』（デュルケーム 1985）が有名である。そこで彼は「自殺」という非常に個人的な行為を取り上げながら，自殺の原因と結果を個人のレベルで結びつけるのではなく，個人が置かれている状況の――その中でも人と人との結びつきという社会的状況の違いによる自殺率の差に注目した。そして社会的事実としての「自殺率」が，個人単位の性質ではなく，個人間の結びつきを規定する社会的事実によって影響を受けるという枠組みを生み出した。ここに，従来とられてきた「個人の行為を個人の状態によって説明する」視点から，「集団レベルの規則性を社会的事実によって説明する」視点への転換が生まれ，1つの独立分野としての「社会学」の意義が確立されていった。

6　マックス・ウェーバー——行為と意味理解

行為と意味の社会学

　デュルケームが活躍した19世紀末から20世紀初頭のほぼ同時期にドイツで活躍したのが，デュルケームと並んで社会学を代表する学者であるマックス・ウェーバー（Max Weber：1864-1920）である。彼の業績は経済史・政治学など広範囲にわたっているが，方法論の面で彼が重視したのが社会学である。彼が示した社会学の定義は，デュルケームのそれとはかなり異なるものであった。

　　（「社会学」とは……筆者挿入）社会的行為を解釈によって理解するという方法で社会的行為の過程および結果を因果的に説明しようとする科学を指す（ヴェーバー　1972：8）。

　ウェーバーによれば社会学とは，①「社会的行為」を②解釈によって理解するという方法によって因果的に説明し③社会的行為の過程および結果に注目する科学，ということになる。ここでは社会学の研究対象は「社会的行為」になっているが，「行為」とは，「単数或いは複数の行為者が主観的な意味を含ませている限りの人間行動」（ヴェーバー　1972：8）であり，社会的行為とは「単数或いは複数の行為者の考えている意味が他の人々の行動と関係を持ち，その過程がこれに左右されるような行為」を指す。ウェーバーはまず「行為」について主観的に意味を与えられた行動として定義し，次に他者の行動の関連から意味付けられる行為を「社会的行為」と規定し，その社会的行為がどのような過程をたどるか，あるいはどのような結果をもたらすかの因果関係を研究する科学が「社会学」なのだと定義した。なんといっても彼の定義の特色は，「行為」を，そしてその行為の「意味」を社会学の中心に置いたところにある。

理解社会学の方法

　わたしたちは「社会」というとき何を思い浮かべるだろうか。それは，人々がお互いに言葉を交わしあい，互いに協力し，あるいは対立しながら生きていく状態だろう。これらの会話や協力や対立などの，お互いを意識しながら行う行動が社会を成り立たせている。逆にいえば，人々がお互いを意識しないで行動するときには「社会」は成立していない。それでは「お互いを意識して行動する」というときにわたしたちは，お互いの何を意識しているのだろうか。

図 9 - 3　マックス・ヴェーバー

　わたしたちはまず，他人の外観（あるいは声などを含めて，感覚が直接捉えるもの）を意識する。例えば道ですれ違うときには，お互いの身体の幅や歩幅や歩く速度などを意識するだろう。しかしそれだけではない。実はほとんどの場合，わたしたちはそれらを手がかりにして，相手の行為の意味をも意識しているのである。わたしたちは表情などをもとに，相手がどのような意味を歩行に与えているかを読み取って行動する。相手の視線に威圧的な意志が感じられれば，こちらも張り合って衝突した後のいざこざに備えるか，さもなければ自分から身をかわして衝突を回避するかの決断が必要になる。また，イヤホンをつけてスマホに夢中になっている相手に対しては，相手の世界の中に自分が存在していないことを察知し，早めに距離を取っておくのが賢明だろう。

　わたしたちは行為するときに，外側から観察できる他者の状態だけでなく「意味」を考えて社会的な関係を作り上げている。わたしたちの生活は，意味をこめた行動としての「行為」，特に相手の行動を考慮した「社会的行為」によって埋めつくされている。ウェーバーは，社会的行為の過程と結果を外観だけで研究するのは困難だと考えた。なぜならば，外側から観察できる状態が同

237

じでも，行為に与えられる意味が違えば，とられる社会的行為は異なってくるからである。これは同時に，彼のいう社会学が「意味」の理解によって著しく前進できる可能性をも意味している。デュルケームでは「物のように観察する」ことの重要性が強調されたが，ウェーバーの場合には，外側からの観察よりも「意味」理解の重要性が強調されている。

　ウェーバーの「意味理解」の方法は，行為者の意識の内面の理解に関わるので，外側から「物のように」観察するコントやデュルケームのアプローチとは一見対立するようにみえる。実際，彼の代表的な著作である『プロテスタンティズムの倫理と資本主義の精神』（*Column* ⑦ 参照）は，統計的資料の分析から始まってそのような状況に至る人々の精神や倫理の意味を考察してから中心概念の定義を結論におくという構成になっている。これは，最初に概念の定義を確定した後に統計資料などを用いた客観的分析によって概念間の関係を検証するという，狭い意味での「実証主義」的な科学研究とは逆向きの方向になっている。

　しかし，コントが社会学の根拠として主張した「実証主義」をもっと広い意味でとるならば，やはりウェーバーの方法は「科学」としての社会学の重要な柱となるものである。たしかにウェーバーのいう「理解」は狭い意味での実証主義の中にはおさまらない。しかしそれはまた「形而上学」的な，つまり事実の観察なしに頭の中だけで完結するようなものでもない。意味理解が研究として結実するためには，膨大な関連資料による妥当性の検討という，事実との厳しい対決のプロセスを必要とするのである。「すべての仮説と同じように，理解的意味解釈も，事実的過程の結末という結果によってテストされることを忘れてはならない」（ヴェーバー　1972：18）という意味で，ウェーバーがいう「理解社会学」も，コントが定義した実証科学としての「社会学」の枠内に入るといえよう。

7　社会を科学する社会学

　ここまで，コント，デュルケーム，ウェーバーが考えた「社会学」について概説した。これら3人はいずれも社会学の歴史の中で偉大な存在として認められているが，「社会学とは何か」という問いに対する答えの表現は3人3様である。それにもかかわらず彼らがみな偉大な「社会学者」であることに間違いない。これは社会学という学問が，ある一定の確固とした定義の枠内で発展してきたのではなく，「社会学とは何か」という問い直しの過程を続けながら今日にいたっていることを意味する。

　「社会とは何か」という問いかけに科学的なかたちを与えるとどういう定義になるかは，その時代における科学や社会のありさまなど，置かれている状況に応じて変わってこざるをえない。しかしその表現は変わっても，「社会とは何か」「社会を科学的に研究するとはどういうことか」という「問い」だけは共通しているのである。本章で筆者が提示した簡単な定義は，主に経済学を学び始めようとする大学生を念頭に置いたものであり，もしも専門の研究者とのあいだで議論するのであれば，このような単純な定義よりもさらにいろいろな難しい，複雑な表現が求められるだろう。ただしここではコントの「社会学」における「観察」，デュルケームの「制度」，ウェーバーの「行為」というキーワードとのつながりを十分に意識したつもりである。

　最初に戻るが，社会学は「『社会』を研究する科学」であると同時に，「そもそも研究対象となる『社会』をどのように定義すべきか，について研究する科学」である。これは本質的に，対象とする「社会」の定義と，研究としての「社会学」の定義とが循環する構造をもっている。そのために，直線的ではなく反省的という独特の思考スタイルが求められるのである。

　これは，近代科学の理想像からみれば，おかしなかたちのようにみえる。しかし，「近代科学」にこだわらずに，わたしたちの普段のものの考え方と比べてみるならば，この「反省的」な思考は実はそれほど不自然なものではない。

わたしたちは普段の社会生活で，必ずしもものごとの定義を厳密に規定したうえで生きているわけではない。例えば企業などの組織には必ず「目的」がある。企業の目的は利益をあげることである。しかし企業の中の社員たちは「利益をあげること」について必ずしも定義を一致させているわけではない。企業の「利益」とは何なのか——短期的な決算の向上か，あるいは長期的な存続のことなのか——について関係者の定義が厳密に一致しなくとも企業は成り立つし，続いていくのである。そして，その過程において，経営者や，労働者，あるいは株主などのステークホルダーは何がその企業にとって「利益」となるのかを考えながらそれぞれの関わりをもっていく。

　このような思考スタイルをもつ社会学のさらに具体的な姿について，以下の3つの章でさらに詳しく説明していこう。

参考文献

ヴェーバー，マックス，清水幾太郎訳『社会学の根本概念』岩波文庫，1972年。

ヴェーバー，マックス，大塚久雄訳『プロテスタンティズムの倫理と資本主義の精神』岩波文庫，1989年。

コント，オーギュスト，田辺寿利訳『実証的精神論』岩波文庫，1942年。

コント，オーギュスト，杉本隆司訳『ソシオロジーの起源へ——コント・コレクション』白水社，2013年。

デュルケーム，エミール，菊谷和宏訳『社会学的方法の規準』講談社学術文庫，2018年。

デュルケーム，エミール，宮島喬訳『自殺論』中公文庫，1985年。

富永健一『現代の社会科学者』講談社，1984年。

富永健一『思想としての社会学——産業主義から社会システム理論まで』新曜社，2008年。

今後の学習のための本

富永健一『社会学講義——人と社会の学』中公新書，1995年。
　＊一般向けでありながら，正統的な社会学についてもっとも広い視野から追求した著作といえる。本章の社会学観もこの著作に基礎を置いている。著者は社会学領域における日本の「経済社会学」の第一人者であり，経済学と社会学の関係をバランス

よく理解したい人にも最適のテキストである。

好井裕明『「今，ここ」から考える社会学』ちくまプリマー新書，2017年。

　　＊上記の富永の著作とは正反対といっていい方向からの社会学観の代表例として挙げ
　　ておく。社会学の多様性を知るよい機会となるだろう。他の社会科学領域との対比
　　等には触れずに日常生活の学からの導入をねらっているが，若い世代にとってはこ
　　ちらのほうがしっくりくるかもしれない。この本のおもしろさは，上記の富永や本
　　章のような社会学観と対比することによっていっそうよくわかるであろう。

練習問題

問題1

第5章や第7章を参照しながら，「社会契約説」と，この章で説明した「社会学」
の考え方との違いを説明しなさい。

問題2

「世の中で一番大切なものはお金である」という意見に対して，デュルケームとウ
ェーバーはどのように反論すると考えられるか，それぞれ想像して答えなさい。

問題3

身の回りから「制度」の例を1つ見つけ出し，それがどのような意味で制度の定義
にあてはまるかを説明しなさい。

（髙瀬武典）

第10章
経済と産業の社会学

―― 本章のねらい ――

経済学と比べて社会学にどういう特徴があるのかを，経済社会学と産業社会学を例にとって説明する。まず，社会学の下位分野がどのように分けられるかを説明する。下位分野の1つである経済社会学と産業社会学について，それらの理論前提，人間観，制度観の違いに注目して経済学との違いを説明する。

1　経済社会学と経済学

社会学の諸分野

前章で説明したように，社会学は，ほかの社会科学とのあいだでさまざまな境界領域の分野をもっており，それらは「○○社会学」というように，「社会学」の前にその境界領域をつくる対象の名前をもつことが多い。「経済社会学」「政治社会学」「教育社会学」「法社会学」などがこれにあたる。専門科学である「○○学」と社会学の中の「○○社会学」を比べると，前者の「○○学」ではその側面自体の本質を純粋に究めようとするのに対し，後者の「○○社会学」では人間の行動の実態と制度の関係について調査や観察を通じて明らかにし，「経済と政治」「経済と法律」「経済と教育」などのように中心対象以外のほかの側面との関係にも関心を広げようとする傾向が強い，という違いがある。

経済学と社会学の関係について明らかにするために，経済学に関係の深い2つの分野を取り上げてあらましを説明する。第1は，経済現象そのものに注目する「経済社会学」であり，第2は，さらに具体的な対象に応じた領域として

┌─ *Column* ⑬　「社会」と「社会人」──────────────

　日常会話では「社会人」というと「学生」の対語，つまり学校を卒業して職業生活に入った人という意味で使われることが多い。しかし「経済人」との対比で用いられる「社会人」は「社交的な人」あるいは「人づきあいを大切にする人」という意味になる。社会学では英語のsocialという単語を「社会的」と訳すのが定着してしまっているが，本来socialの訳語としては「人づきあいの」「人づきあいを重視する」というほうがふさわしいことが多い（例えばsocial dance は「社会ダンス」ではなく，「社交ダンス」と訳されるのが普通である）。日本語の「社会」には，「人づきあいの」というよりはもっと広い「世間一般の」というニュアンスが強い用例が多い──例えば「世間に出た職業人」としての「社会人」のように──が，特に産業社会学や組織論などで「社会」「社会的」などの訳語が出てきたときには，日常会話での用法との意味との違いに注意が必要である。

└─────────────────────────────────────

「産業社会学」を取り上げる。

経済学と経済社会学

　スメルサーとスウェドベリィ（Smelser and Swedberg 1994：4）は「経済学の主流」と，「経済社会学」の特徴を「行為者の概念」「経済的行為」「行為の制約要因」「社会と経済の関連」「分析目標」「使われる方法」「知的伝統」の7つの側面から比較している。

　スメルサーたちの整理を参考にして，経済学と経済社会学との違いを考えると次のようになる。

①まず，個人の行為について。主流の経済学では「行為者の概念」について他者から影響を受けないものとして考えるのに対して，経済社会学では他の行為者からの影響を受けるものとして行為者を捉える。また，主流の経済学は「経済的行為」をすべて合理的なものと考えるのに対して，経済社会学では合理的でないものも含めて経済的行為として考えようとする。

②次に，行為の制約要因となる制度あるいは社会構造の位置付けについて比

べてみよう。経済学も経済社会学も
「行為の制約要因」として資源の稀少
性を重視する点については共通してい
るが，それ以外の制約要因として経済
学の主流では嗜好や技術を重視するの
に対して，経済社会学では社会構造，
意味構造を重視する。また，「社会と
経済の関連」について，経済学の主流
では社会を与件として切り離したうえ
で市場と経済について論じるのに対し
て，経済社会学では経済と社会を互い
に切り離せないものとして考え，経済
を含めた社会について論じようとする。

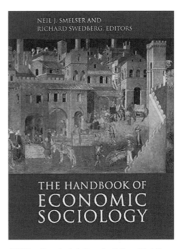

図10 - 1　スメルサーとスウェドベリィ
の『ハンドブック経済社会学』

③最後に「分析目標」「使われる方法」「知的伝統」について整理を要約する
　と以下のようになる。経済学の主流では主に予見と説明を目標とし，形式
　的なモデル——特に数学モデルが構築され，データが用いられないことも
　多く，またデータが用いられる場合は既存の公式的なデータが多く用いら
　れる。スミス‐リカードウ‐ミル‐マーシャル‐ケインズ‐サミュエル
　ソンにつながる知的伝統が重視されるが，古典は過去のものとしてみられ，
　それよりも現在の理論と達成が強調される。それに対して経済社会学では
　記述と説明に目標がおかれ，未来予測などの予見が目指されることは稀で
　ある。また歴史的方法や比較法を含む多様な方法が用いられ，それらの多
　様な方法に適合する既存のデータが存在しないことも多いため，分析者と
　データの作成者が同一であることが多い。マルクス‐ウェーバー‐デュ
　ルケーム‐シュンペーター‐パーソンズ‐スメルサーにつながる知的伝
　統が重視され，つねに古典が再解釈され伝承される。

これら①②③の対比のうち③については前章で社会学の特色について触れ

たときに部分的に説明した。ここでは①と②に注目して，経済学と，経済社会学（あるいは，それを含む社会学）の違いについてさらに詳しく説明しよう。

人間観の違い

　経済学と社会学（経済社会学）の人間像を比べてみよう。うえに述べたように，スメルサーたちによる対比の中で，行為の捉え方に直接関わるのが「行為者の概念」と「経済的行為」に関する比較であった。再び示すと，経済学の主流では，

- 行為者は他者から影響を受けない。
- 行為はすべて合理的である。

これに対して経済社会学では，

- 行為者は他の行為者からの影響を受ける。
- 行為者の経済行為には合理的なもの以外のタイプも含まれる。

というものであった。

　経済学が前提にする合理的な行為者は，「経済人（homo economicus）」と呼ばれる。そこで想定されるのは，行為がもたらす利得をつねに合理的に計算して，それを最大にしようとする抜け目のない人間像である。これは近代社会の成立にとってもっとも重要と考えられる人間の本質を抜き出してモデル化したものである。つまり経済学は，近代社会のもっとも本質をなすと考えられる人間像を前提において経済のメカニズムを研究しようとする。これに対して社会学では，そのような人間像が，よく考えるとどれほど風変わりなものなのか，そして経済を中心とした近代社会のメカニズムが，それ以外の社会のメカニズムと比べてどのような特色をもつのかに注意を向ける。このように，ある対象の特徴を明らかにするために，ほかのものの観点から見直すことを「相対化す

る」という。社会学は，近代経済のメカニズムや経済人モデルを対象に取り上げて，それらを相対化しようとする。中でも経済学的な人間観の相対化は社会学の重要課題の１つである。

　社会学の見方から「経済人モデル」を相対化するには，２つのやり方が考えられる。第１は，経済以外の社会領域（政治，文化，教育など）にふさわしい人間像を基準にとって相対化するというかたちである。ここでは社会現象に関わる諸問題を経済的なメカニズムだけでなく，政治的なメカニズムや文化・教育などさまざまな側面と関連づけて捉えることに重点がおかれる。

　経済人モデルはもう１つ，「近代社会」以外の社会における人間像と比べることによっても相対化できる。ここでいう「近代社会以外の社会」には近代以前の社会，近代化の影響の弱い非西欧的社会，あるいは近代のあとの段階として考えられるポスト近代社会などさまざまなものが考えられる。経済合理的な利得計算に特化した経済人モデルは近代社会の典型な人間類型として考えられるが，それ以外の社会の人間モデルには価値や社会構造の影響を受けたり，他者の意見や他者との人間関係などからも複雑な影響を受けるさまざまなかたちが考えられる。

　このようなさまざまな相対化のために，社会学は経済学よりも複雑な人間観を必要とする。経済学に比べて社会学のほうが厳密な科学としての客観性や論理の精密さを保つのが難しい原因もここにある。経済学と社会学のあいだの人間観の違いは，さらに両方の科学の制度観の違いにも結びつく。

制度観の違い

　スメルサーたちが対比した「行為の制約要因」「社会と経済の関連」は，社会構造（広い意味での制度）をどう位置付けるかの違いに関わる。再び確認すると，経済学では，

- 行為が制約を受けるのは嗜好や資源の稀少性や技術によってである。
- 論じられるのは市場と経済についてであり，社会は与件として位置付けら

れる。

それに対して経済社会学では，

- 経済行為は資源の稀少性，社会構造，意味構造によって制約される。
- 経済は社会と不可分であり，基本的に論じられるのは社会についてである。

という前提をおく。

　経済学の主流では社会構造を与件（＝与えられたもの）として位置付ける。わかりやすくするため経済的な活動を演劇に例えると，劇の舞台にあたるのが「与件」としての社会構造である。演劇にとって舞台はなくてはならないものだが，固定されたまま変わらない舞台よりも，舞台のうえで繰り広げられるさまざまな俳優たちの演技のほうが観客の興味を引くだろう。それと同じように，経済学は社会構造（＝舞台）のうえの経済活動（＝演技）に注目してその規則性を捉えようとする。社会構造は，経済活動が行われるための舞台を提供するが，それ自体は決して経済学の関心の中心におかれるわけではない。経済学の関心の中心は経済のメカニズムと資源の稀少性や技術変換とのあいだの関係にある。経済学において社会構造は無視されるわけではないが，中心的な研究課題である経済メカニズムが働くための一定の条件として位置付けられ，副次的・間接的な研究対象とされる。

　ただし（スメルサーたちの整理によれば「主流」ではないという位置付けになるが），経済学にも社会構造と経済メカニズムの関係を中心に扱う重要な研究が存在する。演劇にたとえるならば，舞台のかたちと俳優の演技との関係に焦点をあてたり，あるいは俳優たちが演技しながら舞台装置をつくっていくような状況を想定した研究が存在するのである。『有閑階級の理論』で有名なヴェブレンなどの「制度派経済学」，あるいはコースやウィリアムソンなどの「新制度学派」がこれにあたる。これらは「社会構造」ではなく「制度」をキーワードとして用いているが，社会のしくみは社会的事実としての制度によって成り立つから，

社会構造と「制度」とは同じ意味で使われることも多い。それらは社会構造に焦点をあてるという意味で制度観に関する前提（「行為の制約要因」「社会と経済の関連」）では社会学に近いが，人間観に関わる前提（「行為者の概念」と「経済的行為」）では経済学の主流と同じく，他者からの影響を受けない合理的な行為者を想定している（詳細については竹下（2011）を参照のこと）。

　これに対して経済社会学では，経済学では「与件」とみなされる社会構造，あるいは第9章第4節で触れたような，行為の意味を規定する構造などを研究しようとする。演劇の比喩を用いるならば，俳優たちの個々の演技よりも，その演技を可能にしている（あるいは，制約を与えている）舞台のかたちや装置などに光をあて，それらのしくみやはたらき，あるいは作られ方，作り方などを研究しようとするのである。ここでの「舞台」の比喩が具体的に意味するものについては，第10章と第11章の個々のテーマごとに参照してほしい。

経済社会学と経済学の統合の試み

　うえに述べたように経済学と経済社会学とでは理論の前提がさまざまに異なっているが，それらを統合させる試みも行われてきた。例えば富永（1997：59）は「ヴェーバーは，経済と社会とを，それぞれ互いに相互作用しつつある2つの大きなシステムとして認識していた」という意味で彼の大著『経済と社会』を経済社会学の研究として位置付けている。すでに述べたようにウェーバーは「行為」を社会学理論の出発点にしているが，富永が指摘するように「一方で社会を社会的行為という観点から捉え，他方では経済を経済的行為という観点から捉えることにより，行為概念にいわば媒介的役割を負わせることによって，経済と社会を関係づける」という統合が試みられていた。

　富永（1997）自身もウェーバーと同じく行為概念から出発しながら，行為を「交換」と捉えることにより経済的交換と社会的交換を対比させる新しい枠組みを構築した。富永によれば産業が発展する以前の自給自足の農業経済のもとでの経済的な行為は，他者との関連が薄いため「社会的行為」とはいえなかった。しかし産業化された市場経済のもとでは大部分の経済的行為は単独者によ

るものではなく，生産にせよ消費にせよ他者と関連しているから社会的行為で
あるともいえる。資本主義的産業社会においては経済的行為と社会的行為は重
なりあった概念となるので，経済的行為を経済的行為として分析する経済学の
ほかに，経済的行為を社会的行為として分析する経済社会学が必要となると主
張した（富永 1997：77）。

　また富永が指摘するように20世紀の終わりころから，経済社会学を新しい潮
流として復活させる2つの動きが生まれた。

　　1つは英米系の新古典派経済学自体の中から，経済学純粋化の方向とは逆
　に，経済学理論の適用範囲を拡大して，社会学や政治学の中に侵入していこ
　うとする動きである。（中略）他の1つは，第2次大戦後に新たに登場して
　きた新しいタイプの経済社会学理論の発展である（富永 1997：62）。

そして富永（1997）は，「新しいタイプの経済社会学理論の発展」について，
①パーソンズとスメルサーによる，行為理論とシステム理論の導入による社会
システム内の経済の機能的位置づけを明確にした研究，②ルーマンによるオー
トポイエシス概念の導入による新しいシステム理論の構築，③コールマンによ
る社会的交換理論と合理的選択理論の統合，④スメルサーとスウェドベリィの
共同編集による『経済社会学ハンドブック』の刊行に代表される諸研究の活性
化の4点をあげている。

　このように経済社会学は経済学と密接な関係を保って研究を進めてきたが，
本書では社会科学入門という趣旨から，経済社会学だけに限定せずにより広い
各分野を対象にして経済学との関係を説明していく。経済社会学についてさら
に深く知りたい読者は，富永（1997），あるいは経済社会学会（2015）を参照さ
れたい。

　この節では，社会の中で経済に関連する活動をひろく対象にする「経済社会
学」について説明した。経済社会学の研究対象には企業や職場組織や家族や組
織間ネットワークなどさまざまな集団が含まれる。特に現代社会の生産活動を

担う中心となっているのが企業や職場の集団であり，それらを対象にする専門分野が「産業社会学」である。次節では産業社会学の成り立ちから，経済学と社会学の関係についてもう1つ別の方向から見ていこう。

2　産業社会学が生まれるまで

産業社会学の定義

　モノやサービスを生み出す活動を研究する社会学が「産業社会学」である。もう少し詳しくいうと，それは「人間遡及的観点にたち，産業組織や産業関係を，それらの背後にある当事者個々人の相互的行動とそれを動機付けているかれらの意識の実態にまで遡りつつ捉えるというアプローチをとる」（尾高 1981）科学である。研究対象となる「産業組織や産業関係」には経営組織や労使関係，あるいは職場の労働者同士の人間関係が含まれる。尾高による定義が強調するのは，組織や人間関係を，当事者1人ひとりの行動や意識の実態と結び付けて研究するアプローチである。尾高の言葉によればそれは「人間遡及」，つまり組織や関係を人間にまで遡って捉えようとすることを表す。ここでも，第9章で述べたように「制度と人間のあいだの関係」への注目が社会学の本質であるという考え方があらわれている。以下では産業社会学を例にとって，特に産業研究において経済学や心理学から区別される社会学の特色を詳しく見ていきたい。

　産業社会学は20世紀前半（1927～1932年）の「ホーソン実験」によって成立したといわれる。職場組織や労使関係を対象とした科学的な研究はそれより前から存在したが，ホーソン実験は従来の研究に対して人間観と組織観の大きな転換をもたらした。ここでは，ホーソン実験以前の職場組織研究と，ホーソン実験以後の産業社会学的研究について対比して説明しよう。なお，本節と次節の内容についてさらに勉強を深めたい人は，大橋・竹林（2009），中川（2012），吉原（2013）などを参照されたい。

科学的管理法

　産業社会学以前の職場組織研究として，「科学的管理法（scientific management）」に代表されるフレデリック・テイラーの業績が有名である。テイラー自身は科学的な経営学の創始者として企業組織研究に大きな影響を残しているが，産業社会学の成立を語るうえでもテイラーは欠かすことのできない存在である。そこで，ホーソン実験について説明する前に彼の「科学的管理法」の概要について説明しよう。

　20世紀初頭のアメリカの工場では，労働者の賃金の決め方が経営者にとって大きな問題になっていた。賃金を労働時間に応じて支給すれば管理の手間は省けるが，頑張っても手を抜いても同じ時間だけ働けば賃金が同じになるため労働者の勤労意欲が一定のところで止まってしまう。労働者の勤労意欲を上げるためには，労働時間に応じて支給する「時間給」ではなく，仕事をすればするほど賃金が高くなるようにする必要がある。そこで経営者は，仕事の成果を測定し，その成果が多いほど多くの賃金が得られる方法（＝出来高給）を採用して，労働者の勤労意欲を高めようとした。ところが，実際には出来高給のもとでも一向に労働者の勤労意欲があがらないどころか，かえって低下するという問題が慢性的にみられたのである。

　勤労意欲を高めるはずの出来高給がなぜ労働者の勤労意欲を低下させたのだろうか。実は出来高給の中には，労使間に不信関係を生む原因が隠れていた。出来高給が効果を上げるためには出来高と賃金の関係をきめる「賃率」（＝1つ製品を組み立てるごとに何円，というような出来高一単位あたりの賃金）を適切に設定できるかどうかが鍵を握っている。この賃率が低すぎても高すぎても出来高給は効果的にはたらかない。その理由は次のようなものである。

　労働者の勤労意欲は，賃金が単に増えるかどうかではなく，「頑張りに見合っただけの見返りが得られる」かどうかによって左右される。賃率があまりに低いと労働者の側からすれば，頑張って出来高を増やしてもそれに見合うだけ賃金が上がらないように考えられるため，意欲があがらない。つまり労働者の勤労意欲をあげるためには，賃率が十分に高い水準で設定されなければ意味が

ない。

　しかし賃率を上げるのは，経営者にとってリスクとなる。賃率が十分に高ければ労働者の勤労意欲を押し上げるが，やがて人件費の増大が経営を圧迫してしまう。そうなれば経営者は賃率の切り下げを検討せざるを得なくなるだろう。実際，当時のアメリカではこのような理由による賃率の切り下げが行われていた。労働者からすれば，勤労意欲の向上が皮肉にも賃率切り下げを招いたことになる。「出来高給のもとでは仕事に全力を尽くすのではなく，ほどほどに頑張るほうが——あるいは手を抜いて，自分たちの能力を低く見せるほうが，賃率が高くなって得だ」と労働者が考えるようになる。経営者の側でも，労働者たちが誤魔化して実際よりも能力を低く見せているのではないかと疑心暗鬼に捉われていく。このように，出来高給は，「適切な賃率の設定」という問題を解決しない限り，経営者と労働者のあいだに不信関係を生んでしまう。

　このような不信状態にあった労使関係の正常化のために提案されたのがテイラーの「科学的管理法」である。テイラーは労使間の不信関係の原因が賃率にあることを見抜き，適切な賃率を科学的根拠に基づいて設定することを提案した。賃率が適切であるかどうかは労働者の仕事の能力を正しく把握できるかどうかにかかっているが，労使ともに納得できるような正しい把握は，科学的分析によって得られる客観的な根拠によってもたらされると考えたのである。

　テイラーは，賃率設定の根拠となる「標準作業量」，つまり労働者が普通の状態でどのくらいの仕事をこなせるのかについて科学的に明らかにしようとした。テイラーにとって「科学」とは，細かく分解した研究対象を精密に測定して客観的な真実を獲得することを意味していた。彼は，自然科学で成功している厳密な測定を，職場組織にあてはめることによって労使ともに納得できる結果を得ようと試みたのである。

　標準作業量を確定するための第 1 歩は，仕事の単位そのものを客観的に明らかにする「動作研究（motion study）」である。これは，仕事を「旋盤を使った研磨加工作業」というようにおおまかにではなく，さらに詳細な動作の単位に分解していく研究である。厳密かつ客観的な測定には，測定の対象そのものが

客観的な単位に分けられていなければならない。それには通常用いられているおおまかな区切り方では不十分である。例えば「旋盤を使った研磨加工作業」といっても，その細かい手順についてはいろいろなかたちがある。科学的に標準作業量を確定するうえで，細かい手順の中に無駄なものがあるかどうかなどは，全体をおおぐくりにしたままでは発見できない。「動作研究」では，例えば「旋盤を使った研磨加工作業」を「とりつけ準備」などの過程に細分化し，さらにその１つひとつの過程について「罫書きができてから削り方を考える」「運搬車から品物をとって機械まで運ぶ。その距離は○○だけある。助手は○人必要である」「くさりをかけてくくる」などのようにこれ以上は考えられないくらいの最小の単位にまで分解していくのである。

　動作研究の結果をもとにして，不要な動作の排除・必要最善動作から作業を構成することにより，標準的な仕事の手順が客観的に確定される。次にその手順に従った仕事がどのくらいの時間をかけて達成可能かを明らかにする「時間研究（time study）」が必要となる。時間研究では，動作研究で明らかになった最小限の作業単位要素ごとに作業時間を測定し，その合計に余裕時間を加えて標準作業時間を決定する。このような「合理的で正しい」標準作業や標準作業時間をもとに合理的に賃率を設定することをテイラーは提唱した。経験と勘に頼った設定ではなく，科学的な設定によって客観的・合理的な賃率設定がなされれば，労使間の不信関係を解消できると考えたのである。

　テイラーはさらに，労働者が標準作業量を上回って生産した場合には，標準産業量以下のときよりも高い賃率に切り替えるという「差別出来高賃金制」を提案した。このしくみは，労働者の勤労意欲を引き出すうえで非常に効果的であった。この場合も，標準作業量の水準を低く設定しすぎると経営側の人件費負担が過大になってしまうし，逆に水準を高くしすぎると結局労働者の側から見て現実味が薄れてしまい効果がなくなる。したがって「差別出来高賃金制」が効果的にはたらくかどうかは正しい標準作業量水準が見極められるかどうかにかかっていた。「差別出来高賃金制」によって労働者の勤労意欲を引き出すうえでも，科学的管理法による標準作業・標準時間の把握が重要な意味をもつのである。

　もちろん，科学的管理法と差別出来高賃金制の導入によって労使間の対立が
すべて解消されるわけではない。しかし少なくとも経営者のほうでは「労働者が
手を抜いて作業しているのではないか」という疑う根拠がなくなり，それによっ
て適切な賃率が設定されれば労働者のほうでも，「頑張ったほうが自分たちに
とって得だ」と考えるようになるという好循環が期待できる。このように，科
学的な観察によって得られる正しい事実認識が社会を改善していくという実証
主義的な認識がテイラーの考えを支えていた。これによって兄弟的な友愛関係
が労使間に生まれて社会がよりよい方向に向かうことをテイラーは望んでいた。

3　産業社会学の誕生

ホーソン実験

　研究の失敗から新しい科学の発展が生まれることがある。産業社会学が生ま
れるきっかけとなった「ホーソン実験」は，まさにそういうエピソードから始
まった。アメリカのシカゴ近郊に位置するウェスタン・エレクトリック社のホ
ーソン工場では1924年から照明強度と生産能率との関係を科学的に明らかにし
ようとする実験が試みられていた。ところが照明と能率とのあいだに一貫した
関係を発見できず，実験は失敗したかのように見えた。困り果てたウェスタ
ン・エレクトリック社のスタッフがたまたまハーバード・ビジネススクールの
教授のメイヨーの講演を聞いたおりに，実験について相談したところメイヨー
も興味を示し，1927年からハーバード・ビジネススクールの調査チームをひき
つれて研究に加わることになった。こうして1932年まで膨大な成果をあげた
「ホーソン実験」がスタートした。なお，「ホーソン実験」というのは1つの実
験ではなく，大きく区切って7段階にわたる（細かく区切ればもっとたくさんの
段階にわかれる），多様な研究をまとめた呼び名である。その中には面接調査や
参加観察など，ふつうは「実験」とは呼ばれないような内容をも含むさまざま
な研究の総称である。その意味では「ホーソン研究（Hawthorne research）」の
呼称のほうがふさわしいが，日本では「ホーソン実験」という呼び名が広く用

─── *Column* ⑭　「経営人」と意思決定モデル ───

　社会構造や制度と人間の行為の関係を強く意識しない段階では，自分の利益の最大化の側面（「経済人モデル」）や，人間関係を良好にすることによって動機づけられる側面（「社会人モデル」）に関心があてられた。しかし，制度や社会構造が重視されるようになると，状況を人間がどのように知覚し，どのような考え方に基づいて行動を決定するのか──いわば経済人や社会人の利益追求や動機付けの目標の設定，方向付けなどがどのように決定され選ばれるかが問題になる。

　社会学のこのような関心の変化は，組織論における人間モデルの変化と同時に起きた。経済学や経営学や社会学そして心理学などを含む学際的な研究分野として組織論がある。組織論の古典として名高い J. G. マーチと H. A. サイモンの共著による『オーガニゼーションズ』では，人間のモデルを3種類提示している。第1は経済的誘因などの刺激を受動的に受けて反応する「機械モデル」であり，第2は，態度や価値によって行動が影響を受ける，「動機」が重視される人間モデルである。本章ですでに説明した用語と対応させるならば，第1は「経済人」モデルに，そして第2は「社会人モデル」に相当する。サイモンたちはさらに第3のモデルとして，知覚や思考に基づいて意思決定を行うモデル，──「経営人」モデルと呼ばれることもある──を提案し，どのように行動するかの選択肢を決定する人間像を提案した。

　サイモンたちのモデルの特徴は，完全な情報の下で最適な判断をくだす経済人モデルではなく，限られた知覚のもとで，最適かどうかはわからなくとも許容できる水準を超えている選択肢を選ぶと考えている点である。この「経営人モデル」は，新制度派などの経済学に大きな影響を与え，それらの功績が評価されてサイモンには1978年にノーベル経済学賞が与えられた。

いられているので本書でもそちらに従う。

　ホーソン実験に含まれるさまざまな研究の中からここでは代表的なもの3つを取り上げる。第1はリレー組み立て実験である。照明実験の結果から研究者たちは，物理的条件などとは異なる何かが労働者の作業能率に影響を与えるのではないかと考えた。その未知の要因を明らかにするために，条件を厳密にととのえて作業能率を観察する実験が計画された。実験は，職場から選ばれた6名の女性従業員に，実験室の中で「リレー」と呼ばれる電話機部品の組み立て

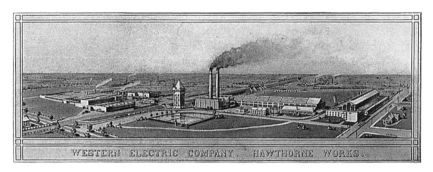

図 10 - 2　ホーソン工場

を指示して，彼女たちの作業条件や時間，組み立て個数を正確に記録して行われた。その結果作業能率は，賃率や休憩時間の与え方などの要因よりも，従業員同士での良好な人間関係の形成という，それまで重視されてこなかった要因に強く影響を受けるという事実が発見された。

　リレー組み立て実験の「作業能率は人間関係によって影響を受ける」という結論は何を意味するだろうか。それは，テイラーの段階の労働者像として前提されていた，一定の労働条件のもとで「他者の影響を受けずに自己の利得を最大化する」存在とは異なる労働者像を採り入れるということである。つまり，ここで労働者について採用される人間モデルは「経済人」モデルではない。ここで採用された人間モデルは，経済人のように1人ひとりが別個に自分の利得の極大化を考えるのではなく，他者との人間関係を重視する人間像である。経済人モデルとは異なる人間モデルの採用は，職場組織を対象としつつ，科学的管理とは異なる新しい研究分野の成立を意味していた。他者との人間関係を重視し，他者から影響を強く受ける人間モデルは「経済人（economic man）」モデルに対して「社会人（social man）」モデルと呼ばれる。ホーソン実験は「社会人」モデルの成立のきっかけとなると同時に，社会人モデルを基礎に置いた新しい職場組織研究である「産業社会学」が生まれるきっかけともなった。

　ホーソン実験を構成する諸研究の中で次に重視されているのが，膨大な規模で実施された面接計画である。この面接は職場のリーダーのあるべき姿を探る

ために，最初は指示型（あるいは「構造化型」面接＝質問を標準化して実施するもの）で行われたが，途中から非指示型（あるいは「非構造化型」＝調査実施者の側が最初に質問の流れを決めておくのではなく，面接対象者の応答に応じて質問を発展させていく）面接に切り替えられ，従業員の態度が一定の感情のシステムによって規制されていること，仕事環境における従業員の満足・不満足の理解は，出来事の相互関係，組織上の位置や欲求などとの関連をもって理解する必要があると結論づけられた。

　面接計画では，このように従業員の意見や行動における感情的側面の重要性が発見されると同時に，従業員の勤労意欲・満足などへの感情の影響が単純なメカニズムではなく，仕事環境における出来事や組織上の位置などとの関連の中で形成され作用を及ぼすというプロセスが注目された。それまでの科学的管理法の職場研究や，リレー組み立て実験の段階では仕事環境の物理的な条件，休憩時間の間隔，出来高給賃金の設定などといった各要因の直接の効果が模索されていた。それに対して，面接計画で職場の状況と従業員の態度・感情・信念との複雑な関係が明らかになるにつれて，それら諸要因を関連付ける「システム的」な見方が必要だと考えられるようになった。

　このように面接計画の結果として，「感情的側面の重視」「勤労意欲や満足・不満足と組織内状況とのシステム的理解の重視」という考え方が導入された。ここでもこれらの2つの視角は，他者から影響を受けずに合理的に行動するという経済人モデルに対する別の人間観を求めるものであった。

　第3に，従業員たちの間で行われていた作業量の自主規制的行為が発生する過程を明らかにするためにバンク捲線作業観察と呼ばれる研究が実施された。すでに述べたように，出来高給のもとで従業員のあいだに怠業が発生する問題はテイラーの段階ですでに認識されていた。ホーソン実験においても職場集団で生産の自主規制の発生が認識されており，その規制がどのようにして発生しているのかを明らかにするために計画されたのがバンク捲線作業観察である。ここでは調査員が職場に入り込み，調査員からはいっさい何の働きかけもせずに現場の作業を観察するという参加観察法が採用され，外部からの観察ではわ

からない内部の詳細な状況の把握が試みられた。

　バンク捲線作業観察の発見結果として有名なのが，職場集団における「インフォーマル組織」の発見である。この発見もまた，経済人モデルとは別の社会人モデルを用いて説明される。観察の結果，経済人モデルが仮定するような1人ひとり単独で自分の利得の極大化を目指した結果というよりは，社会人モデルが仮定するような，それぞれが他者との人間関係を重視するゆえに，従業員のあいだに生産規制が生まれると結論付けられた。自主的な生産規制は，職場集団の組織的なつながりのあいだに生まれたルールが従業員1人ひとりに働きかけ，結果的に集団全体で生産が規制されるようになるという道筋をたどる。ここで従業員の生産を規制する自然発生的なルールは，経営者が公式な命令系統を通じて従業員に従わせているルールとは別種のものである。この場合，経営者は労働者に対して出来高給制を設定して勤労意欲を上げさせようとするが，それよりも労働者の側で決めた生産量規制のルールのほうが強力に労働者をコントロールしていた。つまり職場では，経営者が労働者をコントロールするかたちで公式に決められた組織とは別に，労働者同士で自然発生的にルールをきめたインフォーマルな組織が成立していたのである。経営者によってつくられる公式的（formal）な組織では規則やメンバーの集団内における地位・役割，共通目標などが高度に成文化され明示化されている。それに対して労働者たちのあいだに自然に発生するインフォーマルな組織では規則やメンバーの地位や役割は成文化や明示化の程度が低い。そのためインフォーマルな組織はメンバー以外の者には見えにくいが，公式的な組織よりも強くメンバーの意識や行動に影響を与える傾向がある。

人間観の転換

　以上，ホーソン実験によって①労働者の勤労意欲には人間関係や感情的要素が組織状況と関連しながら強い影響を与えている，②労働者の態度や行動にはインフォーマルな組織が強い影響を与えている，という2つの発見がもたらされた。そしてこれらの2つの発見のあいだには強い関連がある。第1の発見は，

労働者を捉えるうえでの「経済人」モデルから「社会人」モデルへの転換，つまり人間観の転換を意味している。そしてその人間観の転換は同時に，経済人モデルを前提として経営者の側から設計された「公式組織」ではなく，労働者の自然な感情や交流の中から生まれ出た「インフォーマル組織」を重視するという組織観の転換をもたらすのである。

4　産業研究における「社会学らしさ」

人間関係論と産業社会学

　ホーソン実験は産業社会学だけではなく，産業心理学や人的資源管理論など，さまざまな学問領域で重視されてきている。ホーソン実験の主要な研究成果である「社会人モデル」や「インフォーマル組織の発見」に基づいて発展した学派は社会学や心理学など特定の学問分野におさまりきらないので，それらの学問分野を横断する「人間関係論」（あるいは「人間関係管理」）という呼び名が広く使われている。職場の人間関係や労働者の勤労意欲は心理学，中でも社会心理学の中心的なテーマであり，その意味では初期の産業社会学は社会心理学と切り離せない。学問的な意味とは別に労働者の勤労意欲が高まるかどうかだけを考えるならば，それが社会学であろうが心理学であろうがたいした問題ではないだろう。しかし，やがて1960年代になると，労働者の勤労意欲とは別の点から，人間関係論の限界や問題点が指摘されるようになった。

人間関係論と社会学的視点

　人間関係論は人間関係やインフォーマル組織に注目して新しい視点を開いた。第9章で説明した社会学的視点にあてはめるならば，「経済人」モデルから「社会人」モデルへの転換は，行為の意味が経済的利得以外のさまざまな可能性をもつという点でウェーバーの意味理解的な社会学の視点につながるといえる。また，「フォーマル組織」から「インフォーマル組織」への組織観の転換は，合理的に設計されたものとしてではなく観察によって捉えられるものとし

て職場の組織に注目したという点ではコント的な意味での実証科学としての社会学につながるといえる。

　しかし，前章でまとめた社会学的な諸視点のうち，制度の拘束性や外在性を重視するデュルケーム的な意味での「制度」への視点は，人間関係論でははっきりしていなかった。人間関係論が産業社会学の独占物ではなく産業心理学や人的資源管理論などとの共有財産とみなされる原因もここにある。人間関係論の段階の産業社会学では，制度と個人の関係についての考察は表面にあらわれておらず，そのために社会学的な考え方と心理学的な考え方とがはっきり分かれてはいなかったが，このあいまいな状態のもつ問題点が1960年代ころから表面化していった。

社会観への批判

　人間関係論では，労使間の争いや，職場の従業員同士の対立が生じた場合にも人間関係の改善によって解決しようとする。それは調和と一致を理想とする社会観のうえに立っていた。このような社会観はもともと「和」を理想としてきた日本人の社会観と似ているように見えたために，日本の職場でも人間関係論は歓迎された。職場における調和や一致自体は何も悪いことではない。しかし調和や一致を義務として強制してしまうと，あるいは無意識のうちに当然視してしまうと，いろいろとやっかいな問題が起きてくる。

　調和や一致を理想とする社会観では，対立や紛争の解決をどのように考えるだろうか。人間関係論に対する批判が指摘したのは，調和や一致を目指すことばかり考えると，制度やルールを通じた対立の解決が否定されてしまうということであった。調和や一致を絶対視する社会観のもとでは，争いを解決するためのルールをあからさまに定めることは不要であるどころか，むしろ有害であると評価される。職場には堅苦しく公式化されたルールなどないほうが——あるいはあったとしてもあえて表に出さないほうが——よいという風土が根付いていく。このような職場は，面倒な理屈なしに皆が心を1つに団結しているから強力なように見える。しかし実はここには大きな弱点がかくれている。それ

は，いったん「心が1つに」ならない事態が生じてしまった場合には，それへの対処もインフォーマルにならざるをえないという点である。

「人間関係が良ければ自然に意見が一致する」という思い込みは同時に「意見が一致しないのは悪い人間関係である」という断定につながる。このような風土のもとで意見が分裂してしまうと，「長いものには巻かれろ」というように少数者を多数者に同化させることに全力が注がれる。この根底には全会一致原則への強い信頼と，制度的解決への悲観的な懐疑がある。対立を解決するための制度的しくみをもたない集団では，お互いがその場の空気を読みながらインフォーマルに正解を探していくしかない。そこでは少数意見が圧殺されやすく，権力をもつ者への同調が強制されやすくなる。このように考えると，調和や一致を絶対視する考え方は，個人の自由を脅かす危険性をもっている。もちろん良好な人間関係が職場集団にもたらすプラス面は大きいが，その前提となる社会観は大きなマイナスを生じる危険をはらんでいる。

構造への注目

人間関係論に対して加えられたもう1つの批判は（理論自体の欠陥というよりは，理論を応用する側が陥りやすい誤用ともいえるが），人間関係以外の重要な問題が軽視されてしまう危険性であった。すでに述べたようにホーソン実験の結論は，さまざまな要因が体系的に作用して勤労意欲に影響を与えるというものであった。それらの要因の中で新しく発見された人間関係や感情的要素の重要性が強調されてはいるが，それ以外の要素が無意味だと主張しているわけではない。しかし職場での実践にあたっては，人間関係への注目はほかの要因の軽視や無視につながりやすい。

勤労意欲などの労働者の意識は，人間関係と賃金体系，労働環境などさまざまな要因の影響を受ける。いうまでもなく，職場をめぐる問題には，人間関係や感情だけで解決できないものがたくさんある。いくら人間関係がよくても仕事の内容や，労働条件，あるいは賃金に対する不満が大きければ労働者の勤労意欲はあがらないだろう。賃金や労働環境が劣悪な職場の場合，人間関係や感

情的側面に訴えて労働者のやる気を引き起こすことに成功したとしても，それは問題を本質的に解決したことにはならない。人間関係や感情以外の要因の中で，特に大きな意味をもつのが職場や企業をめぐる制度的な要因である。つまり，賃金制度，仕事の役割，権限の大小などの職場をめぐるいろいろな制度のあり方が労働者の行動にとって重要な要因となっている。

　あるいは，職場を取り巻く大きな社会的状況，例えば転職を希望しても次の働き口が簡単にみつかる状況かどうか，あるいは新しい転職先で転職前と同程度の賃金がえられるかどうか，などの要因も労働者の行動に大きな影響を与える。このように，職場や企業組織における制度的な要因，あるいは企業を取り巻く広範囲の社会レベルでの状況についての社会学的研究の必要性が強く認識されるようになる。これらの制度的要因や広範囲の社会レベルでの状況は「社会構造」といい換えることができ，人間関係論以後の産業社会学は，社会構造を視野にとりいれようとするようになった。ここにいたって，社会心理学的研究とは区別される固有の「社会学的な」アプローチが産業社会学の中で自覚されるようになった。

5　産業社会の社会学

制度としくみの社会学へ

　ここまで説明したような経緯をへて，産業社会学は「社会人」モデルの採用という意味で人間観について，あるいは制度と人間の関わり合いへの注目という点で制度観について，経済学の主流と，そして産業心理学などの他の領域の学問から異なる方向付けを明確にしていった。特に人間関係論のみに集中していた時期への反省をへて，職場内の問題だけではなく職場や企業を取り巻く社会的・文化的背景と労働者の行動や意識のつながりに注目することに研究関心の中心をおいている。

　例えば，「産業社会学」を標題に含めた大学生向けの最近の教科書の内容からも産業社会学のこのような特徴を見ることができる。小川ほか（2015）では

第1部のタイトルを「『働くこと』の制度としくみ」としていて，制度としくみ——別のことばで呼べば社会構造との関連で労働を捉えることを強く意識させる構成になっている。また，そのあとの部分でも，「人間関係」に関する章ももちろん含まれているが，非正規雇用や労働時間，ジェンダーなど，制度と労働者の関わりに関する問題が大部分を占めている。また，グローバル化や少子高齢化との関連など，職場や企業を取り巻く社会全体の変化についても説明が加えられている。同様に，上林（2012）でも，企業組織や人事管理，労働組合などの制度的問題と労働者の仕事やキャリアの関係を問題にしつつ，ジェンダー，高齢者，外国人労働者など全体社会的問題と産業・労働の関連についての章に基づいた構成がとられている。

制度としての「日本的経営」

　特に日本の職場や企業組織では，いわゆる「日本的経営」あるいは「日本的雇用慣行」に関する議論が盛んに行われてきた。「日本的経営」をめぐっては，「終身雇用」（労働者は定年まで長期的に安定して雇用されるべきであるとするルール），「年功賃金」（賃金を勤続年数ないし年齢とともに上昇させるルール），「企業別組合」（特定の企業，またはその事業所ごとに労働組合を組織するルール）の3つの特徴を出発点にして，それらが本当に存在するのかしないのか，あるいはどう変化してきたのかなどを中心に論じられてきた。

　産業社会学からこれらの問題を考えるとき，企業組織や雇用慣行などの「制度」と，労働者の「意識」や「行為」の関連に注目する視点が重要である。「日本的経営」の特徴については「終身雇用制度」「年功賃金制度」のように「制度」としての面を強調した呼び名もよく用いられる。よく，みんなが信じているが本当は実在しないという意味で，「日本的経営は『神話』である」といわれることも多い。また，「日本的経営は崩壊しつつある」ということが，実は石油ショックのあたりから，40年以上にもわたっていわれ続けてきている。このような表現をとるならば日本的経営は神話であり，同時につねに崩壊し続けていることになる。

　日本的経営が「神話」であるといわれる根拠は，例えば１つの時点の統計資料をもとに「終身雇用」「年功賃金」「企業別組合」のような特徴がそのまま典型的にあてはまる労働者が占める割合は，全労働者の中で多数派ではないという事実にある。そして，当然「終身雇用」「年功賃金」「企業別組合」のような特徴が今まであてはまってきた，あるいはあてはまるものと期待される労働者がそうでなくなったときに，それらの特徴が「崩壊している」という印象をもつのである。

　しかしそのような「神話」がなぜ人々のあいだで信じられ続けてきたのか，あるいは「崩壊しつつある」といわれながら，なぜ完全に崩壊することなく40年近くにわたって論じられ続けてきたのかという点にも注意してほしい。これは，終身雇用などの特徴が「制度」としての意味をもっていることに関係している。人々の意識を拘束し，外在的で行為にかかわる「制度」は，必ずしも完全にその通りの行動を人々に取らせるとは限らないが，しかしそれにもかかわらず存在しつづける（第９章参照）。制度の中には，ある程度，上の意味での「神話」としての性質をもっているものも少なくない。このような意味で，制度を対象にする社会学アプローチは，「日本的経営」の問題に関しても独自の視点を提供しているのである。

産業社会の社会学へ

　以上のように，制度（社会構造）を重視し，あるいは社会全体の構造変化と１つひとつの研究対象との関係に関心がもたれるようになると，経済や産業といった個々の研究分野をつなぐ見方が必要になった。構造を重視し，社会全体の構造変化と関連付けて対象を理解するアプローチは経済社会学や産業社会学にとどまらず，社会学のあらゆる分野で求められるようになったのである。そのような期待にこたえて20世紀の後半にあらわれたのが，社会構造の変化と産業の発展を統一的に捉えようとする「産業化論」あるいは「産業化の社会学」と呼ばれる理論であった。この産業化の社会学がどのようなものであるか，そしてそれは現代の社会学理論にどのようにつながっているのかについては第12

章で詳しく説明したい。

参考文献

大橋昭一・竹林浩志『ホーソン実験の研究——人間尊重的経営の源流を探る』同文舘出版，2008年。

小川慎一・山田信行・金野美奈子・山下充『産業・労働社会学——「働くこと」を社会学する』有斐閣，2015年。

尾高邦雄『産業社会学講義』岩波書店，1981年。

上林千恵子編著『よくわかる産業社会学』ミネルヴァ書房，2012年。

竹下公視『現代の社会経済システム——社会システム論と制度論』関西大学出版部，2011年。

富永健一『経済と組織の社会学理論』東京大学出版会，1997年。

中川誠士編著・経営史学会監修『経営学史叢書　第Ⅰ巻　テイラー』文眞堂，2012年。

マーチ，G.，サイモン，H. A.，高橋伸夫訳『オーガニゼーションズ——現代組織論の原典』ダイヤモンド社，2014年。

吉原正彦編著・経営史学会監修『経営学史叢書　第Ⅲ巻　メイヨー＝レスリスバーガー』文眞堂，2013年。

Smelser, N. J. and Swedberg, R. (eds.), *The Handbook of Economic Sociology*, Princeton University Press, 1994.

今後の学習のための本

経済社会学会編・富永健一監修『経済社会学キーワード』ミネルヴァ書房，2015年。
＊経済社会学の基本用語について専門の研究者ごとに平易な，しかし深い解説がくわえられている。「経済社会学」という標題だが本書の読者のような社会科学の入門者にとって，経済学・政治学・社会学を含めた広い領域の基礎概念や現代的問題を確認するのにこれ一冊でもじゅうぶん足りるので便利である。

マーチ，G.・サイモン，H. A.『オーガニゼーションズ——現代組織論の原典』（高橋伸夫訳）ダイヤモンド社，2014年。
＊本文中でもふれたが，社会科学の各学問分野の人間モデルを手っとり早く比べて理解するうえで組織論は恰好の領域である。その中でも体系の壮大さという点で，刊行以来半世紀近くにわたって最高の評判を保ちつづけているのが本書である。訳者の丁寧な注を確認しながら読み進めれば，文献をきちんと読むというのはどういうことなのかが初心者にも容易に身につくだろう。

練習問題

問題 1

大学の教室で授業を受けている学生のやる気を増すためにはどうすればよいか。「社会人モデル」に基づいた方法と,「経済人モデル」に基づいた方法の両方を考えて比べなさい。

問題 2

社会学よりも,経済学のほうが数学的方法の導入が進んでいるといわれる。その原因について本章の対比を基にして考えなさい。

問題 3

「日本的経営は『神話』である」という主張に対して,制度と行動の関係に注目して論評しなさい。

(髙瀬武典)

第 11 章
社会システムの構造と機能

---- **本章のねらい** ----

　本章では，社会学の考え方についてシステム論の枠組みを使って説明する。まず，「システム」という言葉の意味や，その考え方の長所を説明し，社会をシステムの一種として捉える見方から，「社会とは何か」を定義する。社会を研究する枠組みの中で重要な「構造（しくみ）」と「機能（はたらき）」について学ぶ。

1　システム的な考え方とは何か

　社会学を知るうえで，「システム」的な考え方を知っておくと理解しやすくなる。本節ではまず，「社会とは何か」を考えるための準備として，「システム的な考え方」について説明する。

システムとは何か

　社会学は「人々の関わり」を研究対象にしている。それは，社会というものが，たがいに関わりをもつ人々からできあがる 1 つのまとまりとして考えられるからである。

　例えば心理学が「人々」そのものに，あるいはその中の「人」に焦点をあてて純粋な心のメカニズムを研究しようとするのに対して，社会学は「関わり」に焦点をあてる。図11- 1 では人間と人間とが矢印でつながっているが，この矢印のところを研究するのが社会学である。もちろん，社会学も「人間」につ

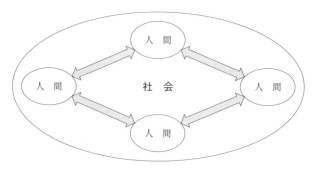

図 11‐1　社会のイメージ

いての研究をやらないわけではないが，その場合にも第1に関わりの部分を重
点的に考えてから「人間」の問題にアプローチしていく。このアプローチの仕
方については，さまざまなものがあるが，本章では，それらの中でもっとも明
確に「関わり」をテーマにしている「システム」的アプローチに沿って社会学
の基本枠組みを整理していきたい。

　本章で取り上げるのは，社会を「システム」として捉える考え方である。
「社会システム論」という名前を使ってもよいのだが，この呼び名は，まちま
ちな意味で用いられている。アメリカの社会学者のパーソンズ（Talcott Par-
sons：1902-1979）に代表される1つの学派を呼ぶときに使われることもあれば，
それに限定されず，社会を「システム」として捉える考え方全体を指して広く
使われることもある。筆者自身は前者の意味での「社会システム論」に深く関
わってきたが，本書では特に前者の意味にこだわらずに，非常にゆるやかな意
味での「システム」的な考え方に沿って説明していく。

　特定の学問の流れとしての「社会システム論」に対しては，「社会全体を重
視しすぎて人間の主体性を軽視している」などの批判がなされ，それをめぐっ
て長い期間いろいろな論争が生じてきた。社会システム論は「システムをつく
らなければならない」「システムを守らなければならない」という結論をくだ
しがちであり，研究手段であるはずの「システム」がいつのまにか人間の目標
に置き換えられてしまっている，というのが通常「社会システム論」に対して

行われる典型的な批判である。このような批判については専門的な検討が必要なのでここではたちいらない。しかし少なくとも研究手段として「システム」的な考え方をする，つまり要素のあいだの関連に注目することが社会学に有益な発見をもたらすという認識は「社会システム論」だけでなく，ほとんどの社会学者のあいだに共有されている。そこで，本章では特定の学派としての「社会システム論」ではなく，社会学者のあいだに広く行き渡っている「システム的な考え方」に沿って説明していく。

　もう1つ，システム的な考え方に対しては「全体（＝システム）は，部分（＝要素）の総和以上のものである」という前提があり，経済学的な考え方からはこの前提に対する批判がくわえられることもある。詳しくは第10章で説明した経済学と経済社会学の違いのところを参照してほしいが，社会学はそもそも，1人ひとりの人間などの「部分」があつまると「社会」という，それらの総和以上のものができあがる（あるいは，そう人々が考えている）ということを学問の基本前提においているので，この点については少なくとも社会学の中ではほとんど異論がはさまれることはない。

　「システム（system）」ということばは「銀行のオンライン・システム」のように普段の生活でもよく使われており，また，学問的な用語としても，自然科学でも社会科学でも幅広く使われる。英語の読みをそのままカタカナになおして「システム」といわれることが多いが，日本語に翻訳する場合には，一般的には「体系」あるいはもっと短く「系」と訳される。場合によっては「組織」と訳されることもあるが，この「組織」ということばは英語の organizationの訳語として用いられることも多いので，混乱を避けるために「体系」と訳すほうがよいことが多い。

　「システム」とは，短くいうならば，「互いに関係をもつ要素からなる集合」あるいは「互いに関係をもつ部分からなる全体」のことである。

　「銀行のオンライン・システム」は ATM 端末などが互いにつながって関係をもっているという意味で「システム」といえるし，部屋の間取りなどを調べるときには「システム・キッチン」ということばに出会うが，これは台所の

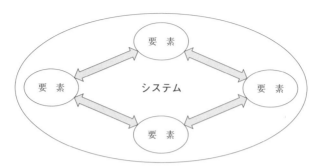

図11‐2　システムのイメージ

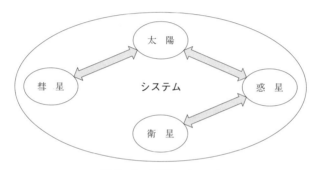

図11‐3　太陽系のイメージ

レンジや冷蔵庫や調理台がバラバラに設計されているのではなく，使いやすいように互いに関係をもたせてデザインされているという意味である。自然科学があつかう対象でも，例えば「太陽系（solar system）」は太陽や惑星や衛星や彗星などが互いに関係をもってつながってできあがっているシステムといえる。

　ここにあげた例はすべて，システムを形作る「要素」のそれぞれが「ATM端末」「台所の家具」「天体」などのように独立した，目に見えるモノになっているが，「要素」には，モノだけでなく，わたしたちが頭の中でつくりあげる概念をあてはめることもできる。例えばわたしたちはふだん人間を「からだ」と「こころ」が関係しあってできていると考えており，これは「からだ」と

「こころ」を要素としたシステムとして人間を考えることになる。この場合，要素である「こころ」はじっさいには目に見えるモノではない。

わたしたちは，同じものをまるごと1つの固まりのようなものとしてみることもできれば，「システム」としてみることもできる。例えば，わたしたちは自分という人間を，ばくぜんとまるごと考えることもできれば，「学生としての自分」「家族の一員としての自分」「まちの住民としての自分」などの要素があつまって1つにまとまった存在として考えることもできる。後者の考え方は，自分をさまざまな要素からなるシステムとして考えていることになる。システムとしての考え方と，そうでない考え方とのそれぞれによい点があるので，いちがいにどちらが優れていると決めつけることはできない。しかし社会を考えるうえでは，「システム」として考えるほうが便利なことが多い。

違い・変化・相互連関を捉え，見方を変える

第1にシステムという考え方は，モノの違いや変化を捉えるのに非常に適している。なぜなら，全体をまるごとひとつのかたまりとしてみる場合，何かが違っていても，あるいは何かが変わってもそれをこまかく捉えるのはむずかしい。それに対して，システムとして捉えれば，構成要素のうち変化したのはどれで，変化していないのがどれかを詳しく知ることができる。

例えば，「みみずく」と「ふくろう」の写真から両者の違いを探し出すクイズを考えてみよう。ただ漠然と全体を比べただけでは，いつまでたっても違いがわからないかもしれない。そこで，それぞれのかたちを「頭」「胴」「脚」などの要素に分けて，それらが結び付いたシステムとして鳥の形を捉えるならば，「何が」違うのかを明らかにすることができる。「胴」や「脚」はだいたい同じように見えても，「頭」を比べると，みみずくには耳のような形の羽があるのにふくろうにはそれがないことがわかる。「形がなんとなく違う」という段階から一歩進んで，「頭部の羽の形が違っている」というように詳しく違いを捉えることができるようになるのである。

ここでは簡単な例から出発したが，2つのモノのあいだの違いや，1つのモ

ノが時間の前後でどう変化したのかを比べるときには，その対象をいくつかの要素にわけたうえで要素ごとに比べると「違い」や「変化」をはっきりと捉えることができる。

　あとで述べるように，現代社会ではものごとはどんどん複雑化し，また変化が著しくなっている。それらの「違い」や「変化」を考えるうえで，対象をいくつかの要素に分解し，それらの関係を考えながらシステムとして把握することが必要になってきている。例えば，小売業の形態で専門店とスーパーマーケットとコンビニエンスストアとドラッグストアとデパートがどのように違うのかを整理したり，あるいはそれらの業態がどのように変化してきたのか，そしてどう変化していくのかを考えるときにも，このようなシステム的な捉え方が必要になるのは理解してもらえるだろう。

　第2に，ものごとの原因と結果の関係を詳しく知りたければ，システム的な見方が必要になる。わたしたちは普段，いろいろなことについて「原因」と「結果」の関係を考えて暮らしている。そのときにはほとんど，1つの結果に対して1つの原因を当てはめることが多い。例えば，家を出るのが遅かった（原因）ために，遅刻してしまった（結果），とか，あるいは寝冷えをした（原因）ために，風邪を引いてしまった（結果），というように。このような「原因」と「結果」の関係を考えることによって，遅刻をしないためには家を早く出発すればよい，とか風邪を引かないために，夜は暖かくして眠ればよい，という分析をかさねながらわたしたちは毎日を暮らしている。こういうとき，わたしたちは主に，1つの原因と1つの結果とのあいだの関係だけに注目して考えている。つまり原因と結果とは1対1の関係にあると考えられている。このような考え方を「単純な因果モデル」と呼んでおこう（図11-4）。

　ところが，ときには，単純な因果モデルで予想しなかったような結果が実際には生じることもある。家を早く出たのに，電車の運行が乱れていた（原因）ために，遅刻してしまった（結果）とか，暖かくして寝たのに，人込みでウイルスをうつされて（原因）インフルエンザにかかってしまった（結果）など，というように。この場合には，最初の単純な因果モデルで考えていたのとは違

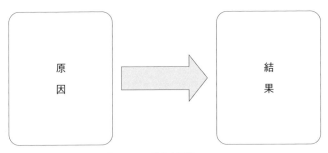

図 11 - 4　単純な因果モデル

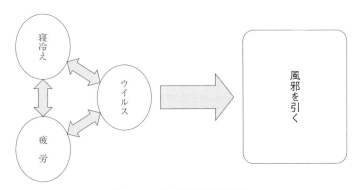

図 11 - 5　相互連関的な因果関係

う原因を考えなければならない。なぜこのようなことが起きるかというと，い
つも考えていた原因と結果の関係とは違う関係があらわれることがあるからで
ある。

　なぜ，このように単純な因果モデルの予想が裏切られるのか。その理由は，
ほとんどのことはこのような単純な因果モデルで成り立っているわけではなく，
さまざまな要素が互いに関連しあって結果を生んでいるからである。例えばわ
たしたちが風邪を引く原因はたった1つに決まっているわけではなく，疲労で
体が弱っていたり，病原体が体に入ってきたり，あるいは寝ているあいだに体
を冷やしてしまったりなど，さまざまな原因が組み合わさって，「風邪を引く」
という結果に結びついている（図11-5）。

　風邪の例だけでなく，およそものごとにはさまざまな原因が複雑に関係しあっており，それらの要因は互いに関係しあって1つの「システム」を形作っている。わたしたちは，普段の生活ではそれらのシステムをすべて気にしながら生きているわけではなく，これらの要因の中から目立つもの，あるいは一番大事だと思うものだけを場合ごとに取り出して暮らしている。

　このように，わたしたちを取り巻く問題のほとんどは，原因と結果がシステムをつくって成り立っている。しかし，普段の生活でそれらの要因をすべていちいち考えていたのでは，わたしたちは何事も決断できなくなってしまう。そこでわたしたちはシステム的な考え方よりも，単純な因果モデルを使ってものごとを考えることが多い。ただ，ときどきはじっくりと立ち止まって問題を考えることも必要だろう。そのときには，単純な因果モデルではなく，システム的な見方が必要になるのである。

　世の中には，ただじっくりと眺めてみただけでは特徴がよくわからないが，他のものとの関係の中でみるとそれまでは見えなかったものが見えてくることがある。これは，対象をそのまま孤立させて考えるのではなく，対象を1つの要素とするシステムを考えて，その中で対象をについて考えることを意味する。

　例えば「わたしはどういう人間か」ということを考えるとき，じっと座って黙って考えるだけでは堂々巡りに陥って行き詰まってしまう。そういうときには，思い切って外に出て，他の人と言葉を交わしてみるとよい。するとだんだん「わたし」が何であるかがはっきりしてくる。つまり，「わたし」というものをよく理解するためには，それだけを他から切り離して考えるのではなく，自分も他の人も要素として含むようなシステム（あとで説明するが，これが「社会」にあたる）の中に置くことによって，それまでわからなかった特徴がわかるようになってくる。

　もう1つの例をあげると，「貧困」の問題がある。単に，生きるのに最低限必要なものを買えるかどうかという視点から貧困を考える（絶対的貧困）ならば，1人ひとりの所得を比べるだけで話が終わってしまう。しかし，貧困がも

たらす問題は，「必要なものが買えるかどうか」だけではない。ものを買うことができても，貧しいために社会から締め出されたり，教育や就職などのチャンスが奪われて人生が変わってしまったりする。このような，社会の中で所得が相対的に低いためにおきる貧困（相対的貧困）は，所得額そのものが上がっても無くなるわけではない。絶対的貧困では，1 人ひとりの所得額だけに注目することになるが，相対的貧困の場合には，所得の値打ちを，その社会のほかのメンバーの所得との関連から考える。つまり，人々が互いに関わりあうシステムを考えて，その中の 1 人ひとりの所得のもつ意味を，ほかの人の所得との関係から考えて貧困問題に取り組むという，新しい見方がシステム的な考え方から生まれるのである。

　さらに，ものごとの「原因」と「結果」を逆転させることもシステム的な見方では可能になる。わたしたちの普段の感覚では，気温が高くなることが原因で，それの結果として皆がエアコンを使うという単純な因果関係を意識している。しかし，エアコンの消費電力の増加が地球の温暖化に結びついているならば，地球環境という大きなシステムの中ではエアコンの使用が「原因」で気温の上昇がその「結果」ということになる。そして，いままで「結果」だと思っていたことが実は「原因」だった，ということは社会現象では大きな意味をもつことが多い。

2　社会をシステムとして考える

「社会」をシステムとして捉える視点はなぜ重要なのか

　ここまで，「システム」について，あえて社会とは別のものを例に取りながら説明してきた。ここからはいよいよ本題の「社会」について説明する。

　「システム」の考え方で社会を捉えるとどういうメリットがあるだろうか。現代社会を研究するときに「システム」的な考え方をとることが有利な理由は主に 3 つある。

　第 1 に，社会に関わる現象は複数の要素が関連して発生することが多いとい

─── *Column* ⑮　システムとネットワーク ───

　本章のように，システムを図で表現するときには要素と要素を線で結んだ形を取ることが多い。この形はネットワーク，あるいはネットワーキングと呼ばれるものと同じである。「ネットワークシステム」ということばもあり，ネットワークと呼ばれるもののほとんどはシステムとして考えることができる。どこが違うのかを考えるならば，「ネットワーク」は要素1つひとつが比較的はっきりと独立しているものに限定して使われることが多い（例えば人と人のあいだのパーソナル・ネットワーク，組織と組織のあいだの組織間ネットワークなど）のに対して，システムは，要素として社会的行為を考えたり（＝「社会システム」），手順や手続きを考えたり（例えば「危機管理システム」）することもあるように，抽象的な概念も要素になりうるという違いがある。もちろん，要素が人であっても組織であっても「関係をもつ要素からなる集合」というシステムの定義にあてはまるから，すべてネットワークは同時にシステムと呼ぶこともできる関係にある。

　人や組織のあいだのネットワークがどういうしくみやはたらきをもつのかというネットワーク研究は，社会学の新しい研究領域として注目されている（安田　2010）。

うことである。社会問題では，たった1つの原因さえ改めればすべてがうまくいく，というようなことは滅多にない。社会問題を改善するには，さまざまに関連しあった要因のあいだの関係を十分に分析する必要がある。このような諸要素のあいだの関連を考えるうえでシステム的な考え方は有利である。

　第2に，近代社会では異質の要素を結び付ける関係が重要となるからである。同じ要素がたくさん集まって1つのシステムをつくっているときには，システムとしての特徴はあまりない。例えばたくさんある仕事を，皆が同じように分けて片づける場合には，1人ひとりの力を単純に足していけば全体の力になる。要するに，1人ひとりが頑張れば全体の仕事もうまくいきます，という話になるので，システム的な考え方を特別にもってきてもありがたみは少ない。

　これに対して，同じく「みんなで力を合わせて」仕事をするといっても，1人ひとりに割り当てられた仕事が異なる分業になると，システムとしての特徴

が明らかになってくる。アダム・スミスの有名な議論のように，ピンを製造する工場でそれぞれが違う仕事を専門的に分担すれば生産が向上する。この場合，単に1人ひとりの能力や頑張りだけでなく，それぞれの役割分担がうまくいっているかどうかが全体の成功に大きく影響する。つまり，同じもの同士の場合にはわざわざ「システム」など意識しなくともうまくいくが，分業のように違うものを結び付けるようなときには「関係」が重要な問題になる。つまり「違うもの」を結び付けるときには，関係を重視するシステム的な考え方が求められるようになる。

　おおざっぱにいえば，生産人口の大半を農業が占めていたような近代以前の時代から，工業化が進み，さらにサービス産業が発展する近代・現代社会にかわるにつれて，人々の役割や地位は細かく分かれてきた。この傾向について，工業化が発展する以前の時代の社会は「同じもの」同士が結び付いてできた社会，そして工業化が発展したあとの社会は「違うもの」同士が結び付いてできる社会，というような区別が社会学では有名である（第12章参照）。そうであれば，現代社会を考えるうえで，職業や教育や出身などがさまざまに異なる人々がどのように「関係」を結んでいるのか，そしてまたどのような「関係」を結ぶべきなのか，という問題を考えるためにはシステム的な考え方が必要なのである。

　第3に，現代社会では社会の「多様化」を説明する枠組みが求められている。次章で取り上げるように，20世紀の半ばまでは，社会の変化はある程度わかりやすかった。産業の発展に応じて，経済の領域でも政治の領域でも，あるいは教育や文化の領域でも変化の傾向は，例えばそれに関係する組織の大きさは大規模化していくとか，あるいはその中での人々の役割は細かく細分化されていくといったようにある程度共通していた。そして，大量生産・大量消費といわれたように，産業や経済の領域で重視される製品やサービスは社会全体である程度共通していて，社会の「トレンド」を1つの言葉で表すようなことがよく行われていた。

　しかし，21世紀の現在では，かつてのように社会の変化を1つの「トレン

ド」で表現するのは難しい。うえにあげた，組織が大規模化していくとか，人々の役割が細分化されるといった傾向はばらばらになっている。日本の企業組織についていえば，20世紀の終わり近くまではほとんどの業種で組織が大規模化していたが，それ以後は，大規模化が続く業種もあれば，小規模化に転じたり横ばいを続ける業種など，傾向のばらつきが大きくなっている。役割の細分化についても，20世紀の終わり近くまではほどんどの業種で分業化の進展が進んでいたが，それ以後も続いている業種もあれば，製造業などではむしろ反対の多能工化を進める動きが出たりしている。

かつては「〇〇の時代」というように1つのキャッチフレーズで社会の特徴や変化をいい表すことができたが，現在はそれが難しくなっている。あえていえば現代は「多様性の時代」「多様化の時代」ということができるだろう。しかし，どのように多様であるのか，あるいはどのようなメカニズムで多様化が進んでいるのかを明らかにできなければ，これらの表現は意味がない。現代社会について考えるためには，多様性，多様化を捉える枠組みが必要になる。これは言い換えれば，さまざまに違うものが互いに関係をもって1つの社会を成り立たせている様子を捉える枠組みが必要だということである。現代社会の研究でシステム的な考え方が必要な大きな理由がここにある。

社会システムの定義

このようにさまざまなものを「システム」として考えることができるが，社会学が対象にする「人と人との関わり」も「システム」にあてはまる。システムとしての表現をとるならば，「社会」は，「人々が関わりをもって出来上がっている全体」として定義できる。

ここでもう少し進んで，「人々が関わりをもつ」ということを具体的に考えてみよう。第9章のマックス・ウェーバーによる社会学の定義のところで述べたように，社会学では人々が「社会的行為（他者の存在を意識した行為）」を通じて互いに関わっているところを重視している。社会学は，特にこの行為をつうじた関わりに関心をあてる。人々の関わりの中でも，「社会的行為」を通さな

い例を思い浮かべるのは，皆無とはいえないまでも，かなり難しいだろう。そこで，社会をシステムとしてみたものを「社会システム（social system）」と呼び，次のように定義できる。

社会システム：社会的行為（他者の存在を意識した行為）を構成要素とするシステム

なぜ社会システムの要素は「行為」なのか

うえの「社会システム」の定義では，システムの要素を「人間」ではなく，社会的な「行為」と表現している。わたしたちの普通の考え方では社会を構成しているのは「個人」であり，「人間」であるはずだが，システム的な考え方をとる社会学ではなぜ，あえて「個人」や「人間」ではなく，「行為」をシステムの構成要素におくのだろうか。その理由は，社会学が「科学」としての特徴を備えている，というところにある。

「科学」は「人間」を全体としてまるごと対象にするのではなく，注目する側面をつねに限定している。人間は1つの科学によって捉えきれるほど単純なものではない。例えば人間にはこころとからだがある。さらに，こころについては感情もあれば思考もあれば記憶もある。からだには運動能力のように目にみえやすい力もあれば，免疫力のように目にみえにくい力もある。このように複雑な人間に対して，さまざまな科学領域が，特定の側面に関心をしぼって発展してきた。科学領域によって「人間」の捉え方が違っているため，どのように捉えられた「人間」を要素とするかをはっきりさせないとシステム全体の意味も違ってきてしまう。

人間には身体がある。身体は病気にかかる。この面から人間を捉えるならば，社会疫学的に肉体としての人間を部分にした全体として社会を捉え，感染症の伝染プロセスをシステム的に研究できるだろう。同じように，人間を研究する科学はそれぞれ人間の特定の側面に焦点をあてた人間像をとり，その人間の側面を部分にした全体として社会を捉えてきた。例えば経済学は人間の「経済

人」としての側面に注目し，経済的な行為を部分とした全体としての社会を扱おうとする。

　それらの中で社会学が捉える人間像は，他者との人間関係を重視し，ほかの人間とのつながりを考慮するものであった。社会学は，人間がもつ多様な側面の中から，他者とのつながりを重視する側面を基に形成されるシステムとして社会を捉える。このような考え方をとるならば，他者の存在を意識して行われる行為から成り立つ全体として「社会」を定義することができる。

さまざまな社会システムと社会集団

　本章では「社会」と「社会システム」を同じ意味で用いる。しかし，日常用語での一般的な用法での「社会」と，ここで定義した「社会システム」とのあいだには意味が違う点があるのでここで少し説明しておこう。

　日常では「社会」という言葉は，「日本の社会」「中国の社会」というように，どこかの国名とペアになって国の境界と社会の境界がだいたい重なっているようなイメージで使われることが多い。このレベルの「社会」は，あとで出てくる「地域社会」などと対比するために「全体社会」と呼ばれることが多いので，本章でも以下は「全体社会」と呼ぶ。もちろん全体社会も社会システムの中に含まれるが，社会システムには，これ以外にもさまざまなものがある。例えば，町や村などの地域社会も住民たちの行為がお互いに関係しているから「社会システム」といえるし，大学や企業などの組織も「社会システム」である。関わる人々の人数がもっと少なくなるが，「家族」も，そのメンバーの行為がお互いに関係し合っているから「社会システム」にあてはまる。

　つまり，社会システムには，全体社会レベルのものも含まれれば，地域社会，組織，家族などさまざまなものがあてはまる。これらをひとまとめにして論じるときにはすべてを含めて「社会システム」と呼ぶが，社会学では具体的にそれらを論じる場合には「社会集団（social group）」の語を用いている。ただし，「社会集団」の定義には，それに関わる人々のあいだに「自分たちは互いに仲間である」という「われわれ意識」を条件に加えることが多い。すでに列挙し

てきた全体社会や地域社会，組織，家族などにはたいていの場合「われわれ意識」が備わっているからこれらを社会集団と呼ぶのに問題は生じないが，社会システムの中には階級（社会階層）や市場のように，それぞれの行為が関係付けられてはいるものの，当事者のあいだに「われわれ意識」が存在しないものも含まれる。つまり社会システムがすべて「社会集団」に該当するわけではなく，中には「社会集団」の中に入らない社会システムもあるので注意を要する。

3　社会を比べる・社会の変化を捉える

社会構造と制度

　社会を「観察」するとはどういうことだろうか。普段わたしたちが見たり聞いたりできるのは「社会」そのものではない。わたしたちが観察できるのは，まわりの人の動きであったり，文字で書かれたメッセージであったり，人々が生活している街の様子であったりするが，それらは「社会」そのものではない。それでは，どうすればわたしたちは観察を通じて「社会」のかたちや動きを知ることができるだろうか。そもそも「社会」とは何だろう。

　いくら大勢の人間が集まっていても，そこにいる人々の間に関係がなければそこには社会があるとはいえない。反対に，たとえ少数の人々であっても，その間に何らかの関係が成り立っているならば，そこには社会があるといえる。

　それでは，人と人との間に「関係がある」とはどういうことだろう。「関係」ということばの意味をどんどん広くしていけば，あらゆることが含まれてしまうので，意味を具体的に規定する必要がある。すでにわたしたちは社会を「社会システム」として捉え，人々が行う行為と行為とのあいだの「関係」に注目することにした。ここで行為と行為とのあいだに「関係がある」というのは，人々が行う行為の間に一定の規則性があるということである。

　社会の「かたち」は社会学（そしてほかの領域も含んだ社会科学）では「構造」と呼ばれているので，ここからは「構造」という言葉を使う。社会の構造についてはすでに第10章で，「社会構造」は「制度」に等しいと説明した（さらにい

─── *Column* ⑯　「無作為」ということ ───

　最近はインターネットなどを使って，見よう見まねで社会調査っぽい結果を出すことができるようになっているが，それらが「学問的に意味がある」とは限らない。学問的に意味をもつためには，少なくとも，どの範囲の対象についての知識を得ようとした調査なのかをはっきりさせる（社会調査の言葉でいうと「母集団を確定する」）ことが必要である。そして理想からいえば，その範囲の中からできるだけ偏りのないサンプルを抜き出して調査することが求められる。

　ここで，サンプルを選び出すときに「無作為に抽出した」ということばがよく使われるが，このことばは一般の人々に誤解されていることが多いように感じる。ぼうっと何も考えないのが「無作為」であると思ったらそれは間違いだ。街角で偶然つかまえて協力してくれた人をサンプルにするようなやり方は，「無作為抽出」ではない。「無作為抽出」の意味は「母集団からサンプルが選ばれる確率がすべて等しくなるように抽出する」ということである。これには実は，母集団に関する資料を入手したり，乱数を使ったりというような非常に手の込んだ作業が必要なのである。詳細については社会調査法の入門書などを参照して誤解のないようにしてほしい。

うと，「制度」はデュルケームが社会学の研究対象として規定した「社会的事実」に等しい）。そこではなぜ「制度」が社会構造に等しいのかという理由については詳しく触れなかったが，制度は，人々の行為のパターンであり，お互いの行為に対してどのような行為で反応すべきかを定めたものである。つまり制度は，社会の中の1つひとつの行為を一定のかたちで結びつけるはたらきをしている。

　例えば物を盗んだり人を傷つけたりする犯罪的な行為には，警察官による捜査や検察官による起訴，そして裁判官による判決などのさまざまな行為がつながるように制度によって定められている。わたしたちは社会の中の無数の行為をすべて観察することはできないが，ある行為（例えば犯罪）に対して特別な行為（捜査・起訴・判決など）が対応する一定のパターンをつかまえることによって，社会のかたちの骨組みを知ることができる。いい換えると，わたしたち

は制度を知ることによって，その社会の構造を捕まえられるのである。

社会を比べるには

　例えば日本と，日本以外のどこかの社会との「違い」について考えてみよう。わたしたちは外国の町に旅行したときに人々の言葉や顔つきや髪の色などいろいろな違いを感じる。そこではめまぐるしく言葉がとびかい，人々が行為しあっている。いったいどこに注目すればわたしたちはその国の社会と日本との「違い」を捉えることができるだろうか。もちろん，わたしたちは，目に入る人の様子を何から何まで捉えて比べることはできない。ここでも，日本と外国の社会の様子を構造（制度）によって比べることにしよう。どのような言葉を話していようが，あるいはどんな体格や容貌であろうが，人はアメリカの町に降り立った瞬間にすでにアメリカ社会の制度の中におかれている。そのことから考えるなら，社会の特色は，そこにいる人々 1 人ひとりの違いよりは，それらの人々を包み込む制度の違いにあらわれると考えるべきだろう。

　例えば筆者が 1 年間近く暮らしたイギリスのある都会では，バスや電車の中で老人が席を譲られたときには，必ず老人は礼をいいながら座り，その後には譲った若者と譲られた老人との間で初対面にもかかわらず世間話の花が咲くという光景が普通に見られた。ところが日本の都会では，席を譲られた側から「いいえ，結構です」「すぐに降りますから」などといって拒否されてしまうことが多い。また，その後譲った者と譲られた者がなごやかに会話を続けるということも少なく，両者は視線を合わせず黙ったままの状態が続くことが多い。

　これも 1 つの，社会の「かたち」である。犯罪に対する捜査・起訴・判決というのは法律などに明文化された制度に関わっているが，電車の中での席をめぐるやりとりは文章化されていない制度に関わっている。ここでいう「制度」は第 9 章のデュルケームのところで出てきた「社会的事実」にあたるものであるが，その定義の条件になっていた「外在性」「拘束性」「行動・思考・感覚の諸様式」という要素を含んでいれば，法律のように文章化されてひろく認知されているものも，席を譲られたときの反応のように文章化されているわけでも

なく，当事者のあいだではっきりと自覚されておらず無意識的に行われるものもある。

社会の変化を捉えるには

　さらに，社会の「変化」はどのようにして捕まえることができるだろう。例えば，卒業してから30年ぶりに出身大学を訪れた人は，いろいろなものが変わっているのを感じるだろう。校舎の様子や学生の雰囲気などさまざまなものが昔とは変わっている。学生の様子の変化はそれだけでは特徴を捕まえるのが難しいが，それに大きな影響を与えているのが，入試制度の変化だろう。大学が受験生に対してどのような受験科目を要求するのか，あるいは推薦入試や AO 入試など，学生を選抜するしくみによって入学してくる学生の特徴が決まってくる。

　あるいは，大学の「変化」は，学生同士の関係や学生と教師との間の関係の変化として捉えることもできる。かつては授業中の板書は受講していた学生が消すのがルールだった。この場合は教師が板書をする→学生が板書の後始末をするという行為の間の対応関係があったことになる。しかし今日，板書は教師が自分で消して後始末をするのが一般的になったとすると，これも大学における「制度」，すなわち構造の変化をあらわしている。これは板書の後始末を誰がするかという些細な変化にみえるが，実はこれは大学の社会構造の中で，教師という地位と，それに付属する役割が変化したことを示している。入試制度にせよ，板書の後始末を誰がするかというルールにせよ，大学における社会的な「構造」を示しており，それらが変化したときに，「大学は変わった」ということになる。

社会調査の意義

　ここまで，2つの社会の比較や，1つの社会の変化について，社会の「構造」への注目が手がかりになることを示してきた。もちろん，ここまでにあげてきた挨拶や板書などの例は，1人ひとりが実感として何となく感じるような

ものではあるが，それが例えばイギリス社会全体についてもいえることなのか，あるいはどの大学でもあてはまることなのか，という点については確実とはいえない。このような不確実な例を科学としての社会学的な考察にまで鍛えていくには，さまざまな学問的手続きや方法が必要になる。科学として考えるときには，主観的な印象に基づく「日本では……である」というパターンが本当にどれだけ広くみられるのか，あるいは自分が見聞きした制度のパターンが他の日本社会の場でも共通してみられるのかどうかについてさまざまな検討が必要である。この，事実の観察に基づいて科学的な結論を明確にしていく過程を体系化したものが，社会調査法である。「社会調査」というと一般には，いわゆる「アンケート調査」のように統計的に分析するタイプのものが思い浮かぶが，それ以外にもさまざまなかたちがあり，それによって得られる社会的な事実と社会構造との関係もさまざまである。

　すでに説明したように，社会構造（＝制度）は文章化されていないことが圧倒的に多い。例えば第10章でふれたホーソン実験の発見結果のように，文章化されたフォーマルな規則とは別の，自然発生的で文章化されていない「インフォーマル」な規則に人々が従う場合もある。あるいは人々自身が普段は意識していない潜在的なルール（例えばインセストタブーなど）もある。このようなインフォーマルな，あるいは自覚されていない規則や構造を捕まえるには，成文化されたフォーマルな規程を調べるのではなく，人々の意識や行動に関する調査から間接的に推定するプロセスが必要になる。

　社会調査は，社会の構造に関連する人々の行為や意識について（あるいはさらに資産や環境など，行為の条件となるものの状況について）質問紙（一般には「アンケート」と呼ばれることが多い）や，人々の行為の様子の把握やインタビュー，あるいは文献資料などを用いて広い意味で「観察」するものである。

　どのように「観察」すれば学問的に意味のある事実を捕まえられるのか，そしてそれらの事実をどのように整理，分析すべきかなどについて研究するのが社会調査法である。社会調査は社会学だけでなく，経済学・政治学をはじめほとんどの社会科学にとって重要なものであるが，本章では社会調査法について

詳しい説明をするスペースがないので章末の解題にあげた図書などを参考にしてほしい。

4　社会のはたらきを捉える

「かたち」と「はたらき」

前節では社会の「かたち」（構造＝制度）について説明した。わたしたちは何かの「かたち」を知ると，次には，その「はたらき」について知りたくなる。

咲く花は美しいかたちをしているが，それは同時に，受粉を媒介する昆虫を引き寄せるはたらきをもっている。あるいは，通勤電車の車内にぶらさがっている吊り革はユニークなかたちをしているが，立っている乗客を安全に支えるはたらきをしている。過去にはいろいろな変わったかたちの吊り革が試されては消えていき，結局いまあるようなかたちに落ち着いたのである。わたしたちはものごとを「かたち」と「はたらき」の結びつきによって理解している。

社会の機能

それでは社会の「はたらき」とは何だろうか。説明を簡単にするために，ここでは大学を1つの「社会」として考えてみる。大学は関係する人々や，他の集団や組織に対してさまざまな影響を及ぼしている。

まず，大学がもつはたらきとしては，教育や研究が第1に思い浮かぶだろう。大学は学生に対しては教育するというはたらきをもち，あるいは学問の世界に対しては研究活動を行うはたらきをもっている。そして，教育も研究も，全体社会に何らかの利益をもたらすものとして考えられている。つまり，大学は教育や研究という，全体社会に対してプラスのはたらきをもつものとして考えられている。

ところが，大学は全体社会に対してプラスのはたらきばかりをもつわけではない。大学の入学試験は高校以前の教育にいろいろな影響を及ぼす。その中でも，特定の有名大学をめぐる競争が激烈になっていわゆる「受験地獄」と呼ば

れる状態を招いたり，あるいはペーパーテストの偏重が，受験生の学力の一面的な評価につながっているなどの批判がながく指摘されてきた。入試改革の必要性がつねに叫ばれ続けてきたということは，大学入試が全体社会に不利益を与えている，つまりマイナスのはたらきをもつという認識のあらわれといえる。

　教育，研究，入試の弊害など，ここまであげたものはみな広く知られてきた大学のはたらきである。しかし大学には，普段はあまり人々の意識にのぼらないはたらきもある。経済学のシグナリング論からみれば，大学などの高等教育機関は，卒業資格を通じて個々の学生が自分の能力を企業に対して知らせるはたらきを担っている。もしもそれによって社会における最適な人材配置に貢献できるのであれば，それは通常は意識されることは少ないものの，大学がもつ社会にとってのプラスのはたらきの 1 つということができるだろう。しかし，このように大学が人材配置に役立つはたらきをもつとしても，学生の能力の個人差への注目がおろそかになったり，あるいは高等教育機関への入学のしやすさに貧富の差が影響を与えているとすれば社会の中の格差の固定ないし拡大を生み出すおそれがある。このような面は，教育や研究に比べれば大学のはたらきとしては普段は目立たないものであるが，表に出にくい大学のマイナスのはたらきということができるだろう。

機能分析

　以上，大学を例にあげて，人々の意識に普段のぼっているはたらきと，普段はあまり表面には出てこず，人々の意識に第 1 にはのぼりにくいはたらきについて考えてきた。そして，そのそれぞれに，社会に対してプラスの作用をもたらすと考えられるものと，マイナスのはたらきをもたらすと考えられるものがあることを確認した。これをさらに一般化すると，特定の構造をもつ社会システムは，その社会システムを一部に含むさらに大きな社会システム（例えば全体社会）に対していくつかの種類のはたらきをもつことになる。

　この関係を「機能分析」として整理して社会学的分析の応用範囲を飛躍的に広げたのがアメリカの社会学者のマートン（Robert King Merton：1910-2003）

表11－1　マートンによる機能の分類

	順機能	逆機能
顕在的機能 潜在的機能	顕在的順機能 潜在的順機能	顕在的逆機能 潜在的逆機能

である。彼は，ある対象を取り上げ，それがどのようなはたらき（機能）をもつかを調べるときに，うえに上げたようなさまざまなはたらきの中から恣意的に取り上げるのではなく，はたらきを網羅的・総合的に捉えることによって精密な議論ができるようにした。

　マートン（1961）によれば，社会学で何らかの対象を取り上げるとき，その対象がもつはたらきは①プラスの貢献をもつかそれともマイナスの効果をもつか，②意図しているはたらきと一致した結果になっているか，それとも意図していなかった結果をもたらしているか，という2つの分類軸に沿って分けることができる。①についてはプラスのはたらきを「順機能」，マイナスのはたらきを「逆機能」と呼ぶ。②については意図した通りのはたらきを「顕在的機能」，意図していないはたらきを「潜在的機能」と呼んだ。この2つの軸をクロスさせると，表11－1のようになる。

　これらの機能がどのようになっているかを分析するのが「機能分析」である。この機能分析は社会学や文化人類学などでマートンよりも前の時代から非常に重視されてきたが，マートンはこのように機能の多様なかたちを整理することで，機能分析の精密度を非常に高くした。

　社会現象に関していろいろなものにこの「機能分析」を適用できる。例えば上の大学の例のように特定の社会集団を取り上げて，その集団（社会システム）の構造がどのような機能を果たしているかについて考えることができる。普段は，それらの集団を考えるときには顕在的順機能だけに注目してしまいがちであるが，それ以外のさまざまな機能についても考えることで，より深いところまで集団の意義を考えることができる。

　あるいは，何か特定の問題が注目されたときに——例えば大学入試の弊害が注目されたようなときに，わたしたちは特定の顕在的逆機能だけに注意を奪わ

れてしまいがちである。しかし，ペーパー
テスト主体の大学入試の制度は受験競争を
激しくさせるという逆機能だけでなく，客
観的能力をもとに学力を比較できるように
するという順機能も合わせもっている。そ
れらさまざまな機能をできるだけ包括的に
考慮したうえで，制度の評価は総合的にな
されるべきだろう。どれか特定の種類の機
能だけに注意を奪われることなく，4 種類
の機能のあいだの関連についても十分に注
意を払ったうえでなされるべきである。

図 11 - 6　ロバート・マートン

参考文献

富永健一『行為と社会システムの理論——構造‐機能‐変動理論をめざして』東
　京大学出版会，1995年。

タルコット・パーソンズ，佐藤勉訳『社会体系論』青木書店，1974年。

安田雪『「つながり」を突き止めろ　入門！ネットワーク・サイエンス』光文社，
　2010年。

ロバート・K.マートン，森東吾ほか訳『社会理論と社会構造』みすず書房，1961
　年。

今後の学習のための本

遠藤薫・佐藤嘉倫・今田高俊編『社会理論の再興——社会システム論と再帰的自己
　組織性を超えて』ミネルヴァ書房，2016年。

　＊本章では初心者向けの理解を優先させたためにパーソンズ，ルーマン，ハバーマス
　　など社会システム論の重要な学者についての説明を省略してしまった。また，今田
　　高俊が提示した「自己組織性」の社会システム論は学際的に注目されてきた。これ
　　らの，この章で扱えなかった話題について本書は理論の専門書としては異例の明快
　　さで議論されている。社会システム論の最先端に触れたい人はぜひチャレンジして
　　ほしい。

盛山和夫『社会調査法入門』有斐閣，2004年。

＊筆者は，社会学者以外の人と共同で社会調査を行った経験が何度かあるが，調査技法以外の点——つまり「社会調査」とは何を目的にしたものなのか，得られた結果をどう位置づけるべきなのか，などといった点で話がかみ合わないことが時々あった。本書は，調査技法や統計分析についてだけでなく，社会調査の意義についても詳しく書かれてある。社会調査を行おうとする人だけでなく，社会調査結果を読んで利用する立場の人にも非常に有益な内容である。

練習問題

問題1

「システム」的な考え方をとると，ものごとの解決策として「よいものはよい，悪いものは悪い」という二者択一的な答えを出しにくくなる。その理由について説明しなさい。

問題2

日本史でならった知識をもとに，第2次世界大戦前の日本社会と大戦後の日本社会とを比べて，変化したと思える構造を1つ取り上げ，その変化がどういうものであったかを説明しなさい。

問題3

自分の関心のある社会集団を1つ取り上げ，その構造がどうなっているか（どのような制度が存在しているか）と，それらの制度がどのような機能をもっているかをマートンの図式を用いて分析しなさい。

（髙瀬武典）

第 12 章

現代の社会変動

―― **本章のねらい** ――――――――――――――――――

　社会科学における未来予測の有効性と限界を理解する。20世紀までの社会変動を捉える「近代化」論について，デュルケームの「機械的連帯から有機的連帯へ」，テンニースの「ゲマインシャフトからゲゼルシャフトへ」，マックス・ウェーバーの「伝統的支配から合法的支配へ」という著名な枠組みを知る。そして21世紀の社会変動を捉えようとする枠組みの中から脱工業社会論，消費社会論，リスク社会論，グローバル化論についての基本知識を得る。

1　社会変動と未来予測

社会変動論

　最後に社会学最大のテーマを取り上げよう。「社会はどう変わってきたのか，そしてどう変わるのか」「過去から未来へのあいだで，現代社会はどう位置付けられるのか」。これらを問う研究を「社会変動論」と呼ぶ。

　社会変動論は歴史研究に似ているが，それとは別の研究分野である。第1に両者は対象範囲が違う。歴史研究には政治や経済，あるいは文化や宗教など非常に多くの領域が含まれるのに対して，社会変動論は，主に「社会のかたち」の変化だけに焦点をあてる。さらに，歴史研究は過去に生じたことをできるだけ詳細に，そしてそれぞれの個性を記述するのに対して，社会変動論はそれらの出来事のあいだの関連や規則性に関心を向ける。

　それでは社会変動論を勉強すれば，日本の未来をいい当てることができるだ

ろうか。あるいは，社会変動論の研究者に聞けば，これから世界がどう変わる
かを予言してもらえるだろうか。これらのクエスチョンに対する答えは，「ある
意味では YES だが，基本的には NO」という煮え切らないものになってし
まう。しかしこれは社会変動論に限らず社会科学全般についていえることなの
で，読者は歯がゆいのを我慢して以下の説明を聞いてほしい。

社会学は未来を予言するか

　社会学を創始したとき，コントは「予見するために見る」といった。つまり，
将来を見通すために実証的に社会を研究しようとした。では，「予見する」と
はどういうことだろうか。社会学の研究が進歩すれば，いつかは未来を完全に
予言できるようになるのだろうか。残念だが，社会学を含めて，社会科学が未
来を完全に予言することはできないと考えられている。未来を完全に予言でき
る法則とは，そもそも第5章や第9章でふれた「形而上学的」な精神が追い求
めたものであった。実証科学としての社会学（あるいは社会科学）はそれと決別
して，未来の完全な予言を諦めるところから出発しなければならない。

　社会科学にできるのは，「予言」というような自信に満ちた確度の高いもの
ではない。せいぜい「予測」，つまり「現在までに観察された結果をもとに考
えて，現在までに確かめられた規則性があてはまるとすれば，未来はこのよう
に予測できる」という，限定されたかたちになるしかない。

　天文学は，遠い未来のいつ日食が起こるかを予言できる。それに比べて社会
科学は社会の遠い未来を予言できない。これは社会科学の発達の程度がまだ低
いからとか，あるいは学者たちの努力が十分ではないというような理由による
ものでなく，社会と科学の本質的な関係による。

　この問題を論じた哲学者がポパーである（Karl Popper R.：1902-1994）。彼は
人間の歴史の道筋は人間の知識の成長に大きく影響される→しかし人間の科学
的知識が将来どのように成長するかを科学的方法によって予測することはでき
ない→従って科学的に歴史の道筋を予測するのは不可能だと論じた（ポパー
2013）。

　ただし彼も社会科学のあらゆる予測を否定したわけではない。科学は，観察されたデータをもとにして，ある一定の理想化された条件のもとでの原因と結果の関係を明らかにする。この意味からいえば社会科学の目的は未来の完全な予言ではなく，「このような条件のもとではこのようになるだろう」という仮説を，観察された結果に基づいて繰り返し検証しながら精度を高めていくことである。これから以下に紹介するさまざまな社会変動論も，あくまでも未来の完全な予言ではなく，人間の知識の発達の可能性に開かれた科学的な予測を目指すものとして受け止めてほしい。

社会学が未来を予言できないという意味

　社会の未来を完全には予言できないということを，わたしたちはポジティヴに受け止めるべきだろう。どんなに科学が発達しても人間はすべてを見通す神にはなれない。しかしそれは同時に，今のわたしたち次第で未来を変えられることを意味しているのだから。

　あともう1つ注意してほしいことがある。それは，社会学が扱う「変動」は，例えば特定の個人がいつどのように行動するかとか，あるいは何月何日に革命が起きるだろうとかいうような個別の現象についてのものではないということだ。第11章で触れたように，社会学は個人の1つひとつの行為や特定の事件などを直接対象にするのではなく，それらの背後にある制度的なものを対象にしている。だから，社会学が注目するのは1つひとつの事件や行為ではなく，それらの背後にある制度的なものがどのように変わってきたのか，あるいはこれから変わっていくのか，ということである。この意味でも，社会学は，一般に期待されるようなかたちでの「予言」ができる科学ではない。

20世紀と21世紀の社会変動

　社会変動論は，20世紀を境に大きく変わった。厳密にいうと「20世紀の半ばころ」が境目になるのだが，煩雑になるのでここからは単純化して「20世紀までの社会変動論」と「21世紀の社会変動論」と呼ぶことにする。20世紀と21世

紀のあいだで社会変動論が大きく変わった原因は，そもそも社会変動の方向自体がその前後で大きく変わったものとみられるからである。大きくまとめると，20世紀までの社会の変化は「近代社会」に向かう変化であり，20世紀半ば以後は「近代社会」にたどりついた社会が自身を成熟させていく変化である。この2つの「変化」の違いを生き物の成長に例えてみよう。

　中世まで長いあいだ伝統の眠りについていた社会が，近代化とともに成長を始めた。社会集団や組織，そして経済力も発展していくその過程は，生き物の体の大きさや筋力の成長にあてはめることができる。しかし，ある段階までくると成長期が終わり，体や力は一定のところで頭打ちになる。その後は，全体が大きくなる成長ではなく，各部分の成熟へと変わっていく。このような，「大きくなる」成長から「成熟する」成長への転換は，動物，植物を問わず多くの生き物に見て取ることができるだろう。

　ここでもしも，観察された根拠なしに「社会も生き物と同じように成長のかたちが変化する」と決めつけてしまうのであれば，それはコントが批判した「形而上学的精神」になってしまう。ところが形而上学的にではなく「実証的」に考えても，20世紀から21世紀に移るまでのあいだに，欧米や日本など多くの社会がこのような変化を経験しているらしいことがわかってきた。さまざまなデータによれば，少なくとも「近代化」と関係が深いと考えられるさまざまな指標の動きが，20世紀の後半ころまでに頭打ちの状態になった。このことから，社会変動は量的拡大の時代から質的な成熟の時代に入ったのではないかと考えられている。これにともなって，20世紀の社会学では社会変動を「近代化（modernization）」という成長的な見方で論じることが多かったが，21世紀の社会学では「近代性（modernity）」という言葉が多く使われるようになった。このことも量的な成長とは別の観点から社会変動にアプローチする傾向が多くみられることを表している。

2　20世紀までの社会変動

近代化の理論

「近代社会」あるいは「近代化」はとても広い概念で，どこに注目するかにより，それがいつ始まったのかという区切りも変わってくる。少なくとも社会学が生まれた19世紀には西欧社会は近代化のまっただ中にあり，大きな社会変動を経験していた。経済の面では資本主義が世界中を巻き込んで発展し，それと同時に労働者の困窮や大恐慌の発生など，資本主義がもつ負の側面も目立ってきた。政治の面では，君主や貴族たちの権力が弱まり，民主制を唱える国家が主流を占めるようになった。そのほか，文化の面でも科学技術の急速な進歩や芸術の大衆への浸透など，社会はあらゆる面で，それ以前の時代とは違う大きな変化をみせたのである。

このような，社会の急速な変化と，そして交通の発達は，当時のヨーロッパの人々に自分たちの社会への関心を呼び起こすことになった。自分たちが生きている社会はそれ以前の社会とどのように違ってきているのか。そしてアジアやアフリカなどの社会とヨーロッパの社会とはどう違っているのか。これらの問題関心から社会学者たちは当時のヨーロッパ社会の特徴について考え，それは人類社会のもっとも新しいかたちとして位置付けられ，「近代」社会と呼ばれるようになった。社会学は「近代社会の自己認識の学」と呼ばれることがある。20世紀までの重要な社会学者たちは，皆社会の「近代化」とは何かを明らかにしようとしてきた。

総合社会学から社会学固有の変動論へ

社会学の初期には社会を生き物のようなものと捉えたうえで，実証主義による産業社会の到来を宣言したコント（コントのこの考え方は，コントが師事したサン・シモンに負うところが大きいといわれる）や，イギリスで軍事型社会から産業型社会への変化を説いたスペンサー（Herbert Spencer：1820-1903）らがいた。

彼らの考えは社会全体を１つの生き物にたとえていたので「社会有機体説」と呼ばれる。コントやスペンサーの社会変化に関する仮説は，実証との直接な結びつきを見出すのが困難で，また，社会学の中にとどまらないさまざまな領域を包み込んでいたので「総合社会学」と呼ばれていた。社会学固有の社会変動論が明確なかたちをあらわすようになるのは，そのあとに続く19世紀末から20世紀初めにかけてであった。

デュルケームの社会分業論

　デュルケーム（2017）は，近代以前の社会と近代社会の違いを，人々が結びつくしくみ（連帯）の違いに見出した。

　近代よりも前の，大多数の人々が農業に従事しているような社会では，それぞれが同じであることが原因で人々が結びつき，その結びつきによって社会が成り立っていた。デュルケームは，社会が原始的であるほど，身体的にも心理的にも個人間の類似は著しいと考えた。一方，社会の進化が進むと，人々は皆同じではなくなってきた。ものづくりや商売など，農業以外の仕事に従事する人々も増えてきて人々の仕事は多様になってくる。また，社会を成り立たせる制度を支える意識をデュルケームは「集合意識」と呼んだが，近代ではそれ以前の社会に比べて集合意識が弱まり，そのぶん個人的な意識が強まってくる。このため，人々は仕事の面でも意識の面でも類似よりは違いが目立つようになってくる。

　大きくまとめると，近代以前の人々は互いに似通っていたが，近代以後の人々は意識の面でも，仕事の面でもばらばらになってきた。近代以前の人々が互いに結びついていたのは，それほど不思議なことではない。仕事や意識が互いに同じであれば，似た者同士で結びつくのは当たり前のように考えられる。デュルケームは，このように互いが類似していることに基づくつながり方を「機械的連帯」と呼んだ。

　近代社会では，人々は仕事も意識もさまざまに異なっている。それにもかかわらず社会が成り立つのは，類似に基づく機械的連帯とは違うかたちのつなが

り方が人々のあいだにあるからだ。このつながり方は類似ではなく，むしろ人々が互いに異なる仕事をしていること——「分業」によって出来上がるものであり，デュルケームはこれを「有機的連帯」と呼んだ。

　有機的連帯では，なぜお互いが違っているからこそ結びつきができるのだろうか。「有機的」ということばは生物のしくみを無生物と区別して表現するときに使われる。ここでの有機的連帯とは，「生き物のしくみのような」連帯という意味である。「生き物」といっても，微生物などではなく，ある程度高度に発達した植物や動物をイメージしてほしい。発達した生き物は，動物でも植物でもそれぞれ違った部分がシステムとしてつながりをもってできている。発達した生物は，それぞれの部分だけが切り離されると生きていけなくなる。

　近代社会は，この点では発達した生き物と共通している。つまり，近代社会では人々が互いに異なる仕事を行っていて，近代以前の農村のような，その中である程度の自給自足が可能であるような状態ではなく，人間が生きていくためには，ほかの仕事をしている人の生産した物や，サービスを利用しなくてはならない。その意味で近代社会は，機械的連帯で結びついていた近代以前の社会よりも互いの結びつきが強いともいえる。デュルケームは近代化の社会変動を，機械的連帯に基づく社会から有機的連帯に基づく社会への変化として捉えた。

テンニースのゲマインシャフトとゲゼルシャフト論

　デュルケームと同じころドイツに登場した社会学者のテンニース（Ferdinand Tönnies：1855-1936）は，主著『ゲマインシャフトとゲゼルシャフト』（テンニエス 1957）によって広く知られている。この本の主題は，「人間の結びつき方は，その基礎となる意志のあり方によってきまり，その結びつき方が時代とともに変化する」ということである。

　テンニースが考えた第 1 の結びつきは「ゲマインシャフト」的関係というもので，これは，あるがままの自然な人間意志のかたち（本質意志）に基づく。この関係によって成り立つ集団には家族，親族，近隣などがある。これらの集

団は，その集団をつくろうと思って，あるいはその集団に入ろうと思って人々が参加することで成り立つのではない。人々は意識せずに自然にその集団を形成するのであり，参加する人々からすれば「気がついたらその集団のメンバーになっていた」という性質のものである。

もう1つのかたちは「ゲゼルシャフト」的関係と呼ばれるもので，何らかの計算的な考慮が優先的にはたらく意志のかたち（選択意志）に基づいて結ばれる人間関係である。この関係によって成り立つ集団には，普通わたしたちが「組織」と呼んでいる集団が含まれる。会社やNPOなどが組織の例であるが，組織は，それに属するメンバーが，それに参加するという決定を自覚して行うことによって成り立っている。例えば，会社は，利益を生むために参加する経営者や，賃金を得るために参加する労働者がそれぞれ「会社のメンバーになる」という選択を行うことで成り立っている。

テンニースは，時代が経つにつれて社会の中でゲマインシャフト的な結びつきが減り，ゲゼルシャフト的な結びつきが優位に立つと考えた。これは，社会集団についていうと，家族や地域社会の結びつきよりも，組織が果たす役割のほうが重要になることを意味している。近代以前の社会では，人々の一生は家族あるいは親族，そして地域社会の中で営まれてきた。それが近代社会になると，生産活動は会社組織が，教育は学校組織が，医療は病院組織がというように，それぞれの活動のために人々が参加して成り立つゲゼルシャフト的な集団がその役割を担うようになってくる。

マックス・ウェーバーの支配の社会学

マックス・ウェーバーは近代化についてさまざまな面から研究した。その中でも有名なのが，支配の正当性に関わる議論（ウェーバー 1960/62）である。彼はさまざまな社会を比較する手がかりとして，「支配」のかたちに注目した。「支配」とは，ある何らかの命令に対して特定の人々が服従する可能性のことである。

支配はなぜ成り立つのか。一番わかりやすいのは暴力を用いる支配だろう。

　しかし，暴力による支配はコストが非常に大きい。例えば国家が国民に対して暴力的な支配を続けるためには，警察あるいは軍隊等に大きなマンパワーや予算をつぎ込み続けなければならない。

　暴力と並んで効果的にみえるのが「金の力」だろう。「世の中，何事も最後はお金で片が付く」と考えるならば「命令に従えばお金をあげよう」という支配のかたちは，もっとも有効なようにみえる。しかしこれもまた，報酬を準備しなければ成り立たないから，その意味でコストが高くつくことになる。

　支配する側からみれば，できればコストがかからない方が楽である。また暴力に依存した支配は強力なようにみえるが，他の者に暴力を奪われてしまうと今度はそれが自分に向けられてくる危険がある。したがって，支配は暴力を用いずにコストのかからないかたちの方が安定する。

　コストのかからない支配——その典型的なものは，「正しさ（正当性）」による支配である。つまり支配する者と支配される者がその秩序を「正しい」と思い込むときに，支配は安定する。このような支配は暴力もお金も必要ないから安上がりである。支配への服従自体が正しいと考えられることを「正当性（legitimacy）」という。この正当性への信念によって成り立つ支配を「正当的支配」という。正当的支配についてウェーバーは３つのかたちを考えた。

　第１は，合法的支配であって，「制定された規則」に従うことが正しいという信念によって成り立つ支配である。第２は，伝統的支配であって，「昔からつづいている伝統で認められた支配者に従うこと」が正しいという信念によって成り立つ支配である。第３は，カリスマ的支配であり，「非日常的な——常識では考えられないほど優れた特別の資質をもつ指導者に従うこと」が正しいという信念によって成り立つ支配である。

　近代以前の社会で中心をなしていたのが「伝統的」支配である。「昔からつづいてきた伝統」に基づくもので，国王が伝統を通じて神聖化され，行政幹部を通じて臣民を支配するのが典型的なものであるが，もう少し身近なレベルにあてはめるならば，伝統的な家族の中で家長がもっていた権威もこの正当性に基づいていた。伝統的支配では，国王にせよ家長にせよ，支配者は人間として

まるごと支配者であると認められていて（このような関係を「人格的な関係」と呼ぶ），たんに命令に従うだけでなく，支配者の人格を敬うことが道徳的に求められた。

　ところが近代になると正当的支配の中心は，「制定された規則への服従」に基づく「合法的」支配に変わっていった。近代社会では農業から工業に生産活動の中心が変わる。それにともなって工場などの組織における支配が重要になる。近代の組織での支配者は，伝統的な国王や家長のように人間として敬われる支配者ではなく，「工場長」として，あるいは「部門の長」として，その組織の中の役割や地位を通じてだけ部下と関わる（「非人格的」な関係）。近代的な組織の中では，支配する者とされる者とが特定の側面の関係だけで結ばれることになる。この「特定の側面」は，制定された規則によって定められている。この場合，支配者は人格的に敬われているわけでもなく，規則によって定められた範囲の中でだけ支配が認められるにすぎない。

　このように大きく分けると，近代以前は「伝統的」，近代になってからは「合法的」な支配が社会の中心をなすといえる。正当的支配の3番目にあげられていた「カリスマ的支配」は他の2つのように特定の時代の中心的な支配としてあらわれることはない。ただしカリスマ的支配において支配者が交代するときのかたちに近代以前と以後の違いがあらわれる。カリスマ的支配者が交代するとき，その後継者も同様に「特別な資質」をもつと考えられるかどうかは不安定なので，それを安定化させるためのしくみが生まれる。そしてその仕組みのかたちは時代の影響を受ける。つまり近代以前の社会では氏族や血統のつながりによって「氏族カリスマ」「世襲カリスマ」というかたちが，近代では制定された手続きで選出される「官職カリスマ」というかたちがとられる。

近代社会と官僚制

　近代社会ではあらゆる面で組織が重要になる。経済面では企業組織の生産活動が，政治面では議会や行政組織が，そして教育面での学校組織や医療面での病院組織など，社会におけるあらゆる側面での活動が組織によって実行される。

　特定の目的の実現のために形成される社会システムが「組織」である。組織では特定の目的の実現に向けて人々の社会的行為が関係づけられるが，そのかたちはいろいろある。例えば，少人数のサークル組織では，いちいち誰かが命令などしなくとも自然にうまくことが運ぶだろう。しかしある程度の大きさの組織になると，メンバー間の調整が複雑になり，何らかの「支配」が必要となる。組織の中の支配でも，近代以前の時代では伝統的支配が中心だったのに対して近代では合法的支配が中心になる。

　近代社会では組織が重視され，その組織では合法的支配が中心になる。近代の組織のかたちやはたらきを研究することは近代社会を理解するうえで非常に重要であり，ウェーバーの支配の社会学の中でも，合法的支配の影響について論じている部分が組織研究者たちの注目を集めてきた。彼は合法的支配のもっとも純粋なかたちを「官僚制支配」と呼んだ（伝統的支配の中で「家産官僚制」という言葉が使われることもあるが，ほとんどの場合「官僚制」は合法的支配が行き渡った近代的な組織を指している）。

　官僚制的支配が行われる組織を官僚制組織，あるいは略して「官僚制」と呼ぶ。なお，「官僚制」という言葉は政治学や行政学では行政機構だけに限定して用いられることが多いが，経営学や社会学では民間企業や労働組合組織なども含めて幅広い領域について用いられる。

　ウェーバーによれば，官僚制的な組織は以下のような特徴をもつ。

①規則によって秩序づけられた明確な権限がある。
②上位と下位の対応関係が明確に定められた秩序（ハイアラーキー）が成立している。
③文書に依拠して職務が執行される。
④職務は専門訓練を前提にしている。
⑤成員は労働力のすべてを組織にそそぐ。
⑥職務の執行はすべて規則にのっとって行われる。

　官庁でも会社でも学校でも，これから皆さんのほとんどが就職する現代の組織には，多かれ少なかれこれらの特徴が備わっている。近代化された社会では，組織が官僚制的な支配によって成り立つのが当たり前になっている。

　近代社会で官僚制的組織が当たり前になっている大きな理由は，それがほかの組織に比べて目的を達成するための業務を迅速に能率よくできること，つまり技術的な優秀さにある。このことをウェーバーは機械に喩えている。機械を用いた生産活動は，そうでない生産活動に比べて不確実性が少なく，結果についての予想を立てやすい。それと同様に官僚制組織は客観的な規則の重視によって，人間の感情的側面などの不確定な要素を業務から排除する。このため仕事についての予想を立てやすい（計算可能性と呼ばれる）という，近代化を進めるうえで本質的に重要な特徴を備えているのである。

近代化と産業化

　以上，社会学者たちが捉えた近代化の諸側面を，「機械的連帯から有機的連帯へ」「ゲマインシャフトからゲゼルシャフトへ」「伝統的支配から合法的支配へ」という3つのかたちで振り返ってみた。同じ近代化という現象についてこれだけさまざまな角度からの捉え方があるということは，そのまま社会の近代化自体が多様な領域によって進むことを示している。富永（1996）は，社会学における近代化をめぐる議論を総括し，表12-1のように伝統的形態と近代的形態を対比している。

　このように多様な側面を近代化はもっているが，その中でも技術・経済的領域における伝統から近代への変化が重視されてきた。これらの領域は互いに影響し合っていて，どれか特定の領域だけが根本原因になっているわけではない。しかし，技術的経済的領域の変化は，ほかの領域における変化とのつながりが明確な点で目立っている。特に経済領域の変化，そしてその中でも伝統的形態における第1次産業から，近代的な第2次・第3次産業への変化は，そのほかの領域との関連がもっともわかりやすい。

　農耕社会から工業社会への転換は人力・畜力から機械動力への変化によって

表 12 - 1　諸領域における伝統的形態と近代的形態

領　域		伝統的形態	→	近代的形態
技術的経済的領域	技　術	人力・畜力	→	機械力　動力革命（産業化） 情報革命
	経　済	第一次産業 自給自足経済	→ →	第二次・第三次産業 市場的交換経済（資本主義化）
経済的領域	法	伝統的法	→	近代的法
	政　治	封建制 専制主義	→ →	近代国民国家 民主主義（市民革命）
社会的領域	社会集団	家父長制家族 機能的未分化	→ →	核家族 機能集団（組織）
	地域社会	村落共同体	→	近代都市（都市化）
	社会階層	家族内教育 身分階層	→ →	公教育 自由・平等・社会移動
文化的領域	知　識	神学的・形而上学的	→	実証的（科学革命）
	価　値	非合理主義	→	合理主義（宗教改革／啓蒙主義）

（出典）　富永（1996：35）図 1 - 1 。

可能になった。機能集団である組織の発達は，近代的法の発達とあいまって官僚制的な支配形態を促し，組織運営においても「機械のような」計算可能性をもたらして第 2 次・第 3 次産業の発展を促した。このように，伝統的形態における第 1 次産業中心から近代における第 2 次・第 3 次産業への転換は，ほかの領域の近代化との直接のつながりが非常に明確である。

　このため，近代化論は第 1 産業中心から第 2 次・第 3 次産業中心への転換を議論の出発点にすることが多かった。この転換は「工業化」あるいは「産業化」と呼ばれ（どちらの日本語についても対応する英語は industrialization で同じになる），近代化論は「産業化論」と呼ばれることもある。

　20世紀までの社会変動は一言でいえば「近代化」であった。そして近代化についての研究は，①工業化（あるいは産業化）に注目し，②政治的領域における「国民国家」を全体社会の基本単位におく，という共通の前提をもっていた。この 2 つの前提に対して，20世紀の半ばころから徐々に疑問が向けられるよう

Column ⑰　近代化と階級・社会階層

　社会科学は貧富の格差を重視してきた。マルクス主義は「階級（class）」概念のもと，生産手段をもつブルジョワ階級と，それをもたないプロレタリア階級の対立を強調してきた。それに対して社会学，特に近代化論（産業化論）は，社会の近代化にともなって社会的地位を獲得するチャンスが平等化していくと主張し，固定的な階級社会とは異なるイメージを提示した。

　社会学は貧富や格差の問題に対して実証的な見地からさまざまにアプローチしてきたが，その際には「階級」ではなく「社会階層（social stratification）」という概念を用いることが多い。社会階層とは，「社会的資源の不平等な配分状態」あるいはそれによって区別される人々の集合を指す。階級概念では生産手段の所有・非所有に注目するのに対して，社会階層概念は，さまざまな社会的資源がどのように不平等に配分されているかを観察する。ここで問題になる社会的資源には，物的資源（所得や資産など），関係的資源（交友関係や威信など），文化的資源（教養など）が含まれる。

　社会階層の実証研究は各国で盛んに行われてきたが，日本でも1955年から10年ごとに「社会階層と社会移動全国調査」が実施されてきた。この調査をもとに，世代間社会移動の開放性（子の社会的地位の達成がどのくらい，親の社会的地位に縛られずに実現できているか），地位の非一貫性（特定の社会的資源だけが高かったり低かったりする階層がどのくらいいるか，そしてそのことが社会にどういう影響を及ぼすか），階層帰属意識（社会の中で自分をどのような位置にいると考えるか）等について多くの研究がなされてきた。その成果をわかりやすく解説した本として，佐藤（2000）や橋本（2018）などがある。

になる。21世紀の社会変動論はこれらの前提を問い直すところから始まったのである。

3　21世紀の社会

21世紀は「近代の次にくる時代」か

　次に21世紀の（正確には20世紀半ばころからの）社会の特徴を捉えようとする社会学理論を紹介する。それらは，近代化論の基本前提——つまり①工業化（あるいは産業化）への注目，②全体社会の基本単位としての国民国家——を疑

うところから出発している。

　①の前提，つまり工業を中心に社会変動を考える見方に対しては1970年代に「脱工業社会論」が登場して批判を展開した。同じころ，モノやサービスを生み出す産業の側からではなく，それらを消費する側から社会を捉えようとする「消費社会論」が注目されるようになった。1980年代には産業や経済とは別の方向から現代社会の特徴を捉えようとする「リスク社会論」があらわれ，それはやがて②の前提を見直す「グローバル化」の理論と結びついて行った。

　これらはみな20世紀までの近代化論の前提を見直すところが共通している。ただし，これらのすべてが必ずしも「近代が終わった後にはどんな社会が来るのか」という問題設定になっていないことに注意が必要である。近代化論は社会変動を，社会が１つひとつ（発展あるいは進化という）階段を昇っていくようなイメージで捉えていた。しかし以下で取り上げる理論は「脱工業社会論」を例外として，現代社会を「近代」が終わったあとのもう一段高いステップとしては見ていない。

　例えば後で取り上げるボードリヤールは，本章で紹介する「消費社会論」よりも後の時期に「近代性の終焉」を積極的にいうようになった。しかしそれは前近代から近代への社会変動と同じ方向への変化を意味しているわけではない。21世紀の社会変動論では「これからわたしたちが昇る一段上のステップはどうなっているのか」という問いかけよりも，「近代」の中でどのような変化が生じているのか，あるいは「近代」の意味は何だったのか，そもそも階段のようにみえたものが実は高低差のない平面だったのではないか，などの問題提起のもとに議論が進んでいる。

「近代化」の変質

　イギリスのギデンズ（Anthony Giddens：1938-）や後に紹介するドイツのベック（Ulrich Beck：1944-2015）は「近代化」を２段階に分けた。従来通りの「伝統社会から産業社会へ」という近代化に加えて，現代はそれがさらに変質した「再帰的近代化（reflexive modernization）」の時代であるとしている。

　20世紀までの社会変動論では，近代社会が発展段階の最終ステップになっていた。有機的連帯（デュルケーム）が，ゲゼルシャフト（テンニース）が，あるいは合法的支配（ウェーバー）が中心になるのが近代化であった。しかしここで，次のような疑問が浮かばないだろうか。有機的連帯やゲゼルシャフトや合法的支配が中心になったらその後はどうなるのか。つまり，「近代化」が成し遂げられたあと，その先はいったいどうなるのだろう。それとも，近代化は未完のプロジェクトとして無限に進んでいくものなのだろうか。

　20世紀にはこれらの疑問ははっきりしていなかった。近代化は未完成の状態にあり，それぞれの社会は近代化の程度がゼロに等しい地点から，完全に100パーセント近代的な社会に至るまでのライン上のどこかに位置するものと考えられていた。この段階ではまだ，近代化のゴールに到達したあとのことなど気にせず，ひたすら前を向いて進めばよかったのである。

　ゴールへと向かう途上においては，伝統的な社会から離れてどれだけ前に進んでいるかによって自分の位置を認識できた。近代化は，伝統との比較によって初めてはっきりする。つまり「近代」は「伝統」を乗り越えることによって初めて意味をもつものだった。

　「伝統」を親，「近代」を子に例えて考えてみよう。近代化は親子げんかのようなものである。子は親の価値観を乗り越え，合理的な判断で自分の人生を決めようとする。それに対して親は，昔から続いてきたやり方を子に守らせようとする。親子のあいだでは言い争いが絶えない。かつては優勢だった親も，子が成長するにつれて分が悪くなり，やがて子は何でも自分が正しいと思った通りにものごとを決められるようになっていく。

　子が十分に成長すると親の価値観に邪魔されず思い通りに生きられるようになり，いつか親はこの世を去る。そのとき，親を失った子は，はたと気づく。今まで自分は，親に逆らうことで自分らしさを確かめることができた。しかし，もう親がいない以上，自分の考えを親にぶつけて自分らしさを確かめることはできないのだ。子は，自分らしさを，自分で反省することによってしか確かめられない。

　現代社会は伝統という対立相手を失った
ために，20世紀までとは異なるかたちで自
分自身と向き合わなければならなくなった。
現代の社会変動のこのような特徴が，ギデ
ンズたちがいう「再帰的近代化」である。
この考え方がわたしたちに示唆することは
非常に多いが，少なくとも近代化について，
20世紀と同じようにひたすら邁進するので
はなく，つねに自省をともないながら進め
ていかねばならない（あるいは，そうしてい
かざるをえない）ということが重要である。

図12-1　ダニエル・ベル

脱工業社会論

　アメリカのダニエル・ベル（Daniel Bell：1919-2011）は，『脱工業社会の到
来』で，現代社会は工業中心から，サービス業や流通業などの別の産業中心に
変わっていることを指摘した。20世紀までに伝統社会から近代化をおしすすめ
るのに工業の発展が重要な役割を果たしてきたが，今や社会を変える中心は工
業から，サービス業などのほかの産業に変わっているというのである。彼は伝
統社会から工業社会に向けてかつて社会変動がおきたのと同じように，工業社
会は次の脱工業社会に変動していくと主張した。

　脱工業社会の特徴は，理論的知識が社会の中心になることである。計画のた
めの技術開発，管理，その評価が重要になり，それらをになう専門職や技術職
の役割が重要になるとした。また，新しい知的技術をつくる人々が関わる政策
決定が重要さを増すと考えた。このようなベルの指摘は，以後の通信手段の発
達による「情報化」という現象と結びつけられることが多いが，彼自身は「情
報」よりも「知識」の意義を重視していたとみられる点が重要である。

　なぜ彼は「情報化」ではなく「脱工業化」あるいは「知識」をキーワードと
して選んだのだろうか。その理由は，社会変動の契機はやはり社会的行為にあ

り，少なくとも20世紀までの「情報化」と呼ばれる通信手段の発達は，それが社会変動の原因となるまでの意義をもっているとは考えられなかったからである。やがて通信手段は情報処理機器の発達や世界中を結ぶインターネットと結合して「IT革命」をもたらすが，脱工業社会論が唱えられた時点では，社会を動かしているのは通信手段ではなく産業であり，通信手段はそれに比べれば従属的な位置にあるとみられていた。この意味で，脱工業社会論は，産業の発達による社会変動を重視した従来の近代化論の考え方のうえにのっていたといえる。

それに対して，これから紹介するいくつかの議論は，産業や経済が社会変動の原動力だという見方に対する疑問を提示する点が近代化論と違っている。

消費社会論

あなたが今，いちばん手に入れたい物は何だろうか。それは，あなた自身の自由な意志によるのだろうか。それとも何かのしくみが，あなたにそれを欲しいと思わせているのだろうか。

脱工業社会論と同時期に，さらに進んで工業だけでなく産業中心の社会観に異議を唱えたのがフランスのボードリヤール（Jean Baudrillard：1929-2007）である。従来の社会科学は産業への注目を大きな柱にしてきた。産業中心の社会観はそのまま近代化論の前提でもあった。産業を支える「近代的」な人間像，つまり独立した自由な個人は，そのまま社会科学の典型的な人間像であった（大塚 1977）。そこでは個人の欲求は自由に生じるものであり，その欲求を充足するために行動がなされると考えられた。

このような自由な欲求をもち，その充足のために行動するという近代的な人間像をボードリヤールは批判した。彼は生産や消費に関わる経済的現象を徹底的にシステム的に考えようとする。すると個人の欲求を出発点におくのではなく，その欲望自体が作られていくメカニズムにまで考慮の対象が遡っていく。

彼は，経済学や心理学が仮定するような欲求観を否定した。わたしたちは普段「わたしは○○が欲しい」というとき，それを欲しがる欲求が最初から自分

の中にあるかのように感じている。しかし，実際にはそれらはまったく確固としておらず，さまざまな状況に応じて変化する，実体のないものにすぎない。たとえばわたしがある服を欲しいと感じるとき，それはわたしに元からその服を欲しがる欲求が備わっていたというよりは，目の前にその服が提示され，それがその店の中にあるほかの服とくらべると見栄えがするように感じられ，そしてその服を選ぶことが自分のセンスをまわりの人にアピールできる（あるいは，わざと平凡な服を選ぶことによって自分が服装には無頓着な性格であることをまわりの人にアピールできる），などの要因がさまざまに関係しあった結果，その服が欲しいと感じる，といえる。「個別に切り離された欲求は無に等しく，欲求のシステムのみが存在する」（ボードリヤール 1979：91）。そして彼は，自律的な個人の欲望が存在するという想定はフィクション，つまり「消費社会の神話」であるとして，近代的な人間像や，その人間像に基づく社会科学について批判した。

リスク社会論

　あなたが今日，一番関心をもった出来事は何だったろうか。ベック（1986）の「リスク社会論」もまた産業や経済を中心にした社会観を批判した。従来の社会科学では一般に，経済的な問題を非常に重視してきた。しかしわたしたちの普段の生活や意識では（特に経済的に一定の成長をとげた社会では）年中ずっと経済的なことだけを考えているわけではない。例えば新聞の 1 面トップの見出しや，テレビが取り上げる主要なニュースをみても，経済に直接関わらない話題が頻繁に登場する。というより，むしろ経済とは直接関係ない話題のほうが多いくらいである。

　新聞やテレビで大きく注目される記事は，災害であったり，緊迫する国際情勢であったり，凶悪犯罪であったりする。これらに共通するのは，被害により生存が危険になる可能性や，戦争が始まる可能性，さらには犯罪に巻き込まれる可能性など，「何らかの危険に陥る可能性」があるという点である。日常ではわたしたちの関心は経済的な問題よりも，危険にさらされる可能性に向けら

れることが多い。例えば，今日の食べ物に困っている人は，経済的格差の問題よりも先に，飢餓に陥る可能性に関心が向くだろう。

　ベックは，近代化の初期では富や豊かさの配分が大きな問題であったが，再帰的近代化の時代となった現代においてはリスクの定義をめぐる争いが重要になってきていると指摘した。ここで「リスク」というのは，人間が行う選択の結果として何らかの危険にさらされてしまう可能性のことである。例えば災害の場合，人間が何をしても被害が変わらないと考えるのであればそれは「運命」でしかない。しかし，事前に対策をしっかりとれば，そして災害の現場できちんと避難等の適切な対応をとれば被害を最小限にとどめることができると考えるのであれば，それは「リスク」として定義される。

　昔ならば「運命」として諦められてきたさまざまな危険も，現代では科学技術の発達によって「リスク」として定義されるようになった。しかし実は，どこからどこまでを「運命」として受け入れ，どこからどこまでを「リスク」として定義するかは社会によって決められているのである。

　社会の中で人々がさらされる危険には，「貧困」「災害」「病気」などさまざまなものが考えられる。それらをリスクとして定義するかどうかは社会のかたちに関係してくる。「リスク」として定義されると，実際にその危険が個人にふりかかった場合，それは「自己責任」の問題として処理されてしまう。リスク社会では，「個人化」，つまりすべてを「自己責任」に負わせてしまう傾向が強まっていく。どこまでを個人の責任とし，どこからを社会が共同に負うべき責任と考えるかの基準はそれぞれの社会の構造と関わる問題であり，現代社会が対応すべき重要な課題になっている。

グローバル化と現代社会

　あなたは今日，どれだけの人と「社会的行為」をしただろうか。わたしたちは普段，限られた行動範囲の中で生活している。直接顔を会わせて言葉を交わすのはとなり近所の人々や，通学通勤先の学校や職場のメンバーくらいのものであろう。わたしたちにとって「相手のことを考えて行為する」という社会的

行為の大半はローカルな狭い範囲の中で行われる。

　それに対して，わたしたちが接する物や情報は，日本社会の外からやってくるものが非常に多い。毎日買う商品は，原材料にせよ，製造にせよ，世界中のさまざまな地域と関わりをもっている。世界中のさまざまな地域で起きた出来事は，すぐに報道される。もちろん，20世紀までも外国から輸入された商品はたくさんあったし，テレビは外国のニュースを盛んに報じていた。しかしそれだけでは外国の人々と「社会的行為」を交わすチャンスは少なかった。ところが20世紀の末に起きたある出来事が，わたしたちの「社会的行為」の範囲を大きく変えたのである。

　その出来事とは，1994年ころから始まった「IT 革命」と呼ばれる情報技術の進歩である。IT 革命がもたらしたインターネットの普及は，国外の物や情報とわたしたちとの関わりを大きく変えてしまった。国境を超えた双方向的なコミュニケーションが可能になり，「他者の存在を意識した行為」である社会的行為の範囲は飛躍的に広がった。商品に関するやり取りを日本語で交わすコールセンターが実は外国に位置していることもあるし，海外の，直接会ったこともない相手が撮影した動画にコメントをつけることもできる。このように，地球上のはるか離れた場所での出来事が，国内のローカルな出来事と同じような近さで感じられるようになる現象が生じている。このようなプロセスは「グローバル化」として，経済や社会をはじめいろいろな領域で大きな変化を生じている。

近代化とグローバル化

　21世紀の今日，経済にせよ，政治にせよ，そして文化にせよ，社会的行為の及ぶ範囲は例えば「日本社会」というような「国」程度の大きさにおさまりきらなくなった。かつて近代化論が注目してきたのは，国くらいの範囲の「全体社会」が形成されていくプロセスであった。しかし，現代では，そのような社会を単体として（ほかから切り離してそれだけのものとして）見るのではなく，いろいろな社会の間の関係にも注目することが必要になっている。

図12-2 *イマニュエル・ウォーラーステイン*

単体としての社会に注目して社会の発展を見るならば，近代化をトラック競技に例えることができるだろう。そこではそれぞれの社会がゴールに向かって決められたレーンを走るイメージになる。ヨーロッパ諸国が最初にスタートを切り，少し遅れてアメリカがスタートし，やがて日本などのアジア諸国がそれに続いた。日本は，ヨーロッパやアメリカと比べてスタートが遅かったものの，20世紀の後半には経済面などで肩をならべるまでに追いついたといえる。

しかし，実際の社会変動はトラック競技とはかなり違っていた。最初にヨーロッパ諸国が近代化へとスタートしたとき，その前には誰もいなかった。今わたしたちは過去を振り返って，まるで最初からゴールやルールがわかっていたかのように考えがちであるが，実際に近代化が始まった時点では，レーンもゴールも，そもそも競技のルール自体がどうなっているのかさえわからなかった。近代化というレースのゴールやルールは，ヨーロッパ諸国が走った跡をたどってつくられたものなのである。

アジアやアフリカなど後発の国々は，欧米諸国を追いかけてスタートした。先進国がすでに道筋をつくっていたという点では，後発国は有利である。しかし，レーンやゴールだけでなく，レースのルールまで先進国が決めてしまうとなると，場合によっては先進国が進路をふさいで後発国の邪魔をしたり，突然新しいハードルを後発国の行く手に置いたりするかもしれない。すでに主導権を握ってきた先進国に対して，後発国は同じ条件で競技に参加することはできないのである。

こうなると，1つの社会だけではなく（先進国と後発国というような）ほかの社会との関係も考慮しないと社会の変動は捉えられなくなる。インターネットの普及にともなう変化は21世紀になってからのことだが，その前から，グロー

─── *Column* ⑱　**文化資本と社会関係資本** ───

　コラム15で触れたように，社会階層研究では社会的資源に注目するが，社会的資源を資本としての機能からみた場合，経済資本，人的資本に加えて「文化資本（cultural capital）」や「社会関係資本（social capital）」が概念化されてきた。文化資本はフランスのブルデュー（Pierre Bourdieu：1930-2002）が，上層階級の子どもが家庭で身につける文化的素養が学校教育の中でも成功をもたらす現象を，文化が資本としての機能を果たす点に注目して提示した概念である。また，社会関係資本は，人間関係から直接得られる利益や，ネットワークの中の特定の位置を占めることによる利益，社会関係が密になることにより信頼関係の醸成や治安が確保される利益など，社会関係が資本の機能を果たす点に注目した概念である。その意味内容は非常に多彩であり，近年特に，社会ネットワーク研究と結びついて発展している。

バル化に向かう土壌は近代化の進展とともに生じていた。このような理由から，社会変動を考えるために国家や民族社会を単位にするのではなく，世界全体を１つのシステムとして捉えるべきだという主張もあらわれている。その代表的な社会学者がアメリカのウォーラーステイン（Immanuel Wallerstein：1930-2019）であり，彼は国家や民族社会を単位にするのではなく15世紀後半から現在にいたるまでの社会変動を，単一の分業によって結びついた「近代世界システム」（ウォーラーステイン 2013）の形成という視点から捉えた。

問題の交錯する現代

　以上，社会変動に関するさまざまな見方を説明してきたが，21世紀の現在，社会を理解するためには，これらのさまざまな見方を関連づけて理解する必要がある。変動が複雑になり多様化している現代社会は，近代化・脱工業化・消費社会・リスク社会・グローバル化などの傾向が交錯しあって動いている。例えばベックは，

　　グローバルな危機とリスクの時代にあっては，超国家的な依存の密接なネットワークをつくるといういわば「黄金の手錠」のごとき貴重なる制約に自覚

的な政治によってのみ，（また，非常に流動的な世界経済の権力獲得に対して）ナ
ショナルな独立を再獲得することができるようになるのである（ベック
2003：10）。

と指摘している。

　リスク社会化とグローバル化が進んでいる現在，国家は自分の国の利益だけ
を第1に考え閉鎖的になるだけではかえって独立を失ってしまう。なぜならば，
環境問題にせよ軍事的な脅威にせよ，社会にとってのリスクはもはや国家を単
位とするレベルの単体の社会だけでは解決できない状況になっている。このよ
うな時代にあって国家がリスクに対処して独立を維持するためには，むしろ閉
鎖を解いて積極的に国際関係のネットワークを形成していくしか道がないとい
うのである。21世紀の社会変動を捉えるには，さまざまな視点の関連づけや，
さまざまな社会の間の関連づけなど，システム的な観点と思考がますます重要
になってきている。

参考文献

ウェーバー，M.，世良晃志郎訳『支配の社会学』（Ⅰ・Ⅱ）創文社，1960/62年。
ウォーラーステイン，I.，川北稔訳『近代世界システム』（Ⅰ・Ⅱ・Ⅲ・Ⅳ）名古屋
　　大学出版会，2013年。
大塚久雄『社会科学における人間』岩波新書，1977年。
佐藤俊樹『不平等社会日本』中公新書，2000年。
デュルケーム，E.，田原音和訳『社会分業論』ちくま学芸文庫，2017年。
テンニエス，F.，杉之原寿一訳『ゲマインシャフトとゲゼルシャフト　純粋社会学
　　の基本概念』（上・下）岩波文庫，1957年。
富永健一『近代化の理論』講談社学術文庫，1996年。
橋本健二『新・日本の階級社会』講談社現代新書，2018年。
ベック，U.，東廉・伊藤美登里訳『危険社会』法政大学出版局，1998年。
ベック，U.，島村賢一訳『世界リスク社会論』平凡社，2003年。
ベル，D.，内田忠夫ほか訳『脱工業社会の到来──社会予測の一つの試み』（上・
　　下）ダイヤモンド社，1975年。
ボードリヤール，J.，今村仁司・塚原史訳『消費社会の神話と構造』紀伊國屋書店，

1979年。

ポパー，カール，岩坂彰訳『歴史主義の貧困』日経 BP 社，2013年。

今後の学習のための本

間々田孝夫『21世紀の消費――無謀，絶望，そして希望』ミネルヴァ書房，2016年。

　　＊本章では消費社会論をボードリヤールに限って紹介したが，消費社会，あるいは消
　　　費文化についてはそれ以外にもアカデミックな領域からジャーナリスティックな感
　　　想まで非常に多くの議論が進行中である。本書では広範囲な議論をわかりやすくま
　　　とめたうえに，21世紀における消費の捉え方を，20世紀までの議論と対比させて示
　　　している。

友枝敏雄・浜日出夫・山田真茂留編著『社会学の力　最重要概念・命題集』有斐閣，
　　2017年。

　　＊本章で取り上げた社会変動論や現代社会論を始め，広い範囲まで，そして最新に至
　　　るまで目配りをして社会学の基本概念が取り上げられている。それぞれの項目に4
　　　ページがあてられ，専門的な議論まで無理なく理解できるよう工夫されている。本
　　　章のような入門段階の次に社会学の全体像を知りたいときに適した本である。

練習問題

問題 1

「100年後に日本の大学はどう変わっているか」を予言するためには必要な情報は何
か，そしてその情報を得ることがなぜ困難なのかについて論じなさい。

問題 2

あなたが興味をもつ組織（例えば大学）を 1 つ取り上げ，それがウェーバーのいう
「官僚制組織の特徴」にどの程度あてはまるかを項目ごとに示し，そしてそれがそ
の組織を「機械のように」働かせることとどう結びついているかを論じなさい。

問題 3

「脱工業社会」論がえがいた現代社会の姿と，「消費社会」論がえがいた現代社会の
姿との間の共通点と相違点を整理して示しなさい。

　　　　　　　　　　　　　　　　　　　　　　　　　　　　　　（高瀬武典）

終　章

私たちの未来

```
─ 本章のねらい ──────────────────────────
　現在，学問上の大きな地殻変動が起きている。また世界的な経済成長と科学
技術の著しい発展の反面で，文明崩壊の危機にも瀕している。本章では，これ
らのことを概観し，読者1人ひとりが，問題を考えるきっかけを与える。
──────────────────────────────────
```

1　学問・経済成長・科学技術の発展

学問の変化

　本書を閉じるにあたって，いくつかの論点を示唆しておきたい。1つ目は近
年の学問上の変化，2つ目が地球規模での経済成長と科学技術の著しい発展，
3つ目が文明崩壊の危機とそれへの対応についてである。

　近年の学問分野の変化は著しい。進化論やゲノム解析により人間の過去から
現在までの変化が分析されつつある。またICT技術の著しい発展によるビッ
グデータ分析によって，人間の消費行動も解析されている。そのような知的最
前線を，元編集者の橘玲が，『読まなくてもいい本の読書案内』の中で，さま
ざまに論じている。扱われているテーマは，複雑系，進化論，ゲーム理論，脳
科学，功利主義など多岐にわたり，その中で人間の行動，社会のあり方などを
論じている。

　新しい「知」は，進化論を土台としてひとつに融合し，すべての領域で「知
のパラダイム転換」を引き起こしている。大きく，ミクロレベル，マクロレベ
ルと分類すると，個々の人間の脳と心理の関係では，ミクロレベル（ニューロ

319

ンレベル）では脳科学が発達し，それがマクロレベルでは進化心理学（人間の意識の形成）の発達につながっている。共同体としての人間社会の分析は，ミクロレベルでは行動ゲーム理論によって個人を分析し（かつては経済学では合理的経済人を想定していた），マクロレベルではビッグデータや統計学によって社会や経済を分析することになった（橘 2015：237）。

　この本は，研究書ではないから厳密な書き方をされていないが，学問上の変化において特徴的な側面を鮮やかに描いている。高度な知識社会の中で，学問のあり方が変わってきたこと，高度な専門知識が個人の頭に存在したり，格段に優れた論理的思考能力を個性として所有しているといったことが，必ずしも価値をもたなくなってきている。これは，序章でも述べたことでもある。

　さて，社会を形成する人間を考えるうえで，避けて通れない分野が，進化論であろう。人間は進化の過程で他の動物と異なる属性をもつようになり，無制限の欲望を備えるようになったと考えると人間の経済活動の動因がよりよく理解できるようになる。現代では，「進化論」は非常に発展しており，多様な学問分野に影響を与えている。

　「進化論」は，非常によく使われる言葉で，「文化論」「日本人論」などの範疇と同じように聞こえるけれども，進化はある特定の見方ではなく，現代生物学の一部であり，現代生物学を統合する理論（正しくは，進化生物学，進化理論）であるとされる（長谷川 1999：iii）。進化論は，チャールズ・ダーウィンの『種の起源』（1859年）という本の名前とともに一般によく知られてきた。『種の起源』は，進化がなぜ起こるか，適応がなぜ生じるかを説明し，多くの観察と実験によってそれを実証しようとした最初の本として知られている。

　ダーウィンは，医者の父ロバート・ダーウィンの財産があり大金持ちであった。初めは医者，次に牧師を志すけれども，ケンブリッジ大学を卒業後に，軍艦ビーグル号にのって1831年から1836年の5年間で地球を一周する航海にのりだした。5年間の航海で，彼は，有名なガラパゴス諸島をはじめとするさまざまな異国の地質，生物相，人種，文化を知り，その多様性を満喫した。また友人である地質学者チャールズ・ライエル（ロンドン大学キングス・カレッジの地質

学教授）の著書『地質学原理』や，ロバート・マルサス（第 1 章を参照）の『人口論』といった同時代の思想からも影響を受けて，『種の起源』を著している。

『種の起源』の出版後からほぼ100年後，1953年にジェームズ・ワトソンとフランシス・クリックによって DNA の二重らせん構造のモデルが示され，DNA は生体内で「二重らせん構造」をとっていることを示す論文が発表され，遺伝子の変異と複製について，わかるようになった（長谷川 1999：221〜222）。

その後，リチャード・ドーキンスが「自己複製子」と「ヴィークル」という用語を使用することによって，進化論におけるさまざまな問題を整理することを可能にした。

　自然淘汰の根本的な単位で，生存に成功あるいは失敗する基本的なもの，そして，ときどきランダムな突然変異をともないながら同一のコピーの系列を形成するものが，自己複製子と呼ばれる。DNA 分子は自己複製子である。自己複製子は一般に，これから述べるような理由によって，巨大な共同の生存機械，すなわちヴィークルの中に寄り集まる。（中略）ヴィークルはそれ自身では複製しない。その自己複製子を増殖させるようにはたらく。自己複製子は行動せず，世界を知覚せず，獲物を捕らえたりあるいは捕食者から逃走したりしない。（中略）遺伝子と生物個体はダーウィンのドラマにおいて同じ主役の座を争うライバルではない。両者は異なったキャストであり，多くの点で同等に重要な，お互いに補い合う役割，すなわち自己複製子という役割とヴィークルという役割である（ドーキンス 2006：396-397）。

ドーキンスの言説をめぐっては，さまざまな議論があるが，人間，社会を考えるうえでは，避けて通れない考えであることだけは間違いない。

地球規模での成長と科学技術の著しい発展

　21世紀に入って，世界経済や社会の状態は，それまでとは比べものにならないほどに変わってしまった。近代市民社会が成立して，18〜19世紀以降に経済

成長が世界規模で進み，人口の爆発的成長が進んだ。紀元前後の世界人口は，1.7億人ほどであると推計され，1400年に約2倍ほどの3.5億人になったと考えられている。それ以降，人口増加期に入り，100年あたりの人口成長率は，15世紀21％，16世紀28％，17世紀12％（世界気候の冷涼期），18世紀50％，19世紀70〜80％と工業化とともに人口増加が著しいことが示されている。そして，20世紀の100年間で，人口は約3.7倍，増加した（国連の世界人口推計による）。人口の増加は消費の急激な拡大をもたらし，そのことは地球にある資源を総動員することになっている。資源をフル活用することは，地球上の環境にも大きな影響を与えている。それは地球温暖化としてよく知られている。

　このような地球規模での経済成長は，科学技術の進歩と深い関係がある。現在の著しい科学技術の進歩は，第4次産業革命として知られている。それは，情報通信技術（ICT: Information and Communication Technology）の発展にともなうクラウド・サービスの進展，人工知能（AI: Artificial Intelligence）やモノのインターネット（IoT: Internet of Things）などを活用したロボティクス技術の進歩などといった一連の技術革新を指している。

　通常，革命という言葉は突然で急激な社会経済構造の変化が起きたときのことを意味する。歴史上，革命は何度も起きているが，いずれも新しいテクノロジーや新しい世界の認識が引き金になり，経済システムや社会構造が根底から変化したときに生じている。わたしたちの生活様式が根底より変革したと考えられる時期は，これまで3回あったと考えられる。

　第1回目は，約1万年前に起きた狩猟生活から農耕生活への移行によって，より多くの人間の定住が可能になったことである。第2回目は，産業革命（「第1次産業革命」）である。これは18世紀後半から19世紀にかけてイギリスで始まり，ヨーロッパ，そして世界全体へと波及した。その特徴は，工業における機械の使用であり，産業の中心が農業から工業に移行したことであった。第3回目は，19世紀末から20世紀初めにかけての「第2次産業革命」である。エネルギー資源は石炭から石油に移行し，電力が動力して使用され，また流れ作業が登場し，大量生産が可能になった。この時期は，特に貿易に関連する交通，

運輸，通信分野においてさまざまな整備や技術革新がなされた。

　さらに，1960〜1990年代にかけて，電子工学や情報技術を用いて，コンピュータによる機械の自動化（オートメーション化）である「第3次産業革命」が進行する。この過程で，コンピューターのハードウェア，ソフトウェア，ネットワークを中核とするデジタルテクノロジーは大きく発展したが，現在のそれはより高度化され，統合されたものになり，社会やグローバル経済を変化させている。AIの進化による自動化によって，「これまで存在していなかったモノ」も作れるようになり，デジタル技術の影響が「最大限」に現れる「変曲点」に立っているとまでいわれている（シュワブ 2016：18）。アメリカのIT企業であるグーグルの自動運転車やチェスで人間のチャンピオンを圧倒する人工頭脳ワトソンなどがその象徴的出来事であろう。

　第4次産業革命は，仕事の「対象」と「方法」を変えるだけでなく，わたしたち自身が「誰」なのかも変え，国や企業，産業，社会全体の全部のシステムを転換させることになるとまで表現されている（シュワブ 2016：11〜12）。

2　いま社会科学を学ぶ意味

文明崩壊の危機とそれへの対応

　カリフォルニア大学ロサンゼルス校のジャレド・ダイアモンド教授は，『文明崩壊』という書物の中で，過去の世界の事例を分析して，文明が崩壊したり，その地域の人類が絶滅の危機に瀕した際には，次の5つの要素が関係していたと指摘している。

　①環境に対する取り返しのつかない人為的な影響
　②気候の変化
　③敵対する近隣諸国との対立
　④友好国からの疎遠
　⑤環境問題に対する誤った対処

そして，これら5つの要素がすべて関係しなくても，1つでもあれば文明崩壊は起こってきたと指摘している。1400年代に起こったグリーンランドのノース人社会の崩壊には，これら5つの要素すべてが関係していて，隣人であるイヌイット族と交流せず，海に囲まれていながら海に関わらず魚を捕ることすらしなかったので，最後の1人まで餓死してしまった。また，1600年代のイースター島の社会は，近くに敵も味方もいなかったので，敵と戦ったのではなく，もっぱら森林伐採という，環境に対する取り返しのつかない人為的な行為によって滅んだと指摘している（ダイアモンド他・吉成インタビュー編 2012：27）。

　この5つの要素は，すべて人間が政策的に対応できる要素でもある。①環境に対する取り返しのつかない人為的な影響は，人間が共同して対応することが可能であれば，人為的な影響を軽減することができる。②気候の変化は，自然要素である部分も多いけれど，工業化によって化石燃料が大量に消費されCO_2が大量に排出されている問題を解決できれば，気候の変化によるダメージは軽減できる可能性をもっている。③敵対する近隣諸国との対立，④友好国からの疎遠は，いわゆる外交問題である。⑤環境問題に対する誤った対処は，それこそ環境問題に適切に対処すれば，問題は解決される。従って，過去の事例から得られる教訓は，社会のガバナンスがきわめて重要であるということである。

　1600年代のイースター島の社会崩壊の例は，わたしたちにもなじみが深い。イースター島の巨大なモアイの石像といえば，多くの読者はイメージすることができるであろう。イースター島がヨーロッパによって発見されたとき，人もほとんど住んでおらず，樹木もなく，巨石だけが海に向かって立てられていた。当初は，小さな少数の人間で巨石を運ぶことは困難であると考えられ，そのために地球外生物が建造したという説もまことしやかに説かれた。しかし現在では，島に残された人骨の遺伝子解析と遺物の分析により，島の中央部から巨石が海外に向かって運搬された実態が推測されている。そして，島の人間が小さくなり，数が減少した理由が，森林資源の無計画な消尽であったことも知られるようになった。化石燃料を利用できない時代では，森林資源が唯一の燃料で

あったが，定住，農耕の普及，生活水準の向上によって，人口の拡大は森林資源の枯渇につながった。イースター島を地球，森林資源を化石燃料に置きかえて考えると，現在の地球規模の危機と変わらないことがわかる。

持続可能な地球のために

経済，社会，国，個人までを巻き込んだ大きな変革期に，わたしたちはどのように対処すれば良いのだろうか。問題に対応するための1つの示唆が，国連によって与えられている。

国際連合は，2015年9月に「われわれの世界を変革する——持続可能な開発のための2030アジェンダ」を発表した。そこには，「誰1人取り残さない（No one will be left behind）」社会を目指すという共通の理念が提示され，その実現に向け，SDGs（Sustainable Development Goals: 持続可能な開発目標）が策定された。この理念の下，すべての国とすべてのステークホルダーが，国際社会のパートナーとして，お互いのもてる力を出し合いながら，SDGs に取り組んでいこうとしている。この国連アジェンダは，人間，地球，豊かさ，平和，パートナーシップという5つのP（People, Planet, Prosperity, Peace, Partnership）をSDGs のキーワードとしている（2015年9月の国連のアジェンダ原文：https://www.un.org/ga/search/view_doc.asp?symbol=A/70/L.1 より）。

国連のこのアジェンダのインパクトは大きく，2016年の世界経済フォーラム（ダボス会議）でも取り上げられ，世界と日本で，政府，自治体，企業，NPO，NGO，個人といったありとあらゆる主体が，課題を取り上げて，活動中である。

ミネルヴァ書房の社名は，大哲学者ヘーゲルの『法哲学』の序文にある「せまりくる黄昏れをまって，はじめて飛び立つミネルヴァのふくろう」という言葉から取られている。読者もぜひ，当該部分を読んでいただきたいが，ヘーゲルは，哲学が世界についての思想を時代の中にあらわれるとき，すでに現実はその形成過程を仕上げており，自らを完成させてしまっている，ということをいっている。哲学を幅広く学問全般と捉えると，学問は，現実がその形成過程

を終了させて，初めて体系を成立させてあらわれてくるということである。やや拡大して解釈すれば，新しい学問領域は，すぐに社会に受け入れられるわけではなく，一定の期間をへて，説明する現実が誰の目にも明らかになってから受け入れられるのがつねであると考えることができる。天才的な特別な研究者は，その時点でほとんどの人が気づかないこと適確に指摘して，多くのフォロワーが追随することで，学問体系が成立していくのである。社会科学は，多くの天才的な先人たちとフォロワーによって体系が形成されてきた。

　本書を読まれた方たちが，過去の多くの知的営みを理解して，個々人が自分1人のためでなく，社会の中の一員であることを自覚して，人類全体のことを思考の片隅に置きながら，わたしたちが生きてきた母なる地球を次世代にも引きつぐことを意識して，豊かさを追求していくことがいま強く求められていることを知ってもらいたい。1人ひとりが自由であり，世界のあらゆる人々，組織，国とつながって，社会をよりよくしていくことのできる変革する力をもつ人，国際社会のパートナーシップにより平和を希求していく強い意志をもつ人が，1人でも多くなることを祈っている。

参考文献

池上彰『おとなの教養』NHK出版新書，2014年。

大澤真幸『社会学史』講談社現代新書，2019年。

小野塚知二『経済史』有斐閣，2018年。

ガブリエル，マルクス，清水一浩訳『なぜ世界は存在しないのか』講談社選書メチエ，2018年。

シュワブ，クラウス，世界経済フォーラム訳『第四次産業革命』日本経済新聞社，2016年。

ダイアモンド，ジャレド他・吉成真由美インタビュー編『知の逆転』NHK出版新書，2012年。

橘玲『読まなくてもいい本の読書案内』筑摩書房，2015年。

ドーキンス，リチャード，日高敏隆・岸由二・羽田節子・垂水雄二訳『利己的な遺伝子』（増補新装版）紀伊國屋書店，2006年。

ドーキンス，リチャード，吉成真由美編・訳『進化とは何か──ドーキンス博士の

　特別講義』早川書房，2014年。

長谷川眞理子『進化とはなんだろうか』岩波ジュニア新書，1999年。

馬奈木俊介編著『人工知能の経済学──暮らし・働き方・社会はどう変わるのか』
　ミネルヴァ書房，2018年。

丸山俊一・NHK「欲望の資本主義」制作班・安田洋祐『欲望の資本主義』東洋経
　済新報社，2017年。

丸山俊一・NHK「欲望の資本主義」制作班『欲望の資本主義2』東洋経済新報社，
　2018年。

丸山俊一・NHK「欲望の時代の哲学」取材班『マルクス・ガブリエル──欲望の
　時代を哲学する』NHK出版新書，2018年。

丸山俊一・NHK「欲望の資本主義」制作班『欲望の民主主義』幻冬舎新書，2018
　年。

本川達雄『生き物とは何か──世界と自分を知るための生物学』ちくまプリマー新
　書，2019年。

（奥　和義）

人 名 索 引

事 項 索 引

《執筆者紹介》

奥　和義（おく・かずよし）　はしがき・序章〜第4章・終章

　　1959年　生まれ。
　　1987年　京都大学大学院経済学研究科経済政策学専攻博士課程途中退学。
　　2015年　博士（学術）山口大学。
　　現　在　関西大学政策創造学部教授。
　　主　著　『日本貿易の発展と構造』関西大学出版部，2012年。
　　　　　　『両大戦間期の日英経済関係の諸側面』関西大学出版部，2016年。
　　　　　　『一般経済史』（共編著）ミネルヴァ書房，2018年。

髙瀬武典（たかせ・たけのり）　第9章〜第12章

　　1957年　生まれ。
　　1986年　東京大学大学院社会学研究科社会学専攻博士課程修了。
　　現　在　関西大学社会学部教授。
　　主　著　「日本のソフトウエア産業における競争と地域性」『組織科学』43巻4号，2010年。
　　　　　　「組織進化とエコロジカル・パースペクティヴ」『組織科学』49巻2号，2015年。

松元雅和（まつもと・まさかず）　第5章・第8章

　　1978年　生まれ。
　　2007年　慶應義塾大学大学院法学研究科政治学専攻博士課程修了，法学博士（慶應義塾大学）。
　　現　在　日本大学法学部准教授。
　　主　著　『平和主義とは何か——政治哲学で考える戦争と平和』中公新書，2013年。
　　　　　　『応用政治哲学——方法論の探究』風行社，2015年。
　　　　　　『ここから始める政治理論』（共著）有斐閣，2017年。

杉本竜也（すぎもと・たつや）　第6章・第7章

　　1974年　生まれ。
　　2015年　日本大学大学院法学研究科政治学専攻博士後期課程修了。博士（政治学）（日本大学）。
　　現　在　日本大学法学部准教授。
　　主　著　『ソーシャル・キャピタルと市民社会・政治——幸福・信頼を高めるガバナンスの構築は可能か』（共著）ミネルヴァ書房，2019年。
　　　　　　「トクヴィルの政治思想におけるデモクラシーと経済」『政経研究』第53巻第2号，日本大学，2016年。
　　　　　　「アレクシス・ド・トクヴィルの社会政策構想とその限界」『法学紀要』第57巻，日本大学，2016年。
　　　　　　「社会契約説とケアの倫理における人間像・市民像の比較考察」『法学紀要』第60巻，日本大学，2019年。

MINERVA スタートアップ経済学①
社会科学入門

2020年3月30日　初版第1刷発行　　　　　　　〈検印省略〉

定価はカバーに
表示しています

著　者	奥	和	義
	髙瀬	武	典
	松元	雅	和
	杉本	竜	也
発行者	杉田	啓	三
印刷者	江戸	孝	典

発行所　株式会社　ミネルヴァ書房
607-8494 京都市山科区日ノ岡堤谷町1
電話代表 075-581-5191
振替口座 01020-0-8076

ISBN978-4-623-07947-6
Printed in Japan

MINERVA スタートアップ経済学

体裁　Ａ５判・美装カバー

―――― ミネルヴァ書房 ――――

http://www.minervashobo.co.jp/